KB093758

1% 금리 시대의 은행 사용법

1% 금리 시대의 은행사용법

초판 1쇄 인쇄 2015년 5월 15일
초판 1쇄 발행 2015년 5월 25일

지은이 최재신
펴낸이 정재학
펴낸곳 퍼블리터
등록 2006년 5월 8일(제2014-000181호)
주소 경기도 고양시 일산서구 일현로 123(탄현동 139-32) 휴엔코아 빌딩 402호
(우)411-840

대표전화 (031)967-3267
팩스 (031)901-7266
이메일 publiter@naver.com
홈페이지 www.publiter.co.kr

기획 및 편집 정재학
디자인 이근공
일러스트 김학수
교정 교열 안수영
인쇄 및 제본 천광인쇄
ISBN 979-11-955130-0-0 03320

가격 15,800원

1% 금리 시대의 은행사용법

최재신 지음

퍼블리터

추천사

• 요즘 세계 경제를 보면 미국을 제외하고는 모든 나라가 시름이 많다. 소규모 개방 경제인 우리도 많은 영향을 받고 있다.
글로벌 금융 위기 이후 저성장 국면이 지속되다 보니 1997년 말 'IMF 사태' 당시보다도 더 어렵다는 말을 듣곤 한다. 자영업자, 비정규직 근로자들이 특히 그러하다. 사회는 빠르게 늙어가고 있는 가운데 출산 인구는 계속 감소하고 있다. 초저금리 상태로 진입하고 있지만 전반적인 부동산 시장 침체는 여전해서 이제는 디플레이션을 정부가 걱정해야 하는 상황이다.
이런 경제 환경 하에 '100세 시대'를 살아가는 우리에게 금융 지식과 금융 지능은 갈수록 중요해진다. 즉, 금융 전문가의 조언을 받더라도 그것을 어느 정도 이해할 수 있을 만큼의 금융 지능을 개발하고, 지식을 갖추는 것이 필요하다. 수년 전 저축 은행 사태 때 후순위 상품에 투자하여 어려운 처지에 놓였던 사람들을 생각해보라. 이 책은 이런 맥락에서 시의적절한 내용을 풍부하게 담고 있다. 인생을 살아가면서 직면하는 다양한 금융 거래와 상품 그리고 투자 대상에 관련한 지식을 체계화해서 알기 쉽게 독자들에게 소개하고 지침을 제시하고 있다.
저자인 최재신 군을 대학에서 가르치면서, 그리고 학생회장으로 활동하는 가운데 자주 만나면서 유능하다는 것은 알았지만 이렇게 책을 낸다고 해서 신선한 충격을 받았다. 신한은행 입사 후 고객들을 응대하고 자문하면서 쌓은 많은 경험이 이 책의 곳곳에 녹아 있으리라고 본다. 금융 소비자들로부터 좋은 평가를 받기를 희망한다.

이봉주, 경희대학교 경영학부 교수 / 전 국제경영학부 학부장

• 저자는 학부 시절부터 다방면에 뛰어난 소질을 보여준 우등생이었다. 특히 클래식을 비롯하여 재즈와 락, 힙합에 이르기까지 특정한 장르에 제한되지 않는 음악적인 감수성과 창의성이 대단히 높아 수업 외의 시간에도 음악을 공유하고 경영과 음악에 관한 폭넓은 대화를 나누기 좋은 학생이었다.
이 책은 자칫 딱딱하게 느껴질 수 있는 재테크에 관련된 내용을 담고 있지만, 저

자의 타고난 예술적 감수성과 경영학적 치밀함이 책 전체에 깔려있어 내용이 참신하고 흥미롭다. 독자들은 완성도 높은 합주곡을 듣는 듯한 재미와 감동을 느끼며 재테크의 노우하우를 배울 수 있을 것이다.

박재용, 경희대학교 경영학부 교수

• 저자는 이 책을 통해 은행원의 시각이 아닌 고객의 입장에서 금융 용어와 경제 상식을 쉽게 풀어 저술하였다. 실제 사례를 들어 설명하고 있어 한 장씩 넘기다 보면 어느새 금융 상식 전문가가 되어 있을 것이다.
금융 업무 전반에 걸쳐 하나의 나침반을 제시하고 있으며, 실무를 하면서 느낀 점을 솔직담백하게 고백하는 형태의 대서사시이다. 금융 지식에 대한 이해를 넓히고 싶다면 꼭 한번 읽어보기를 권한다. 과거 상사로서 최재신 대리의 열정과 노력에 대하여 경의를 표한다.

손기용, 신한은행 본부장

• 현재 한국인의 금융 지식은 아주 심각한 수준에 머물러 있다. 2014년 하반기에 마스터카드사에서 조사한 바에 의하면 한국은 아시아-태평양 16개국중 금융 이해도 순위가 13위밖에 안된다. 이렇게 심각한 때에 금융인 생활 5년밖에 안된 젊은 최재신 군이 일반 서민들의 눈높이에 맞춘 생활 금융 서적을 발간하게 되어 여간 기쁘지가 않다. 특히 금융을 잘 모르는 사람들이 이해하기 쉽게 기술하고 있어서 서민들의 재테크뿐만 아니라 금융권에 도전하고자 하는 취업준비생에게도 아주 훌륭한 안내서가 될 것 같다. 최재신군과 우리 젊은 세대에 거는 기대가 매우 크다.

박종덕, 하나GMG(주) 대표이사/ 전 하나은행 부행장

• 살아가면서 없어서는 안될 '돈', 버는 일도 중요하지만 어떻게 관리하느냐는 더 중요하다고 본다. 하지만 관리 방법을 스스로 깨우치기는 쉽지 않은 일이다. 더구나 저성장 시대에 접어든 현실에서 금융을 제대로 이해하지 못하고 체계적인 재산 관리를 하기란 더욱 어렵다. 이러한 시기에 은행 일선창구에서 쌓은 '현장 노하우' 를 알기 쉽게 책으로 엮었기에, 필자의 이번 책은 사회 생활을 시작하는 초년생들이 한번 읽으면 평생 도움이 될 책이라 생각된다. 은행의 통상적 거래인 예금·적금 이외에도 펀드, 대출, 퇴직 연금, 보험까지 총망라하고 심지어

연말정산을 통한 절세까지 기술하여 직장인들도 일독하면 금융에 대한 상식이 늘어나 재산 형성에 크게 도움이 되리라 생각되어 한번 읽어보길 권한다.

한용석, 전 농협중앙회 본부장

• 은행원으로서 갖추어야 할 업무적인 지식과 고객 응대 스킬이 돋보이고, 은행에 취업을 희망하는 분들에게는 훌륭한 지침서가 될 것으로 확신하며 은행을 거래하시는 고객님들을 위한 여러 가지 사례별 제안은 물론 다양한 재테크 방안 등을 제시함으로써 저금리 시대에 유용한 금융 거래의 바이블로서 손색이 없는 책이다.

여양구, KB국민은행 수석지점장

• 직장인이라면 누구나 한번쯤 신입이라는 위치에 서게 된다. 그 때 절실히 필요한 존재는 바로 직장 내 멘토이다. 멘토에게 배운 현장감 있는 조언과 현장에서 부딪치며 배운 노하우를 정리하지 않고 몇 년간 지나쳐 잊어버리기 일쑤! 은행의 '돈'과 관련된 현장의 생생한 조언과 노하우를 하나하나 꼬집어가며 만들어낸 내용들이 책 곳곳에서 풋풋하게 묻어나, 읽는 동안 상큼했다. 8년 전, 저자 또한 본인이 현재 지점장으로 있는 KB 유성지점의 새내기 인턴사원이었는데 어느새 책의 저자로 거듭나 이렇게 책을 출간하게 되어 감회가 남다르다. 금융권뿐 아니라 금융 거래가 있는 모든 사회초년생들은 한번쯤 읽고 지식으로 새긴다면 많은 도움이 될 것이다.

임채능, KB국민은행 수석지점장

• 처음 이 책을 접한 느낌은 '내 편이구나'였다. 서민에게는 높다면 높은 은행문턱을 낮춰 부자가 아니어도, 금융 지식이 좀 부족해도 누구나 쉽게 이해하고 실생활에 접목시킬 수 있도록 알토란 같은 정보들로 채워져 있었다. 이미 나와 친한 저자같은 은행원이 있다는 행복감과, 저자의 열정과 진심을 믿기에 사회초년생부터 주부, 사업자분들도 꼭 한번 읽기를 권한다. 이 책을 부자로 가는 지침서로 강력 추천한다!!

편정미, 전 롯데손해보험 방카슈랑스 팀장

• 이렇게 쉽고 현실적인 금융 서적은 처음 본다. 금융 지식을 어렵고 특별한 것, 혹은 소수의 사람들만이 누리는 특권이라고 생각했던 이들에게 이 책은 정말 편하게 금융에 대해 이해하고 다가설 수 있게 도와준다. 현직 은행원이기에 알려줄 수 있는 사소하지만 유용한 정보들, 이를테면 청약 저축의 현실적 활용이라든지 상세한 대출의 종류 및 특징, 현명한 소비를 돕는 신용카드 사용법 등 실생활에 도움이 되는 다양한 내용을 이해하기 쉬운 어투로 풀어내, 특히 사회에 발을 내딛는 새내기 직장인과 일찍부터 경제 관념을 정립하고자 하는 대학생들에게 큰 도움이 될 것이다. 저자의 학교 선배, 그리고 연수원 동기로서 저자의 금융에 대한 열정과 패기에 박수를 보낸다.

이명중, 신한카드 대리

• 당신이 이 책을 접하는 순간부터 금융권 직원들이 알고 있는 모든 것들을 알게 된다. 책을 읽는 내내 '이렇게 적어도 되나?' 싶을 정도로 은행, 보험, 증권 회사가 당신에게 절대 알려주지 않는 영업 비밀을 신랄하게 적어 놓았다. 금융권에 종사하는 나로서, 그리고 저자와 연수원 동기생으로서, 최대리의 책은 의심할 여지 없는 재테크의 바이블이다.

현홍래, 신한금융투자 대리

• 예전부터 저자와 대학 생활을 함께 하면서 참 모범적이고 멋진 친구라고 생각했다. 이것은 '은행 사용 설명서'와 같은 책이며 은행에서 일반인이 할 수 있는 거의 모든 업무를 아주 손쉽게 풀어 쓴, 은행을 이용하는 사람이라면 반드시 갖고 있어야 할 필수품이다. 저자는 책 속에서 '쓰고 남은 돈을 모으지 말고, 모으고 남는 돈을 써라' 라고 한다. 저자가 대학생 때부터 강조했던 말이었고 실제 가장 중요하지만 실천하기 힘든 일이다. 이 책은 현명한 저축과 소비 습관에 대한 하나의 이정표를 제시하고 있으며 특히 학생이나 사회초년생은 반드시 알아야 할 필수적인 내용들로 구성되어 있다. 소비 습관이 변해야 모이는 돈도 많아진다는 것을 명심하길 바라며. 이 책이 또한 자신의 바람직한 재무 설계에 도움이 되길 바란다.

윤창현, 삼일회계법인 회계사

목차

머리말

여러분도 금융의 '호갱님'이 될 겁니까?

최근 '호갱님'이라는 단어가 유행하고 있습니다. 호갱은 '호구+고객'의 줄임말로 주로 휴대전화나 전자기기 판매점 직원들의 능숙하고 교묘한 말솜씨에 사기를 당하는 어수룩한 고객들을 일컫는 말이죠. 상대적으로 정보가 부족한 고객 입장에서는 참으로 피하기 힘든 일입니다. 그런데 이 '호갱님'이란 단어가 과연 휴대전화나 전자기기를 구매할 때만 통용될까요?

사람들은 휴대전화나 전자기기를 살 때 제품의 스펙을 중요시하고 인터넷을 통해 경쟁 상품과 꼼꼼히 비교하여 구입하지만 금융 상품을 구입할 때는 금융 기관 직원들이 추천하는 상품들을 아무 의심 없이 구입합니다. 금융 기관에서는 고객들에게 최고의 상품을 추천하기 위해 노력하고 있지만, 제한된 시간과 환경의 제약으로 고객 한 명 한 명에게 적합한 금융 상품을 제안하기란 현실적으로 어렵습니다.

금융이라는 분야가 숫자로 이루어져 있기 때문에 일반 고객들에게는 무척 어렵게 느껴집니다. 그러다보니 금융 기관 직원들이 추천하는 대로 포트폴리오를 만드는 경우가 많습니다. 펀드나 방카슈랑스처럼 조금만 이해하기 어려운 상품을 추천받으면 괜히 어렵고 복잡할 것 같다는 생각에 평생 적금, 예금만 번갈아가며 반복하는 분들이 대부분입니다. 매일 은행에서 고객들과 상담을 하다보면 간단한 금융 상식조차 제대로 모르는 분들이 대다수입니다. 게다가 대기 고객으로 인해 창구에서 한정된 시간 동안 고객 분들에게 충분한 설명을 하기 어려운 것이 현실이죠. 은행의 기본 상품인 예금과 적금의 차이를 정확하게 구분하는 사람이 얼마나 될까요? 책을 쓰면서 시험 삼아 일주일 동안 고객에게 예금과 적금의 차이를 물어보았더니 예금과 적금이 똑같은 상품인줄 알고 계시는 분이 절반 이상이었습니다.

대학에서 경영학을 전공하고 금융권에서 근무하고 있는 저 역시도 금융이라는 단어는 아직도 굉장히 어렵게 느껴집니다.

경영학도 시절 전공 공부는 곧잘해 재무제표 흐름을 파악하거나 파생 상품 모형 등 고급 금융 기법은 빠삭하게 꿰고 있었지만 쉽고 간단한 금융 상식에 대해서는 젬병이었습니다.

물어보고 싶은 것은 많지만 은행원과 친하지도 않고 뒤에 앉은 대기 고객도 많아 부담스러운 경험을 많이 해보셨을 겁니다. 인터넷이나 전문 서적은 아무리 봐도 이해가 가지 않는 부분들이 태반일 겁니다. 이 책에서는 보통 사람들이 금융 기관을 통해서 이용할 수 있는 모든 분야를 금융에 전혀 무지한 사람도 이해할 수 있도록 은행에서 실제 상담하는 것처럼 기술했습니다. 이 책은 은행에서 통장을 개설하는 순간부터 은퇴하는 시점까지 모든 것을 총망라한 금융의 종합백과사전이라고 할 수 있습니다.

시중에 나온 재테크 책들을 보면 부자 만들기에 혈안이 되어 어려운 숫자와 그래프로 무장하고 있거나 이미 부자가 된 사람들을 대상으로 한 자산 관리 기법만을 소개한 책이 대부분이라 서민들에게는 너무나 동떨어진 말뿐이었습니다. 그런 수치대로 포트폴리오를 짠다면 부자가 될 수도 있겠지만 서민들의 실상은 다릅니다. 은행에 근무하면서 1년 짜리 적금 하나도 만기까지 가져가는 사람들을 제대로 보지 못했습니다.

그렇다면 어디서, 어떻게 내 자산관리를 시작해야 할까요? 은행을 알고 은행원을 잘 이용한다면 무료로 고급 인력을 이용해 나만의 금융 주치의로 만들 수 있을 것입니다. 평생 이용해야 하는 은행. 적으로 돌릴 것입니까? 아니면 당신의 충실한 금융 주치의로 만들 것입니까?

최재신

1 금융 기관 이용의 첫걸음

금융 생활,
평생 동반자부터 정하자!

"주거래 은행이 어디인가요?"

"주거래 은행이요? 신용카드 결제하는 은행 말인가요?"

은행 창구를 찾는 고객들에게 주거래 은행을 물어보면 그 의미를 제대로 모른다는 느낌을 받을 때가 있다. 신용카드 결제 계좌로 지정된 은행이나 대출을 받은 은행을 주거래 은행이라고 생각하는 고객들도 있고, 막연하게 가장 자주 이용하는 은행을 주거래 은행이라고 여기는 고객들도 있다.

주거래 은행을 정하는 것은 금융 생활의 첫발을 내딛는 것이라고 할 수 있을 만큼 중요하다. 그렇다면 주거래 은행이란 정확하게 무엇일까? 자주 이용만 하면 그것이 주거래 은행이라고 할 수 있을까? 자신이 생각하고 있는 주거래 은행과 은행에서 생각하는 주거래 은행은 똑같은 것일까?

주거래 은행

콕 하나 찍어서 잘 이용하면 VIP 대접

주거래 은행은 말 그대로 주로 이용하는 은행이다. 학생의 경우에는 부모님께 용돈을 받아서 체크카드로 사용하는 은행일 것이고 주부의 경우에는 공과금이 이체되는 은행, 직장인이라면 급여를 받아서 사용하는 은행일 것이다. 장사하는 사람들은 손님이 카드기에 결제를 하면 카드 결제 대금이 들어오는 은행일 것이고 사업자는 사업 대금을 받고 사용하는 은행이 될 것이다.

맞다. 이 모든 경우가 주거래 은행이 될 수 있다.

예전에는 은행에서 급여가 들어오거나 사업 대금이 들어오는 통장이 있어야만 주거래 은행으로 인식했으나 지금은 입출금 통장을 용도에 따라 구분하여 상품을 개발하고 이를 전산으로 관리해준다.

하지만 뭐니 뭐니 해도 혜택이 많은 것은 바로 '직장 급여' 통장이다. 매달 같은 돈이 입금이 되고 보통은 그 통장에서 카드 결제도 하고 적금도 하니 은행 입장에서는 꿩 먹고 알 먹기 식의 아주 중요한 통장인 것이다. 급여 이체가 인정이 되면 여러 가지 혜택을 주고 있는데 은행별로 그 혜택이 조금씩 다르다.

5개 시중 은행 급여 통장 비교

2015년 3월 기준

은행	금리	수수료
SC제일은행 직장인통장	1백만 원 내에서만 4.1%, 신용카드 같이 쓰면 4.5%	전자 금융, 당·타행 자동화 기기 수수료 전액 면제
우리은행 우리급여통장	1백만 원 이상일 때 2.2%, 70~1백만 원일 때 2.1%	전자 금융, 당행 자동화 기기 월 30회 면제
기업은행 IBK급여통장	잔액 기준 50만 원 이하 : 3.2% 잔액 기준 50만~5백만 원 이하 : 1.7 % 잔액 기준 5백~2천만 원 이하 : 2.4% 셋 중 택 1	전자 금융, 당행 자동화 기기 수수료 전액 면제, 단 조건부 -적금 자동 이체 10만 원 이상 -신용카드 이용 실적 30만 원 이상 -공과금 자동 이체 3건 이상
신한은행 직장IN통장	0.1% (잔액 50만 원 이상일 경우)	전자 금융 수수료 전액 면제, 타행자동화 기기 이용 수수료 5회 면제
하나은행 빗팟슈퍼월급통장	잔액 기준 50만~2백만 원 이하 (만35세 미만 시) : 3%	전자 금융, 당행 자동화 기기 월 10회 면제. 단, 해당 조건 만족시 무제한 면제 1) 하나카드(체크 포함) 월 10만 원 이상 사용 2) 적금 자동 이체 20만 원 이상
국민은행 직장인우대 종합통장	3개월 평잔 100만 원 이상 시 : 0.2%	3개월 간 급여 이체 확인 시 전자금융, 당행 자동화 기기 이용 수수료 면제, 가입 후 처음 3개월 간 월 20회 면제

주거래 은행을 2개로, 혜택도 2배로!

주거래 은행은 반드시 하나만 가능할까? 꼼꼼하게 재테크를 하는 사람들 중에는 주거래 은행을 2개 만들어서 쓰는 사람들도 있다. 주거래 은행을 이용하면 각종 혜택을 받을 수 있기 때문에 주거래 은행이 2개면 혜택도 2배로 누릴 수 있다. 예를 들어 한 은행에는 급여 계좌와 적금 계좌 등 굵직한 거래를, 다른 은행을 통해서는 급여의 일부를 이체해 공과금 등을 자동 이체하거나 통장과 연결된 카드 결제를 위한 통장을 개설하는 것이다. 이렇게 하면 양쪽 은행에서 모두 주거래 은행으로 인식해 혜택을 중복으로 받을 수 있고, 예·적금 가입이나 대출신청 시 둘 중 유리한 은행으로 골라서 이용할 수 있다. 또한 각종 수수료 면제 효과 및 목적에 따른 명확한 통장 사용으로 일석이조의 효과를 누릴 수 있다. 단, 일일이 챙기려면 조금 귀찮다는 단점이 있다.

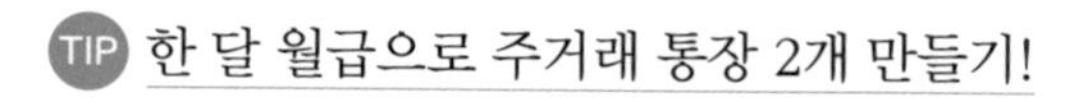

TIP 한 달 월급으로 주거래 통장 2개 만들기!

한 달에 한 번 받은 월급으로 주거래 통장을 2개 만들 수 있는 방법이 있다. 방법은 간단하다. 급여 이체 계좌를 갖고 있는 A은행에서 매달 같은 날 정기적으로 B은행으로 50~80만 원 정도를 급여 이체로 해놓는다. 그러면 A은행은 물론, B은행에서도 정기적인 입금을 급여로 인식하기 때문에 A은행과 B은행 양쪽 모두에서 주거래 은행으로 인정을 받아 혜택을 누릴 수 있다.
→ ATM기 이용 시, 카드 이용 시, 예적금 이용 시, 인터넷 뱅킹 등 각종 수수료 면제

* 어떤 회사는 회사와 은행 간의 협약으로 오로지 특정 은행으로만 급여 이체를 해야만 하는 곳도 있다. 그런 경우라도 본인 이름에서 본인 이름으로 매달 같은 날 정기적으로 이체하면 다른 은행에서도 복수로 급여 통장으로 사용 가능하다.
단, 일반 입출금 통장으로 만들어 이체하면 급여 통장으로 인식되지 않기 때문에 반드시 본인이 은행에 급여 통장으로 등록해달라고 신청해야 하며 어떤 은행들은 '급여', '상여금', '월급' 등의 문구를 기재해야만 인식되는 곳도 있으니 참고하기 바란다.

돈 없어도 은행 VIP 고객이 될 수 있다?

주거래 은행으로 통장을 개설하고 온라인 뱅킹, 체크카드를 만들어 이용하고 가끔 상품도 가입하다보면 자연스럽게 은행 등급이 올라가게 된다. 물론 이 등급은 개인의 신용 등급과는 전혀 무관하다.
은행마다 기준은 다르지만 일정 거래를 할 때마다 점수가 쌓이게 되는데 일정 요건을 충족하게 되면 마침내 은행 VIP 등급에 진입할 수 있게 된다. 무조건 돈을 많이 저축해야 된다고 생각하지만 돈이 없어도 의외로 쉽게 은행의 VIP 등급에 진입할 수 있다.
VIP 등급도 여러 단계가 있는데 신용카드 개설이나 작은 금액의 금융상품 2~3개 정도만 가입해도 가장 낮은 등급의 VIP가 될 수 있다. 물론 은행마다 등급에 관한 조건이 조금씩 다르기 때문에 정확한 내용은 은행에 직접 문의를 해보는 것이 좋다. VIP 등급 규정에 대해서 은행에 직접 문의하면 아마 친절하고 자세하게 가르쳐 줄 것이다.

일단 가장 낮은 등급이라도 VIP에 진입하면 기본적인 수수료 면제 혜택부터 VIP실을 통한 전문적이고 체계적인 자산 관리까지 받을 수 있다. 심지어 은행의 철통같은 보안을 이용할 수 있는 대여 금고도 무료로 사용이 가능하다. 가장 낮은 등급의 VIP 등급이라도 꼭 충족할 수 있도록 해보자. VIP 등급에 진입하게 되면 일단 은행 직원들의 태도부터 달라질 것이다.

국내 4대 은행 VIP 등급

국민은행 : 프리미엄스타 < 골드스타 < 로얄스타 < MVP
신한은행 : Classic < Best < Ace < Premier
우리은행 : 패밀리 < 로얄 < VIP < VVIP
하나은행 : 그린 < 패밀리 < 하나패밀리 < VIP < HANA VIP

- VIP 라운지 무료 이용 가능(대기 시간 단축)
- VIP 전문가의 금융 상품 전문 상담 가능
- 대여 금고 사용 가능
- 등급에 따른 각종 수수료 및 우대 금리 차등 적용
- VIP 선정 기준은 은행마다 기준이 판이하게 다르므로 더 자세한 내용은 주거래 은행에 직접 문의

TIP 아빠, 엄마가 VIP이면 나도 VIP!

부모님께 여쭤보면 한 은행 정도는 VIP 등급을 유지하고 계신 분들이 있을 수 있다. 이런 경우에 실제 VIP 고객뿐만 아니라 그 고객의 가족들까지 통합으로 VIP 등급을 적용 받을 수 있다. 가족 관계 증명서나 주민 등록 등본을 제출하면 된다. 거래가 하나도 없어도 상관없다. 게다가 가족으로 등록된 구성원들의 거래도 총 합산되어 계산되니 무조건 등록하는 게 유리하다. 예전에는 VIP실에서 임의로 등록을 해 주었지만, 지금은 개인 정보 보호법이 강화되어서 주민 등록 등본이나 가족 관계 증명서를 제출해야만 가능하도록 바뀌었다. 부모님이 같은 은행을 거래하고 있다면, VIP 등급인지 여부를 확인하여 VIP 등급이라면 자신도 VIP 등급을 받게 해달라고 은행에 꼭 요청하자!

입출금 통장

나에게 꼭 맞는 입출금 통장 따로 있다

"통장 하나 만들어주세요."

대부분의 고객들은 은행에 처음 찾아와서 일반 입출금 통장을 하나 만들어달라고 요청한다. 내가 겪은 고객의 90% 이상이 놀랄 정도로 똑같았다. 은행원들도 귀찮고 바쁘기 때문에 고객이 입출금 통장을 만들어 달라고 하면 더 이상 묻지 않고 일반 '저축 통장'이나 '보통 예금'을 만들어주는 경우가 대부분이다.

직장인용에서 학생용까지 통장 종류도 천차만별

입출금 통장이라고 하면 모두 똑같다고 생각하지만 사용자에 따라 천차만별이다. 은행원에게 어떤 목적으로 사용할 통장인지 조금 자세히 이야기를 해준다면 만들 수 있는 통장은 무척 다양하다. 꼭 급여를 받는 사람이 아니더라도 입출금 통장은 은행마다 용도에 따라 여러 가지 상품으로 준비되어 있으므로 자신에게 꼭 맞는 통장을 만들어 혜택을 누려보자.

① 급여 통장(직장인)

급여 통장은 모든 입출금 통장의 종류 중에서도 은행에서 가장 선호하는 통장이다.

대부분의 사람들이 회사에 다니고 있고 회사를 한번 다니면 몇십 년

씩 다니게 되고 혹여나 도중에 이직을 하게 돼도 불편함 때문에 급여 통장을 바꾸는 일은 거의 없기 때문이다.
심지어 직장인들은 따박따박 매달 고정적인 월급도 들어오니 상대적으로 소득이 들쭉날쭉한 사업자들보다 더 안정적인 직군으로 판단한다.
그래서 입출금 통장 종류 중 가장 혜택도 많은 편이며 예·적금이나 대출, 심지어 환전 시에도 은행에서 제공하는 모든 우대를 거의 다 제공받을 수 있게 된다.
은행원으로 근무하며 가장 안타까운 것은 대부분의 사람들은 그냥 입출금 통장을 하나 만들어 급여 이체를 하고 있어 똑같이 월급을 받음에도 불구하고 이런 혜택들을 제대로 누리지 못하고 있다.
앞으로 급여를 받을 사람들은 은행에 반드시 급여 통장으로 만들어 달라고 요구하고 이미 급여를 받고 있는 사람들은 자신의 입출금 통장이 급여 통장인지 꼭 확인해 보고 은행에 방문하여 변경 신청하도록 하자.

② 사업자 통장(사업자)

사업자 통장은 사업자들에게는 필수적인 통장이다. 사업상 거래를 사업자 통장이 아니라 일반 통장으로 개설하게 되면 세무서 소득 신고 시 불이익이 발생할 수 있고 나중에 소명할 때 일반 통장의 거래 내역을 출력하여 일일이 찾아내야 하기 때문에 여러모로 골치 아픈 일이 발생할 수 있다. 또한 은행에서는 사업자 통장에도 다양한 혜택을 주고 있으니 참고하자.

③ 가맹점 통장(장사)

요즘 은행의 화두는 가맹점 유치다. 가맹점 통장은 주로 장사를 하는 사업자들이 사용하는 통장인데, 손님들이 결제를 위하여 카드기에서 카드를 긁은 대금이 들어오는 통장을 말한다. 은행 입장에서는 이런 대금들이 통장에 들어와 일정 기간 쌓여있기 때문에 은행 외형과 손익에 도움이 되어 적극 장려하고 있는 편이다. 이 가맹점 통장을 개설하면, 각종 수수료 면제뿐만 아니라 카드기 무상 대여 등의 다양한 혜택이 있으니 별것 아니라고 생각하지 말고 은행 직원에게 꼭 이야기해주자.

④ 캠퍼스 통장(학생)

요즘 대학교 학생증에는 대부분 입출금 통장 및 체크카드 기능이 포함되어 있다. 은행마다, 학교마다 다르지만 학생증의 은행 기능을 두고 다른 체크카드로 사용하는 경우도 많은데 은행 입장에서는 대학생 때 쓰는 통장이 평생 쓰게 되는 평생 은행으로 생각하기 때문에 적극 유치하고자 많은 혜택을 주고 있다. 지금 당장 나의 학생증에 부착된 은행의 혜택을 알아보고 활용해보자!

⑤ 키즈 통장(아이들)

요즘에는 자녀들 명의로 거래를 하는 부모들이 점점 증가하는 추세이다. 이런 추세에 맞춰 은행들도 어린이 관련 마케팅을 적극 강화하고 있다. 신한은행은 어린이들이 좋아하는 '디보' 캐릭터를 활용하여 통장을 만들어 주고 있고 국민은행도 어린이들의 대통령 '뽀로로' 캐릭

터로 적극 홍보에 나서고 있다. 키즈 통장을 사용하면 추후 키즈 적금의 가산 금리 이율도 받을 수 있고 어린이 관련 사은품도 받을 수 있다.

⑥ 주부 통장(공과금)

직접적인 수입이 없는 주부라도 은행에서는 주거래 은행으로 활용할 수 있게 주부 관련 통장이 하나쯤은 있다. 주로 공과금 이체나 휴대전화 요금, 카드 결제 계좌 등의 대금 결제를 입출금 통장으로 연결해 놓는 것을 주부 통장이라고 하는데 이 또한 은행에서는 중요한 실적으로 인정하여 각종 수수료 면제 혜택을 주고 있으니 주부들도 본인의 통장이 일반 입출금 통장인지 주부 통장인지 꼭 확인할 필요가 있다.

용도 따라 변신하는 '입출금 통장'

입출금 통장은 위처럼 사용 주체별로 다양하게 존재하고 있지만 사용 용도에 따라서도 세분화되어 있다. 아래 설명에 해당되는 거래를 하고 있는 사람들은 반드시 체크하여 일반 입출금 통장을 변경하도록 하자.

① 주식 계좌 연계 통장

은행에서는 시중 거의 모든 증권사의 통장 개설 또한 가능하다. 증권사 입장에서는 요즘같이 인터넷으로 고객들 스스로 주식 주문을 하는 시대에서 은행 지점의 방대한 영업망을 통해 고객수를 늘릴 수 있기 때문에 적극적으로 활용하고 있는 추세다.

주식 계좌 연계 통장은 일단 해당 개설 은행의 계좌가 먼저 모 계좌로 만들어지고, 자 계좌로 신청한 증권사의 증권 계좌가 만들어지게 된다.
만든 후 채번된 주식 계좌의 계좌 번호로 해당 증권사 웹사이트에 로그인만 하면 아주 손쉽게 처리되며 추후 주식 매입・처분 등의 행위를 통해 남은 돈을 손쉽게 은행 계좌에 입금할 수 있기 때문에, 온라인으로 주식 거래를 하는 사람들에게는 거의 필수적인 통장이다.

② 지역별 사랑(지원) 통장

각 지역별 거주 주민일 때 가능한 통장으로 해당 은행에서 일정 수익이 발생시 지자체에 후원금을 전달하는 방식의 통장이다. 본인이 속한 지역의 소속감과 애향심이 강한 사람들에게 추천한다.

③ 저축 예금·보통 예금

은행에 가서 "그냥 일반 입출금 통장 만들어주세요."라고 이야기 하면 만들어주는 통장이다.
예전처럼 입출금 통장에 돈을 많이 쌓아놓아도 이자가 거의 붙지도 않고 순수하게 입출금만 할 수 있는 통장이다.
모임 통장이나 비상금 통장 등에 주로 쓰인다.

④ 모임 통장

모임 통장은 일반 저축 예금에 아주 약간의 효과가 들어가는 통장이다.

사회 생활을 하다보면 모임의 총무를 맡게 되는 경우가 있는데, 그럴 때 내역을 구분하고 확인하기 편리하다. 통장 겉면에 모임의 이름을 작성할 수 있게 되어 있고 요즘에는 스마트폰의 앱을 통해 모임 정회원들도 집행 내역, 입금 내역 등을 투명하게 볼 수 있다.

⑤ 연령별 통장

연령별 통장은 대표적으로 어르신 혹은 어린이 통장으로 구분할 수 있다. 보통 '실버 통장'이라고 불리는 어르신들을 위한 통장은 일정 조건 충족 시 수수료 면제 혜택 및 각종 헬스 케어 제공 등의 혜택이 있으므로 자신이 이용하는 은행의 혜택을 확인해 보자. 어린이 통장은 위에서 이야기한 키즈 통장을 참고하자.

⑥ 연금 안심 통장

최근에는 압류에 걸렸어도 사용할 수 있게 만들어 놓은 통장이 있으니, 이는 다름 아닌 연금 안심 통장이다.

보통 압류가 걸린 사람들은 은행 거래를 아예 안하고 현금으로만 거래하는 경우가 많은데, 국민연금같이 기초 생활을 함에 있어서 필수적인 입금은 압류가 걸려도 출금이 가능하게끔 만들어 놓은 통장이다.

증권사에 가면 CMA, 은행에 오면 MMF

"CMA 통장 하나 만들어 주세요."
은행에 들어와서 가장 많이 들었던 이야기 중 하나가 바로 CMA(종합 재산 관리 계좌, Cash Management Account) 통장에 대한 이야기였다. CMA 통장은 입출금이 자유로우면서도 통장에 남은 금액에 이자가 붙는 통장이다. 각종 광고나 금융 기사를 통해서도 많이 소개됐기 때문에 재테크에 크게 관심이 없는 사람이라도 이름 한 번쯤은 들어봤을 것이다.
하지만 안타깝게도 은행에서는 CMA 통장을 만들 수 없다. CMA는 증권사에서 개설이 가능한 통장이기 때문이다. 그렇다면 CMA에 가입하기 위해 증권사로 가야 하는 것일까? 그럴 필요는 없다. 은행에도 증권사의 CMA와 비슷한 기능을 가진 통장이 있다. 그것이 바로 MMF(단기 금융 펀드, Money Market Fund) 통장이다.
MMF 통장은 CMA 통장과 마찬가지로 입출금이 자유롭고 카드와 연결해서 쓸 수는 없지만, 인터넷 뱅킹을 통한 이체는 가능하다. CMA 통장처럼 이자가 붙기 때문에 증권사 CMA의 강력한 경쟁자이자, 대항마라고 볼 수 있다.
MMF 통장은 펀드라고 생각하면 이해하기 쉽다. 통장에 모아 둔 돈으로 투자를 해서 그 수익률을 돌려주는 형태다. 펀드와 다른 점이 있다면 바로 투자 대상이다. 펀드의 경우 수익률을 높이기 위해 위험자산이라고 할 수 있는 주식에 투자하는 경우가 많지만 MMF는 채권, 그 중에서도 가장 안전 자산이라고 손꼽는 국공채에 주로 투자한다. 입출금이 자유로우면서도 채권의 이자를 받을 수 있다는 것이 특징이다.

그래도 투자를 하는 상품인데 원금 손실이 발생하지는 않을까? CMA나 MMF 모두 투자를 하기 때문에 이론상으로는 원금 손실이 발생할 수 있는 구조다. 하지만 MMF에서 주로 투자하는 국공채라는 것은 국가가 부도가 나거나 아주 심각한 경제 위기가 닥쳐서 국가 경제가 완전히 파탄나지 않는 한 안전하다고 봐도 좋다. 수익률이 높지는 않지만 이자 한 푼 붙지 않는 예금 통장에 그냥 돈을 넣어두는 것보다는 조금이라도 이자가 나오기 때문에 적극적으로 활용하는 것이 좋다.

그렇다고 해서 당장 사용하지 않을 여윳돈을 CMA나 MMF 통장에 넣어두는 것은 손해다. CMA나 MMF 통장의 이자가 아무리 높다고 해도 정기 예금이나 적금 이자보다는 낮기 때문이다. CMA와 MMF 통장에는 한 달 이내에 써야 하는 단기 자금을 넣어두는 것이 좋다. 한 두 달 이상 사용하지 않는 여윳돈이라면 이보다 이자율이 높은 은행의 1개월 단기 예금이나 2개월 단기 예금 등에 예치하는 것이 이율상 훨씬 이득이기 때문이다. CMA나 MMF 통장을 이용할 때는 반드시 '기간'을 염두에 두어야 한다.

TIP CMA 이율은 조삼모사?

한때 CMA 통장이 엄청난 돌풍을 일으키던 때가 있었다. 재테크 좀 한다는 사람 치고 CMA 통장 하나 없는 사람이 없었다. 실제로 CMA 통장은 굳이 예·적금을 하지 않아도 되는 자유로운 입출금 통장에다 저금리 시대에 꽤 괜찮은 금리를 제공했으니 당연히 그럴 만했다.

그중 가장 인기가 높았던 상품이 동양증권의 CMA 계좌였다. 동양증권은 이 CMA

의 혜택을 극대화하여 많은 고객들을 유치할 수 있었다. 하지만 동양증권의 몰락과 지금의 낮아진 이율로는 더 이상 대단한 메리트가 없는 통장이 되어 버렸다.
더군다나 대부분의 CMA 통장은 예금자 보호 대상이 아니다.
개인적인 생각으로는 급여부터 시작한 모든 거래를 CMA에 집중하는 것은 고만고만한 '이자 따먹기 식'이라는 생각이다. 아무래도 일반 입출금은 전국 각지에 깔린 은행 ATM기를 훨씬 많이 이용할 수밖에 없고 향후 은행의 주 거래인 예적금·외환·대출 거래 등을 이용할 때 은행 계좌를 이용하는 것이 훨씬 유리하기 때문이다. CMA의 이율이 조삼모사가 아닌지는 잘 생각해볼 문제이다.

모든 재테크는 여기서부터 시작된다

주거래 은행을 결정하고 입출금 통장도 만들었으니 이번에는 재테크의 기본이라고 할 수 있는 예금과 적금에 도전해보자. 은행에서 예금이나 적금만큼 많이 가입하고 또 많이 해지하는 상품도 아마 없을 것이다. 누구나 쉽게 가입하지만 만기까지 유지하는 사람은 드문 상품이 바로, 예금과 적금이다. 특히 우리나라는 적금의 경우 종류가 많기로 전 세계에서 으뜸이다. 마치 시시때때로 새로운 이름을 선보이는 국산 자동차 브랜드 같다. 독일 자동차만 해도 벤츠는 C, E, S클래스, BMW는 3, 5, 7 시리즈, 아우디는 A4, A6, A7와 같은 식으로 단순화되어 있는데 반해 국산 자동차의 경우, 쏘나타, 그랜저, 제네시스, 아슬란처럼 유행에 따라 수많은 자동차 이름이 생겨났다 사라지기도 한다.

적금 상품도 마찬가지여서 외국 은행의 경우 적금 종류가 단순화되어 있는 반면, 우리나라는 때와 환경에 따라 다양한 상품을 출시하고 폐지하기 때문에 본인에게 맞는 상품을 신중하게 선택해야 한다.

적금
쓰고 남는 돈을 모으지 말고 모으고 남는 돈을 써라

창피한 고백 먼저 하나 하고 넘어가야 할 것 같다. 솔직하게 실토하자면 내 자신도 은행에 입행하기 전까지 예금과 적금의 차이를 정확히 몰랐다. 창구에서 고객을 만나다 보면 아직도 많은 고객들이 예전의 나처럼 예금과 적금의 개념을 헷갈려하는 것을 알 수 있다.
예금과 적금 모두 저축 상품이긴 하지만 근본적인 차이가 있다. 예금은 계약 기간을 정해서 일정 금액 이상의 목돈을 한꺼번에 은행에 맡기고 이자를 받는 것이다. 반면 적금은 계약 기간 동안 매달 일정 금액을 불입해서 목돈을 만드는 것이다. 앞서 언급했던 것처럼 우리나라의 경우 은행별로 다양한 적금 상품이 있기 때문에 정확하게 분류하기는 무척이나 어렵다. 할 수 없이 필자가 일하고 있는 신한은행 적금을 기준으로 하고 다른 은행의 적금은 현재 최고 금리 상품과 특징적인 상품만을 추려 설명하도록 하겠다.

단기 적금, '이자'보다는 '구속'

단기 적금이란 1년 이내의 적금을 말한다. 이율은 높지 않으나 단기간에 원하는 목적 자금을 마련하기에 유용하다. 하지만 모두 알다시피 이제 적금으로 이자를 기대하기는 무척 어려워진 것이 현실이다. 은행에서 일을 하기 시작한지 그리 오래 되지 않았지만 입행한 이후 지금까지 단 한 번도 적금 금리가 오른 적이 없다. 5년 전 입행했을 때만 해도 적금 금리가 무려 5%가 넘는 상품도 있었지만 지금은 2%를 간신히 넘는 상품들이 대부분이다. 최근 한국은행의 기준 금리 인하로 이마저 1% 대로 떨어질 것이라는 전망이 나오고 있다. 이런 상황 속에서 적금에 가입하는 것이 과연 어떤 의미가 있을까?
적금에 가입했다고 가정해보자. 돈을 찾을 수 있는 상황은 적금이 만기가 되었거나 도중에 돈이 필요해서 해지를 하거나 둘 중 하나다. 여기에 바로 단기 적금의 존재 이유가 숨어 있다. 단기 적금은 이자보다는 짧은 기간에 돈을 쓰지 않고 모을 수 있는 구속력이 더 큰 역할을 한다고 생각하고 가입해야 한다.
대부분의 사람들은 입출금 통장에 돈이 있으면 일단 쓰고 보는 경향이 있다. 적금에 가입하면 그런 가능성을 사전에 차단할 수 있다. 적금 납입 날짜를 월급이나 고정 수입이 들어오는 당일, 혹은 다음날 자동 이체하도록 맞춰놓으면 더욱 큰 효과를 기대할 수 있다.

중장기 적금, '꾸준히' 보다 '그때그때'가 더 효과적

3년에서 5년 사이의 적금을 의미한다. 은행 적금 중에 3년 이상 되는 상품은 거의 없다고 보면 된다. 3~5년 이상의 적립식 상품들은 저축보험 상품이 주를 이루고 있기 때문이다.
중장기 적금은 단기 적금보다는 가입 기간이 길기 때문에 당연히 금리도 조금 더 높다. 하지만 그 차이는 정말 미미한 수준이다. 그렇기 때문에 금리가 높을 것이라고 지레 짐작하고 무작정 중장기 적금에 가입하는 것은 결코 좋은 방법은 아니다.
적금을 도중에 해지하게 되면 중도 해지율이 적용되어 약정한 이율을 받지 못하기 때문에 이자가 쥐꼬리만큼도 나오지 않는다. 1년 안에 해지할 것 같으면 아예 1년짜리 적금에 가입하는 것이 훨씬 낫다. 중장기 적금은 기간에 대한 부담이 있기 때문에 정기 적립식으로 꾸준히 붓는 것보다는 자유 적립식으로 그때그때 여윳돈이 있을 때마다 적금하는 방식이 더 나을 수도 있다.
다만 딱 3년 뒤, 혹은 5년 뒤에 무언가를 하려고 굳게 마음먹고 적금에 가입하는 것이라면 정기 적립식 중장기 적금을 추천한다.

적립식 적금, 자유냐 속박이냐

"무슨 용도로 쓰시려고요?"
고객들이 적금을 하러 은행 창구를 찾아오면 나는 항상 고객들에게 적금에 가입하는 이유를 물어본다. 그럴 때마다 고객의 반응은 거의 비슷하다. "쓰고 남은 돈이 좀 있어서 있을 때 넣어두려고요."
이런 마인드라면 적금을 아예 하지 않는 것이 낫다. 그렇게 목적 없이 모은 돈은 만기가 되어 찾아도 또 다시 엉뚱한 데 쓰이게 될 가능성이 높기 때문이다.
참고로 이런 분들 중에 적금을 끝까지 가져가는 분도 제대로 본 적이 없다. 적금은 쓰고 남은 돈을 모으는 것이 아니라 돈을 모으고 남는 돈을 쓴다는 생각으로 임해야 한다.
그렇기 때문에 기왕 적금을 할 것이라면 정기 적립식을 강력 추천한다. 더구나 정기 정립식 적금이 자유 적립식 적금보다 금리도 더 높다.
다만 이미 정기 적립식 적금을 가입한 상태에서 여윳돈이 남을 경우 재테크 수단으로 자유 적립식을 하나 더 가입하는 경우는 예외이다.

창구에 오더라도 적금은 인터넷으로

요즘은 ICT(정보통신기술, Information & Communication Technology)의 발달로 인터넷 뱅킹과 스마트 뱅킹의 비중이 매우 높아졌다. 이로 인해 보이스 피싱이나 스미싱과 같은 부작용도 많이 나타나고 있지만 그래도 우리나라의 인터넷 뱅킹 시스템은 세계 최고 수준이라고 할 수 있다. 이로 인해 창구에는 존재하지 않는 다양한 인터넷 뱅킹 상품들이 많이 등장했다.

인터넷 적금은 창구 직원이 직접 상품을 설명하고 가입 절차를 진행하지 않아도 되기 때문에 인건비가 들지 않고, 통장 발급이나 사은품에 들어가는 원가도 절감되기 때문에 창구 적금보다 금리가 높은 것이 특징이다. 또 고객 입장에서도 직접 지점까지 방문하지 않아도 되기 때문에 수고스러움을 덜 수 있다.

예금의 경우는 은행원의 재량에 따라 금리 조정이 가능하지만 적금은 금리 체계나 기간이 정해져 있는 상품이기 때문에 굳이 창구 직원을 통해 가입하지 않아도 상관없다. 요즘에는 적금 가입을 위해 창구에 내점해도 높은 금리의 적금을 찾으면 은행원들이 고객들의 스마트폰에 앱을 깔아서 직접 가입시켜주는 기이한 풍경도 종종 볼 수 있다.

특별한 대상 위한 6%대 금리, 특수 목적 적금

모든 사람들을 대상으로 하지는 않지만 은행마다 특정 계층을 대상으로 특별한 혜택을 제공하는 적금들이 있다. 은행원들이 일일이 물어보고 직접 챙겨주지 않기 때문에 해당 사항이 있는 사람들은 이런 상품을 알아보고 적극 활용할 필요가 있다.
신한은행에서는 서민 금융, 따뜻한 금융을 표방하여 '새희망적금'이라는 서민 적금을 운용하고 있다. 연소득 1천5백만 원 이하의 저소득자나 기초 생활 수급자, 장애인 등에게 6%가 넘는 금리를 제공하는 적금으로 현재 1년제 적금 금리가 2% 중반임을 감안하면 엄청난 금리 혜택을 받을 수 있는 상품이라고 할 수 있다.
기업은행의 'IBK전역준비적금'이라는 상품은 병역 의무를 하고 있는 군인들을 대상으로 출시된 상품으로 역시 6%대의 고금리를 제공한다. 근속 기간이 긴 장교나 부사관들은 물론 의무 복무를 하는 일반 병사들까지 국가를 위해 고생한다는 인식에서 단순한 영업력 확대보다는 '국민을 위한'이라는 IBK의 이미지와 연계해 사회 공헌의 이미지를 제고하기 위한 점이 크다.
우리은행에서는 일용직 건설근로자를 대상으로 한 '힘내라 건설인 적금'을 운용하고 있다. 건설업계의 지속적인 불황으로 특히 하루 벌어 하루 먹고 사는 일용직 건설근로자들의 경우에는 목돈 모으기가 쉽지 않다. 우리은행은 건설근로자회와 협약을 통해 일용직 건설노동자를 위한 압류 방지 통장인 '퇴직공제금 지킴이 통장'과 일용직 근로자들의 재산 형성을 위한 '힘내라 건설인 적금' 등 상대적으로 사회적 약자인 일용직 근로자들을 위한 특화 상품이 강점이다.
하나은행에는 '바보의 나눔' 적금이 있다. 기본 금리에 우대 금리를 충족하면 2014년 상반기 기준 3% 중반대의 금리까지 가능한데, 우대 금리는 장기 기증 희망 등록시 연 0.5%, 원리 금중 일부를 '재단법인 바보의 나눔'에 기부하면 연 0.3%를 추가해준다. 이 적금은 고

(故) 김수환 추기경의 숭고한 나눔 정신을 표방한 공익적 성격의 적금으로 통장 앞면에 김수환 추기경의 바보 사랑 얼굴 디자인을 모티브로 한다. 하나은행은 바보의 나눔 통장과 바보의 나눔 적금 한 계좌당 100원씩 자체 출연해 재단법인 바보의 나눔에 2015년까지 매년 말 기부할 예정이다.

• 각 은행별 적금 리스트 (2015년 1월 기준)

번호	금융기관명	상품명	세전금리	세후수령액
1	수협은행	독도사랑학생부금	3.00%	12,164,970원
2	전북은행	JB다이렉트 적금통장	2.70%	12,148,473원
3	스탠다드차타드은행	퍼스트가계적금(정기적립식)	2.70%	12,148,473원
4	경남은행	훼밀리적금	2.60%	12,144,117원
5	수협은행	파트너가계적금	2.60%	12,142,974원
6	우체국	정기적금	2.60%	12,142,974원
7	수협은행	더플러스정액적금	2.60%	12,142,974원
8	전북은행	정기적금(정액적립식)	2.60%	12,142,974원
9	경남은행	정기적급	2.60%	12,142,974원
10	경남은행	가계우대정기적금	2.50%	12,138,530원
11	경남은행	가계우대상호부금	2.50%	12,137,475원
12	신한은행	신한 스마트 적금	2.50%	12,137,475원
13	부산은행	녹색시민통장	2.50%	12,137,475원
14	KB국민은행	KB말하는적금	2.45%	12,134,725원
15	경남은행	행복 Dream 여행적금(정기적립)	2.40%	12,131,976원
16	KB국민은행	e-파워자유적금	2.40%	12,131,976원
17	수협은행	정기적금	2.40%	12,131,976원
18	농협	정기적금	2.40%	12,131,976원
19	신한은행	신한 그린愛생활 적금(정기적립식)	2.40%	12,131,976원
20	부산은행	장학적금	2.36%	12,130,716원

• 참고 : 재테크 포탈 모네타

재형 저축
30년 만에 부활한 저축의 '끝판왕'

2013년 3월, 무려 30여년 만에 금융권에는 재형 저축이라는 추억의 상품이 부활했다. 재형 저축은 예전에는 여러 가지 혜택으로 직장인이라면 필수적으로 가입해야 하는 통장이었지만, 새롭게 탄생한 재형 저축은 예전에 비해서는 혜택이 많이 줄어들었다. 하지만 아무리 혜택이 줄었다고 해도 요즘과 같은 저금리 시대에 매력적인 금리와 세제 혜택은 무시할 수 없는 강점이다. 재형 저축이 사라진 이후 은행권 최고의 혜택을 가진 적금이었던 장기 주택 마련 적금(일명 장마저축)을 대체할 수 있을 것으로 기대되고 있다.

조건된다면 반드시 갖춰야 할 저축의 1순위

재형 저축은 크게 재형 저축과 재형 펀드 2가지로 분류된다. 쉽게 말하면 재형 저축은 은행에서 취급하는 상품이고 재형 펀드는 증권사에서 취급하는 상품이다. 하지만 가입자의 99%가 재형 저축과 재형 펀드 모두 은행에서 가입한다는 것이 특징이다.

재형 저축 대상자는 연소득 5천만 원 이하(개인사업자는 3천5백만 원)의 사람들만 가능하고 은행 내점 시 세무서에서 '재형 저축 가입용 소득금액 증명원'이란 서류를 발급받아야 하는 번거로움이 있다(홈텍스를 통하면 공인인증서로도 출력이 가능하다).

재형 저축의 금리는 은행마다 다르지만 최고 4.5% 수준이다. 최고 금리를 받기 위해서는 은행에서 제시하는 몇 가지 조건을 충족해야 한다. 급여 통장이나 카드 사용 실적 등 비교적 충족하기 쉬운 조건이기 때문에 웬만하면 최고 금리를 받을 수 있도록 하는 것이 좋다. 보통 적금 가입 후 3년까지는 고정 금리로 4.5%를 받을 수 있지만 이후 정책에 따라 변동될 수 있다. 그렇다고 해도 금융 당국의 정책 적금이기 때문에 일반 적금 금리보다는 무조건 높게 책정된다는 것을 감안하는 것이 좋다.
2~3% 수준의 적금들과는 금리 차이가 꽤 많이 나기 때문에 1년 짜리 적금을 여러 차례 하는 것보다 재형 저축에 하나 가입하는 것이 훨씬 낫다.
도입 초기 은행들마다 비과세라고 설명하며 치열한 고객 유치 작전을 펼쳤지만 정확하게 이야기하면 농어촌 특별세(농특세) 1.4%는 청구한다. 그래도 일반 과세 15.4%에 비하면 엄청난 혜택이다. 자신이 재형 저축 가입 대상자라면 계약 기간이 다소 길지만 가입 조건을 갖추고 있다면 재형 저축만큼은 필수적으로 가입하는 것이 좋다.

재형 저축의 주요 특징

가입 대상자 : 연소득 5천만 원 이하(개인사업자 3천5백만 원 이하)
금리 : 4.5% 수준(7년 고정 금리의 경우 3% 초반)
가입 금액 : 분기별 3백만 원 이내(월 1백만 원꼴)
계약 기간 : 7년
세제 혜택 : 농어촌 특별세 1.4%
우대 금리 : 각 은행별 조건 참고.

재형 저축은 팔면 팔수록 손해?

2013년 재형 저축이 출시될 때의 상황을 세세하게 기억하고 있다. 금융 당국에서 재형 저축을 출시하도록 지시했지만 금리를 정해주지 않았기 때문에 은행마다 금리 구간을 설정하느라고 치열한 눈치작전을 펼쳤다.

결국 제살 깎아먹기 식으로 기준 금리보다 훨씬 높은 4% 중반에서 금리가 설정됐고 초반 시장을 선점하기 위해 각 은행들이 기를 쓰고 판촉 활동을 하는 모습을 보였다.

하지만 재형 저축은 은행 입장에서 볼 때 꼭 많이 팔려야 하는 상품은 아니다. 금리가 너무 높아 가입자가 늘면 늘수록 손해를 보는 역마진 상품이다 보니 어느 순간부터 자연스럽게 은행 차원에서 홍보가 시들해졌다. 은행원들조차 고객들에게 제대로 이야기해주지 않는 비밀 아닌 비밀이 되어 버렸다. 이후는 서류 발급에 대한 번거로움 때문에 은행 직원들도 딱히 가입 권유를 하지 않는 애물단지로 전락해버린 상태이다. 하지만 아무리 계산기를 두드려보고 이것저것 따져 봐도 재형 저축만한 상품은 없다. 보험사 영업 직원들에게 욕먹을 각오를 하고 솔직히 말하면 재형 저축은 시중에 나와 있는 그 어떤 저축 보험보다도 훨씬 유리한 상품이다.

저축 보험의 경우 10년은 유지해야 비과세이고 당연히 도중에 해지하면 원금 손실이 난다. 게다가 금리 또한 아무리 높아봤자 4%를 넘지 않는다. 하지만 재형 저축은 중간에 해지해도 원금손실이 없고 금리는 더욱 높으며 7년만 가입해도 농특세 1.4% 밖에 빠지지 않으니 모든 면에서 유리하다고 할 수 있다.

적금형과 펀드형 어떤 것이 좋을까?

재형 저축과 재형 펀드는 혜택 면에서는 똑같은 상품이지만 구조적으로는 적금과 펀드의 차이와 똑같다. 재형 펀드의 경우 펀드 수익률에 따라 금리가 달라질 수 있고 펀드 위험성에 비례해서 원금 손실 여부도 결정된다. 금리와 위험성을 차별화한 다양한 재형 펀드 상품들이 나와 있다. 적금으로 갈 것이냐 펀드로 갈 것이냐는 본인의 투자 스타일에 달려있다고 할 수 있다.

TIP 소개팅 할 때 '재형 저축'가입은 절대 비밀!

금융업계에 화제가 됐던 유머 하나. 어느 날 남자와 여자가 미팅을 하게 됐다. 여자는 남자의 연봉이 궁금했다. 하지만 초면에 남의 연봉을 직접적으로 물어볼 수가 없었다. 고민 끝에 여자는 남자에게 질문을 하나 던졌다.

"혹시 재형 저축 가입하셨어요?"

남자는 바로 아는 척을 하며 가입했다고 자신 있게 이야기를 했다. 그 대답을 듣는 순간 여자는 자리를 박차고 일어났다. 재형 저축에 가입했다는 것은 남자의 연봉이 5천만 원이 넘지 않는다는 것을 의미하기 때문이다.

예금

이율 낮아도 원금 손실 없다는 점이 매력

자, 적금을 열심히 모아 드디어 만기 해지하는 시점이 찾아왔다. 당신은 이 돈을 어떻게 굴릴 것인가? 길게 고민할 필요도 없다. 적금에서 찾은 돈을 바로 예금에 집어넣으면 된다. 돈을 벌기 시작하면 적금에 가입하고, 적금이 모여 목돈이 되면 이 목돈을 예금으로 돌리고 또 다시 적금을 드는 것이 바로 재테크의 정석이다.

은행 예금은 대부분 3년 이내의 상품으로 이루어져 있으며 이율은 높지 않지만 아무 때나 해지해도 원금 손실이 없다는 점이 매력이다. 하지만 겉으로 보기엔 단순한 예금 상품도 어떻게 가입하느냐에 따라서 큰 차이가 날 수 있다는 사실! 똑똑한 예금 가입자가 되기 위해 지금부터 예금 상품에 대해 자세히 파헤쳐보도록 하자.

한 달 짜리 예금도 있다고?

예금은 기간 설정이 가장 중요하다. 은행 예금은 3년 이내의 상품들로 구성되어 있는데 기간이 길수록 금리가 더 높다. 예금은 중도 해지해도 원금 손실 위험이 없기 때문에 일단 기간이 긴 것으로 넣고 보자고 생각하는 고객들이 많은데 기간이 길다고 반드시 좋은 것은 아니다. 만기를 채우지 못하고 중도에 해지하면 중도 해지율이 적용되어 이자가 거의 붙지 않기 때문에 오히려 손해다. 얼마만큼의 기간 동안 돈을 사용하지 않아도 되는지 잘 판단하여 그 기간에 맞춰 가입하는 것이 가장 효율적이다.
예금 상담을 하다보면 대부분의 고객들이 예금 가입 기간이 최소 1년으로 알고 있는 경우가 많은데 1개월, 2개월, 3개월, 4개월, 6개월짜리 단기 예금도 존재한다. 몇 개월이라도 쓰지 않는 금액은 그냥 입출금 통장에 두거나 CMA 통장에 박아놓는 것보다 한 달 짜리라도 단기 예금에 넣어두는 것이 금리 면에서 훨씬 유리하다.

자금 관리의 기본 '쪼개기' 기법

예금은 보통 3백만 원 이상의 목돈을 일정 기간 거치하는 상품이기 때문에 몇 십 만원 단위의 소액으로는 창구에서 가입이 불가능하다. 하지만 인터넷 뱅킹을 이용하면 소액의 정기 예금도 가능하다. 3백만 원 이하의 돈을 묶어두고 싶다면 인터넷 뱅킹으로 예금에 가입하는 방법이 있다.
예금에 가입할 때는 기간에 맞게 적당한 금액을 정하는 것이 매우 중요하다. 예를 들어 목돈 1억 원이 있다고 가정하자. 이 가운데 5천만 원은 앞으로 1년 간 사용하지 않을 계획이고 나머지 5천만 원은 5년 간 사용하지 않을 계획이라면 당신은 어떻게 하겠는가?
경험상으로 보면 이런 경우 1억 원을 1년간 묶어놓는 방법을 선택하는 경우가 대부분이다. 일단 1년 후에 써야 할 돈에 모든 초점을 맞추는 것이다. 하지만 이것은 예금 상품을 하나만 생각하는 고객들의 고정관념에서 비롯된 일이다. 예금에 가입한다고 할 때 꼭 한 상품만 가입하라는 법은 없다. 상황에 맞게 여러 개 예금을 동시에 가입해도 된다. 이럴 때 필요한 것이 바로 '쪼개기' 기법이다. 자금 관리의 기본이라고 할 수 있는 포트폴리오 전략이라고 할 수 있다.
이 경우에는 5천만 원은 1년 단위 단기 예금으로 묶고 나머지 5천만 원은 5년 이상의 장기 플랜 상품으로 가입하면 된다. 두 상품의 금리가 확연히 다르고 1년마다 예금 이율이 뚝뚝 떨어지기 때문에 이런 쪼개기 전략을 통해 저금리 시대의 이자 확보를 꾀할 수 있을 것이다.

예금 금리는 은행원 마음?

적금 금리는 상품마다 몇 년제, 몇 프로 이런 식으로 고정되어서 나온다. 따라서 적금에 가입할 때도 실제 우대 조건을 충족하지 않는 한 금리 조정이 어렵지만 예금은 다르다. 예금 금리는 정말 은행원 마음이다.
예금 이율에 대해서는 고시 금리가 있지만 예외적으로 가산 금리를 적용할 수 있다. 예를 들어 현재 1년제 예금 고시 금리가 2.1%라고 하면 은행원이 본점 개인 금융부에 승인을 올려서 가산 금리를 신청할 수 있다. 가령 가산 금리를 0.6% 승인받았다고 하면 이 고시 금리와 가산 금리를 합산해 2.7%라는 예금 금리가 가능해지는 것이다.
대부분 1년제 예금 이율을 문의하면 은행에서는 일반 고시금리를 이야기해주기 마련이고 가산 금리는 실제 거래가 많거나 은행원과 친분이 있을 때 적용해 주기 때문에 이야기만 잘 한다면 당일자 최대 우대 금리로 적용도 가능하다.

금리 높은 특판 예금 원하면 은행원과 친해져라!

예금은 적금만큼 종류가 다양하진 않지만 가입하는 주체에 따라 개인 예금과 기업 예금 그리고 특판 예금으로 크게 구분할 수 있다.
기업 예금의 경우 개인 예금보다 금리가 조금 낮게 형성이 되어 있으며, 특판 예금은 정부의 시책이나 은행의 정책에 따라서 가끔씩 현 금리보다 높은 수준의 금리를 적용받게 된다.
이런 정보들은 굳이 찾아보지 않아도 평소 한 은행을 꾸준히 거래하거나 은행원과 친해지면 미리 은행 차원에서 문자를 주거나 직접 연락을 주는 등 정보를 주는 경우가 많으므로 평소 은행원과 친하게 지내두는 것도 좋다.

급전 필요할 때는 예금 깨지 말고 일부만 해지!

"왜 예금을 해지하려고 하세요?"
창구에서 고객들을 접하다 보면 가장 많은 업무를 차지하고 있는 것이 예금 해지이다. 대부분의 은행 창구 담당자들이 귀찮기도 하고 또 고객의 요구사항을 원하는 대로 들어준다는 생각에 예금을 전부 해지해주는 경우가 많다. 하지만 내 경우 고객이 예금 해지를 원하면 항상 그 이유부터 물어봤다.
사람들마다 제각각 다른 사정이 있었지만 대부분은 예금 전액을 필요로 하는 경우보다 예금 중 일부가 필요해서 전체를 해지하려는 경우가 많았다. 이런 경우 '일부 해지' 기능을 이용하면 예금 상품을 그대로 유지하면서 원하는 일부 금액만 해지를 할 수 있다. 예금의 성격마다 조금 다를 수는 있지만 일반 정기 예금도 중간에 일부 해지가 가능하다.

신한은행의 경우 1년에 3번까지 일부 해지할 수 있는 기능이 있기 때문에, 예금한 금액 중 일부분이 필요해서 해지하려는 고객에게 일부 해지 기능을 권하곤 했다.

급하게 필요한 돈이라 잠깐 썼다가 바로 갚을 수 있다면 예금 담보 대출도 추천한다. 예금 담보 대출의 경우는 금리가 무척 싸기 때문에 만기가 얼마 남지 않은 상태에서 잠깐 동안만 썼다가 갚을 수 있다면 중도에 해지하는 것보다 훨씬 이득이다.

이와 반대로 추가 입금도 가능한데 상품별로 다르기 때문에 은행 창구에서 가입 시 꼭 확인해보도록 하자.

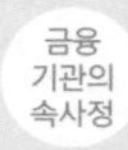

은을 많이 거래해서 은행?

은행은 중국에서 유래된 단어다. 옛날 중국의 상인 길드(Guild)인 행(行)은 무역과 상업 활동에 은(銀)을 사용했는데, 이 '행'이라는 조합의 덩치가 커져 은의 거래량을 좌지우지할 수 있는 힘이 생기자 금융업의 주체가 되면서 은행이라는 말이 생기게 되었다고 한다.

ELS

VIP 고객들만 몰래 들었던 ‘알짜’ 예금

VIP 고객들 중에는 일반 예금을 가입하는 사람들이 거의 없다. 예전만 해도 정기 예금 이자만으로도 충분히 만족할 수 있었지만 지금과 같은 2%대 저금리에서는 아무것도 기대할 수 없다고 생각하기 때문이다. 이런 사람들에게 훌륭한 대안이 나왔으니 바로 ELS(주가 연계 증권, Equity Linked Securities)라고 불리는 주가 지수 연동 상품이다.

펀드와 비슷하지만 원금 손실 위험이 적고 예금과 비슷하지만 예금보다는 이율이 더 높은 상품이다. 하지만 일반 고객들에게는 무척이나 낯선 상품임에 틀림없다. 나도 처음 은행에 입행했을 때 이 상품들의 구조가 잘 이해되지 않아 고생을 많이 했다. 상품 설명서나 인터넷은 물론 금융과 관련된 여러 가지 책을 펴놓고 봐도 복잡해서 이해하기가 어려웠다.

흔히 ELS라고 통칭되지만 자세히 들여다보면 ELS와 ELD(예금 연계 펀드, Equity Linked Deposit), ELF(주가 연계 펀드, Equity Linked Fund) 등으로 세분화할 수 있다. 우선 ELS는 상품 이름에 ‘증권(Securities)’이라는 단어가 들어간 것에서 알 수 있듯이 증권에 주로 투자하는 상품이다. 원금 보장형과 원금 보장 추구형이 있으며 비교적 안정적이다.

원금 보장형은 말 그대로 만기까지 가져가면 원금은 100% 보장해주겠다는 것이며 원금 보장 추구형은 만기까지 가져갈 시 원금 손실이 날 수도 있지만 어느 정도 수준, 즉 80~90% 선까지는 보장해준다는 것이다. 세 종류 상품 중에 위험과 수익 모두 중간에 해당되는 상품이라고 할 수 있다.

ELD는 고객이 예금한 금액 중 투자 자금은 정기 예금에 예치하고 창출될 이자만 파생 상품에 투자하여 추가 수익을 내는 구조다. 은행 예금에 주로 투자하는 것으로 원금 보장이 가능하며 주로 코스피 200지수와 연동한 상품이 많다. 가장 안정적인 대신 수익은 가장 떨어진다. 셋 중에 가장 저위험, 저수익 상품이다.

마지막으로 ELF는 주로 펀드에 투자하는 상품으로 원금 보장 추구형이며 공격적이다. 세 상품 중 가장 고위험, 고수익 상품에 해당된다.

세 가지 상품 모두 은행과 증권사에서 다루고 있으나 ELD와 ELS는 은행에서, ELF는 증권사에서 많은 판매가 이루어지고 있는 것이 특징이다. 그 이유는 은행과 증권사라는 금융 기관의 특징에서 찾을 수 있다.

은행은 매우 보수적인 금융 기관인데 비해 증권사는 굉장히 공격적인 기관이다. 따라서 은행을 이용하는 사람들은 이율이 다소 낮더라도 위험이 낮은 상품을 원하며 증권사를 찾는 사람들은 위험이 다소 높아도 높은 이율을 받을 수 있는 상품을 원하기 때문이다.

기간이 최대 1년 6개월로 비교적 짧고 금리도 2014년 기준으로 최소 5~6%대이며 원금 손실 위험도 거의 없기 때문에 너무 위험한 건 싫고 그렇다고 이자가 거의 없는 정기 예금은 더욱 싫은 고객들에게 딱 맞는 상품이다.

가입 기간 동안 조건 충족하면 예금보다 높은 이자를 주고 만에 하나 조건 불충족이 되더라도 만기에 원금은 가져갈 수 있는 상품이다. 예금처럼 일정 금액 이상의 목돈을 거치하되 일반 정기 예금보다는 더 높은 수익률을 기대할 수 있다.
원래 은행 VIP 고객들만을 대상으로 판매하던 대표적인 틈새 상품이었으나 최근에는 일반 고객도 요청하면 가입이 가능하도록 바뀌었다. 단, 아무 때나 가입할 수 없고 모집 공고가 날 때만 가입이 가능하다. 한 달에 2~3번 정도씩 모집을 하기 때문에 은행에 미리 들러 출시일을 확인해볼 필요가 있다.
대부분의 원금은 안전한 자산에 투자하고 원금의 일부는 주식 등에 투자하여 얻는 수익률을 배분하는 것이라고 보면 된다. 대부분 코스피 지수나 항셍 지수에 투자를 하는데, 기간은 최대 3년이지만 그 전이라도 조건이 충족하면 6개월마다 한 번씩 돌아오는 만기 시에 만기 해지가 가능한 상품이다.
상품마다 조금씩 다르지만 펀드와 비슷한 성격이어서 원금 손실이 날 확률도 있지만 은행은 보수적인 기관이라 안전한 상품 위주로 판매하기 때문에 지금까지 약 90% 이상이 조건 충족 해지되었다.

좋은 ELS 상품을 고르는 방법

1. 구조에 따른 수익성과 안정성을 살펴보자

원금 보존 추구형과 보존형 여부를 확인하여 안정성과 수익성을 따져보는 것이 필요하다. 원금 보존 추구형의 상품은 상대적으로 기대할 수 있는 수익이 적은 반면, 원금 비본존형 상품은 안정성이 매우 강화되어 최초 기준 주가 대비 절반까지 하락해도 수익을 얻을 수 있는 구조의 상품이 출시되고 있어 안정성 및 수익성이라는 두 마리의 토끼를 잡을 수 있다.

즉, 원금 보존 추구형이라고 해서 원금 비보존형보다 반드시 좋고 안정적이지만은 않다는 말이다.

2. 크게 내리지 않을 기초 자산을 고르는 것이 중요하다

ELS는 파생 상품으로 기초 자산의 주가에 따라 수익률이 달라질 수 있으므로 기초 자산이 되는 주식의 방향성을 예측하는 것이 필요하다. 일정 부분 하락하더라도 수익을 얻을 수 있는 장점이 있으므로 '크게 내리지 않을 기초 자산'을 고른다면 수익을 기대해볼 수 있다.

3. 투자 기간과 수익 상환 조건 등을 반드시 체크하자

만기는 1년~3년이다. 환매 시 수수료 등이 발생하므로 만기를 확인하는 것이 필요하다.
또한 조기 상환 구조라 할지라도 조기 상환이 이루어지지 않는다면 만기까지 보유하고 있어야 하므로 여유 자금을 활용하는 것이 바람직하다.
특히 조기 상환 구조라면 상환 주기, 상환 지수, 원금 손실 발생 기능 지수 등을 꼼꼼히 확인하는 것이 바람직하다.

4. 발행사의 신용도 및 발행 능력을 따져보자

ELS는 장외 파생 인가를 받은 증권사가 발행하며 투자자에게 약속한 수익을 돌려주기 위해 기초 자산뿐 아니라 파생 상품을 통해 위험을 회피하고자 한다. 따라서 ELS를 안정적으로 운용하며 리스크 관리 능력이 있는 발행사를 선택하는 것이 필요하다.

ELS의 주요 특징

가입 금액 : 최소 3백만 원 이상
기간 : 최대 3년 (조건 충족시 6개월 단위로도 해지 가능)
금리 : 5~10%
원금 손실 여부 : 원금 보존형은 없고 원금 추구형은 약간 있다. 손실 구간 정해져 있음.
판매 기간 : 모집 공고시(한 달에 2~3차례 정도)

금융 기관의 속사정

은행 지점 라인업

신입 은행원들의 '로망'은 바로 여기!

1. PB센터(PWM센터)

처음 입행할 때 PB(Private Banking)센터 근무를 목표로 삼은 동기들이 많았다. PB센터는 재력가들이 이용하는 은행지점으로 강남, 목동, 여의도, 용산 등 부촌 위주로 형성되어 있으며 각 광역시에도 한 두 개 씩 PB지점이 개설되어 있다. 기본적으로 자유롭게 사용 가능한 현금 5억 원 이상을 보유해야 PB센터 진입이 가능하다. 세무사, 변호사, 회계사 등 전문직 직원들과 은행원, 증권사 직원들이 함께 근무하면서 고객들의 자산을 체계적으로 관리해준다. 요즘에는 PB센터 거래 고객 자녀들끼리 소개팅까지 주선해줄 정도다.

2. 기업 금융 센터

외부 감사 법인 이상의 법인, 혹은 일정 금액 이상을 보유한 개인 사업체 등 기업들이 주로 거래하는 곳이다. 주로 대기업을 상대로 업무 처리를 하고 있으며 법인 대출, 법인 PF(Project Finacing), 수출입 업체의 굵직굵직한 외국환 거래를 담당한다. 기업 금융 센터는 보통 시내의 중심에 큰 건물에서 일반 개인 상대의 리테일 영업점과 함께 붙어 있으며 개인 고객의 업무는 거의 하지 않는다.

3.리테일 지점

일반인들이 흔히 이야기하는 은행이라고 불리는 지점이다. 일반 개인 고객, 외부 감사 법인 이하의 법인이나 개인 사업자, 지역 자산가(VIP)를 상대로 업무 처리를 하며, 웬만한 업무는 이곳에서 모두 처리 가능하다.

이자와 세금

'조삼모사'같은 숫자놀음에 속지 않는 법

일반 과세 vs 세금 우대 vs 생계형 비과세

은행 상품에 가입해서 이자를 받는다고 해서 그 돈을 전부 받을 수 있는 것은 아니다. 금융 소득에 대한 세금을 떼고 난 나머지 금액만을 받게 된다. 하지만 고객의 상황에 따라 세금을 많이 낼 수도 있고 적게 낼 수도 있다. 아무리 높은 이자의 금융 상품에 가입했다고 해도 마지막에 불필요한 세금을 내고 나면 손에 쥐어지는 금액은 크게 줄어들 수밖에 없다. 금융 이자에 대해 부과되는 세금은 일반 과세와 세금 우대, 생계형 비과세 등 세 가지다.

은행을 찾는 사람들 중에 일반 과세나 세금 우대, 생계형 비과세 제도에 대해서 제대로 알고 있는 사람은 극히 드문 편이다. 필자 또한 입행 초기 세금 우대에 대한 개념이 없어서 고객들에게 일반 과세 예·적금통장을 만들어준 기억이 있다.

일반 과세 : 15.4%(금융 소득세 14%, 농어촌 특별세 1.4%)
세금 우대 : 9.5%
생계형 비과세 : 0%

금융 상품에 가입해 이자를 1백만 원 받았다고 가정해보자. 일반 과세 상품이었을 경우 세금 15만4천 원을 뗀 84만6천 원, 세금 우대 상품일 경우 세금 9만5천 원을 뗀 94만5천 원, 생계형 비과세 상품일 경우 세금을 한 푼도 떼지 않은 1백만 원 그대로를 받게 된다.
금융 상품을 통해 소득이 발생했을 경우 금융 소득세 14%와 농어촌 특별세 1.4%를 합쳐 총 15.4%의 세금을 낸다. 하지만 모두가 이 세금을 다 내는 것은 아니다. 20세 이상의 대한민국 국민이라면 누구나 국가에서 주택 마련을 목적으로 1천만 원까지 세금 우대 혜택을 주고 있다.
은행 연합회에 신고가 되어 통합 관리되기 때문에 1천만 원 한도 내에서는 어느 은행에서라도 혜택을 받을 수 있다. 예를 들어 신한은행에서 1천만 원의 세금 우대 혜택을 사용 중이라면 다른 은행에서는 세금 우대 한도가 0원이 되지만 신한은행에서 5백만 원만 사용 중이라면 다른 은행에서 5백만 원을 추가로 사용할 수 있다.
단, 2015년도부터는 세금 우대 종합 저축 신규 가입 및 만기 연장이나 한도 증액이 불가해졌다. 2015년도 이전에 세금 우대 상품 가입을 한 사람까지만 인정이 되며 2015년도부터는 비과세 종합 저축이 신설되었다.
비과세 종합 저축은 만 61세 이상 거주자, 장애인, 독립유공자와 그 유족(또는 가족), 국가유공상이자, 기초생활수급자, 고엽제휴유의증환자, 5.18민주화운동부상자를 대상으로 전 금융 기관 통합 5천만 원까지 비과세 혜택을 주는 것이다. (단, 2019년까지 매년 가입연령 1세씩 상향)
5천만 원 한도까지는 이자 소득에 대한 세금을 전혀 내지 않아도 되니 실로 엄청난 혜택인 셈이다. 자신이 이 조건에 해당된다면 은행에 가서 비과세 대상자라고 이야기하고 관련 신분증을 보여주면 바로 등록 후 이용 가능하다.

은행원들도 바쁘고 정신없기 때문에 비과세 이야기를 안 해주고 넘어가는 경우가 부지기수이다. 자신의 권리이기 때문에 항상 확인하고 은행에 꼭 요구하자.

조합비로 출자금을 따로 내고 가입한 제2금융권 조합 기관(새마을금고, 수협, 신협, 단위농협 등)은 일반 시중 은행 한도와 별개로 따로 3천만 원까지 저율 과세(1.4%)가 적용되기 때문에 세테크를 노리는 사람들이라면 관심을 가져볼 만하다.

참고로 어떤 은행들은 세전 금리와 세후 금리를 나누어서 계산을 따로 해주는 경우가 있는데 이는 완전히 고객을 우롱하는 조삼모사 계산법이다. 세전과 세후에 따라 금리는 절대 바뀌지 않는다. 일시적으로 눈속임하는 행위에 불과하므로 반드시 제대로 따져보고 계산하자.

이자율보다 더 중요한 것은 소비와 저축 습관

재테크 관련 서적이나 경제 신문 칼럼, 금융 관련 블로그 등을 보면 치밀한 이자 계산을 통해 조금이라도 이자가 높은 상품에 가입하거나 투자 수익률을 극대화할 수 있는 포트폴리오 구성 방법을 소개하고 있다. 이 책도 어쩌면 마찬가지일지 모르겠다. 하지만 과연 이런 방법들이 돈을 모으는 데 얼마나 도움이 될 수 있을까? 회의적인 생각이 들 때가 많다. 겉으로 볼 때는 그럴 듯 해보이지만 이자율 몇 %의 차이라는 것이 무의미한 숫자 놀음에 불과한 경우도 많기 때문이다. 이론적으로는 완벽해 보일지 모르지만 그 설계대로 돈을 모은다는 것은 별개의 일이다.

은행에서 근무하면서 남녀노소 직업을 가리지 않고 많은 사람들을 만났다. 남자들에게는 조금 미안한 이야기지만 남자 고객들의 경우 나이와 관계없이 적금을 끝까지 가져가는 사람들을 본 적이 매우 드물었다. 소비하느라 바빠서 적금 자체를 많이 가입하지도 않는 편이다. 여자의 경우에도 나이가 많은 주부들의 경우 적금을 끝까지 가져가는 경우가 많지만 결국 그렇게 모아도 자녀 학비나 굵직굵직한 생활비에 쓰느라 돈을 모으기 쉽지 않다. 젊은 여자 고객들의 경우 남자들보다 적금을 많이 가입하는 편이기는 하지만 역시 중도에 해약하는 사례가 많다. 또 어렵게 모은 돈으로 명품 가방이나 사고 싶었던 물건을 사느라 지출해버린다.

자산 관리를 해주었던 사람 중에서 가장 기억에 남는 사람은 필자의 사촌누나다. 초등학교 때 저축왕을 했다는 이야기는 익히 들어서 알고 있었지만 그 정도일 줄은 상상도 못했다. 내가 은행에 입행하자 사촌동생이 있는 은행에 돈을 맡겨야 하겠다면서 가져온 돈이 무려 1억 원이 넘었다. 사촌누나는 그때 나이가 서른 살에 불과했고 직장을 다닌 지 겨우 5년, 그것도 일반 중소기업이었다.

더욱 놀라운 것은 그때까지 펀드나 파생 상품은 한 번도 해본 적이 없고 오로지 적금과 예금만을 반복했으며 지금도 열심히 저축을 하고 있다. 돈이 돈을 부른다고 일단 목돈을 모은 상태에서 사촌동생인 필자가 새롭게 설계해준 포트폴리오로 좀 더 다양한 상품에 가입하면서 과거보다 훨씬 빠른 속도로 돈을 모으고 있는 중이다.

돈을 모으는 데 필요한 것은 얼마나 이율이 높은 상품에 가입하느냐가 아니다. 소비를 최소한으로 줄이고 저축을 많이 하는 것이 더 중요하다. 그렇다면 금융 기관을 이용하는 것이나 이 책을 읽는 것이 무슨 소용이 있을까? '기왕이면 다홍치마'라고 같은 돈을 저축할 때 조금이라도 더 빠르게 돈을 모을 수 있는 방법을 알려주는 것이다. 가장 중요한 것은 이자율이 아니라 자신의 소비와 저축 습관에 있다는 것을 잊지 말아야 할 것이다.

TIP 일본의 제로 금리와 유럽의 금융 소득세

미국과 일본의 금리는 제로 금리, 혹은 마이너스 금리라고 말한다. 말 그대로 예금이나 적금을 해도 이자가 아예 안 나온다는 뜻이다. 제로 금리일 경우에는 금리는 그대로인데 물가상승률은 계속 상승하기 때문에 결국 맡겨도 손해인 마이너스 금리가 되는 것이다. 심지어 유럽의 경우에는 금융소득세를 50~60%까지도 징수한다.
우리나라의 금융 소득세 15.4%도 많다고 하는데 유럽은 이자의 절반이 국가의 세금으로 귀속된다. 심지어 우리가 선진국이라고 부르는 북미권 국가나 유럽 국가들은 통장을 개설하는 대가로 은행에 수수료를 지급해야 하고, 계속 유지해주는 조건으로 1년에 한 번씩 연회비를 또 내야 한다.
인출 수수료, 이체 수수료 등도 우리나라에 비해서 어마어마하고 면제 원칙이 정해져 있기 때문에 실제 서민들은 은행을 여러 곳 이용하기 힘들다고 한다. 항상 우리나라의 금융 환경이 선진국에 비해 나쁘다고만 하는데 이런 면에서는 대한민국이 정말 살기 좋은 나라가 아닌가 싶다.

내 집 마련을 위한 작은 씨앗을 뿌리다!

신규 분양하는 아파트가 있다. 모델하우스를 둘러보니 정말 마음에 든다. 매년 오르는 전세값, 월세값도 부담스러운데 이번 기회에 큰맘 먹고 집을 장만하고 싶은 마음 굴뚝같다. 그렇다면 어떻게 해야 할까? 새로 분양하는 아파트에 청약 신청을 해야 한다. 이 때 반드시 필요한 것이 바로 주택 청약 통장이다.

물론 통장 없이도 아파트를 분양받을 수 있다. 하지만 우선 순서가 한참 뒤로 밀려난다. 청약 통장을 가지고 있지 않다면 3순위 청약만 가능하다. 그것도 1, 2 순위에서 청약이 미달돼 3순위까지 기회가 올 경우에만 가능하다.

집을 장만하려는 사람이라면 다른 상품들은 다 제쳐두고 먼저 '주택 청약 종합 저축'부터 가입하는 것이 좋다. 필자는 개인적으로 금융권의 모든 상품 중에서 바로 이 '청약 통장'을 가장 좋아한다. 그 이유는 아마 곧 알게 될 것이다.

주택 청약 종합 저축

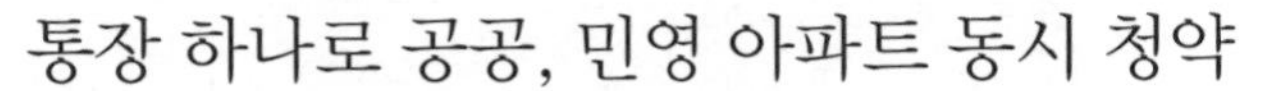

통장 하나로 공공, 민영 아파트 동시 청약

주택 청약 저축 업무는 원래 주택은행에서 전담해왔다. 과거 청약 통장은 청약 저축, 청약 부금과 청약 예금으로 나뉘어 있었는데 정부에서 건설하는 작은 평수의 주공아파트에 청약하기 위해서는 청약 부금, 민간 건설회사가 짓는 대형 평수의 아파트에 청약하기 위해서는 청약 예금에 가입해야 했다.

셋 중 어느 하나를 선택해서 가입할 수밖에 없었기 때문에 청약 저축에 처음 가입할 때와 실제로 집을 청약해야 할 때 상황이 달라지면 가입자 입장에서는 혼란스러울 수밖에 없었다. 주택은행이 국민은행과 합병되고 여러 가지 이유로 정책 수정을 거쳐 결국 '주택 청약 종합 저축'이 탄생하게 되면서 이러한 복잡함도 조금은 덜 수 있게 됐다.

새롭게 선보인 '주택 청약 종합 저축'은 기존 청약 저축의 단점을 보완해 한 번의 통장 가입으로 공공 및 민영 아파트를 동시에 청약할 수 있도록 만든 상품이다.

청약 통장은 전 금융권을 통틀어서 본인 명의로 딱 한 개만 만들 수 있다. 아파트 투기 과열을 막기 위한 조치다. 청약 저축에 가입할 수 있는 은행도 신한은행, 우리은행, 하나은행, 농협, 기업은행 이렇게 5개 은행이었다가 얼마 전부터 국민은행이 새롭게 포함됐다.

최저 월 2만 원 이상씩 24회 차(2년)만 불입하면 1순위가 된다. 청약 통장은 신규 분양 아파트를 청약할 수 있는 본연의 목적 이외에도 빵

빵한 이자를 제공한다. 현재 1년, 2년제 정기 적금의 금리가 3%를 넘지 못하고 있지만, 청약 통장은 2년 유지 시 2.8%의 비교적 높은 금리를 제공한다. 이전에는 4.5%였지만 그나마 기준 금리가 인하되면서 떨어진 것이 2.8% 수준이다. 통장을 1년만 유지해도 2.3%의 이자를 받을 수 있기 때문에 적금으로서도 결코 손색이 없다.

가입 금액은 월 최소 2만 원부터 가능하며 한번 입금하고 그냥 두어도 상관은 없다. 최대 1천5백만 원까지 한 번에 입금할 수 있지만 그 이후에는 월 최대 50만 원씩만 불입이 가능하다.

은행 창구에 있다 보면 계약 기간을 2년으로 알고 만기가 됐다면서 통장을 해지하러 오는 고객들이 간혹 있는데 청약 통장은 만기가 없는 통장이다.

만기는 아파트 당첨 시까지이며 순수 2년제 적금으로만 활용하는 고객들은 그냥 2년 후에 통장을 해지하면 2.8%의 이자를 챙길 수 있다.

금액이 크진 않지만 연 2백40만 원 한도까지 소득 공제 혜택도 적용된다. 단, 무주택 세대주이어야 하며, 일반 해지시 국세청에 소득 공제 받은 금액을 다시 추징당하게 되니 유의해야 한다. 매년 연말마다 소득공제를 꼬박꼬박 받아왔는데 청약에 당첨도 되지 않은 상황에서 그냥 돈이 필요해서 해지를 한다면 그동안 소득 공제 받은 부분을 도로 내놓아야 한다는 것을 의미한다. 단, 청약 통장에 가입한지 5년이 지난 시점에서 일반 해지한다면 소득 공제 받은 금액을 도로 토해내지 않아도 된다.

무주택 세대주는 현재 본인 명의로 집이 없어야 되며, 본인이 주민 등록 등본상 세대주로 표기가 되어 있어야 한다는 말이다. 부모나 다른 사람이 세대주로 되어 있는 경우 소득 공제가 불가능하다. 청약 통장에 불입하는 금액에 따른 소득공제를 받고자 한다면 반드시 은행에 주민 등록 등본(3개월 이내 발급분)을 지참하고 방문하여 소득 공제 신청을 해줘야 한다. 이 절차는 매년 반복할 필요는 없고 가입 기간 동안 한번만 제출하면 지속적으로 소득 공제 혜택을 볼 수 있다.

주택 청약 종합 저축 주요 특징

성격 : 주택 청약을 목적으로 출시된 상품
금액 : 일시납 최대 1천5백만 원(이후에는 월 50만 원씩 입금 가능)
이율 : 2.8%(2년)
계약 기간 : 없음(청약 당첨 시까지)
세제 혜택 : 농어촌 특별세 1.4%
소득 공제 : 연 2백40만 원 한도 내

청약 계획 있다면 1순위 확보부터

청약 통장을 가지고 있으면 새 아파트를 분양할 때 청약을 할 수 있다. 하지만 어떤 기능을 가지고 있고 어떻게 활용해야 하는지 구체적인 방법에 대해서는 잘 모르는 사람들이 많다.
아파트 청약을 할 때에는 1, 2, 3순위에 따라서 청약 조건이 달라지는데 청약 통장의 가입 기간이나 금액에 따라 이 순위가 결정된다. 1순위에서 남는 물량이 2순위로, 2순위에서도 물량이 남으면 3순위 지원자가 청약을 할 수 있다. 하지만 인기 있는 아파트 대부분은 1순위에서 조기 마감되기 때문에 2순위, 3순위 지원자들은 지원도 못해 보고 끝나는 경우가 생길 수도 있다. 그렇기 때문에 아파트 청약을 계획하고 있다면 1순위 자격을 유지하고 있는 것이 좋다.

1순위 통장이 되려면 서울, 수도권, 부산광역시는 기본적으로 2년은 묵혀야 가능하다. 2년 동안 통장만 가지고 있으면 되는 것이 아니라 매달 납부해서 24회 차를 채워야 1순위 자격이 주어진다. 그 외의 지역은 6개월(6회 차)만 납입해도 1순위 자격이 주어진다.

기간 조건을 만족시켰다면 지역별 예치금 금액도 충족시켜야 한다. 청약하기 전까지 서울은 4백50만 원, 그 외 지역은 3백만 원을 채워 넣어야 비로소 1순위 자격으로 청약이 가능하다.

청약에 앞서 공공 주택과 민영 주택의 차이도 잘 알아두어야 한다. 공공 주택은 과거 '주공 아파트'로 불렸는데 요즘은 LH공사나 SH공사에서 짓는 '휴먼시아 아파트'로 바뀌었다. 주거 면적도 전용면적 85㎡ 이내의 국민 주택 규모로 평수로 따지면 대략 31~33평 정도다. 공공아파트의 경우 서민 주택이기 때문에 부동산 투기자들로부터 보호하기 위해 월 납입 인정을 금액 최대 10만 원으로 맞추었다. 월 10만 원씩 납입한 사람이나, 월 20만 원씩 납입한 사람이나 10만 원 초과 금액은 똑같은 금액으로 본다는 말이다. 금액에서 우선순위가 갈리지 않기 때문에 청약 통장에 월 10만 원 이상 불입하는 사람들은 많지 않다.

민영 주택은 말 그대로 현대건설이나 삼성물산, 롯데건설 등 민간 건설사가 짓는 아파트를 말한다. 이런 아파트는 평수도 넓고 분양가도 비싸기 때문에 인기 지역이 아니면 1순위에 마감되는 일이 많이 없어 요즘에는 국민 주택 규모로 아파트 건설을 많이 하는 편이다.
민영 주택은 금액적인 부분에선 더 많이 불입한 사람이 우선순위에서 유리하지만, 가입자들 대부분이 공공 주택 규모에 맞추어 10만원씩 납입하기 때문에 가입 금액 면에서는 큰 차이가 없다. 필자의 경우 민영 주택, 공공 주택 모두 금액 우선순위에서 두각을 나타내기 위해 월 11만원씩 납입하고 있다. 이렇게 하면 기간이 비슷하더라도 금액 면에서는 우선순위에 들어갈 수 있다는 생각 때문이다.

오래 묵은 통장은 '가보'처럼 사수하라

주택 청약 종합 저축으로 바뀌기 전, 예전 주택은행에서 가입했던 청약 예금이나 청약 부금을 아직도 보유 중인 사람들이 있다. 나이가 아주 많거나 어린 시절 부모가 가입해준 통장을 갖고 있는 사람들이 여기에 해당된다.
이 통장을 갖고 있으면 새로 만들어진 주택 청약 종합 저축 통장을 개설할 수 없다. 이 때문에 예전 청약 통장을 해지하고 새롭게 주택 청약 종합 저축을 가입하는 사람들이 있는데 해지하기 보다는 그냥 보유하고 있는 편이 훨씬 낫다.
이미 부금이나 예금에 일정 금액 이상을 넣어놓았으면 1순위 중에서도 가장 강력한 우선순위 통장을 보유하고 있는 것이다. 거기에 맞춰서 청약을 하면 당첨될 확률이 매우 높은 가치 있는 통장이다.

TIP 자동으로 분할 납부해주는 '회차 입금' 제도

청약 통장의 1회 납부 최소 금액은 2만 원이다. 24회 차를 붓는다고 가정하면 2×24=48만 원만 있으면 1순위가 가능하다. 그렇다고 48만 원을 한 번에 다 넣으면 말짱 도루묵이 되고 만다. 청약 통장으로 1순위가 되고 싶지만 매달 2만 원씩 넣는 게 귀찮고 번거로운 사람들도 있을 것이다. 그럴 경우 은행의 회차 입금 제도를 활용해 보자. 회차 입금이란 은행에서 일정 금액을 자동으로 여러 차례 나눠 입금시켜주는 제도다. 은행에 가서 청약 통장을 만든 다음 한 번에 48만 원을 회차 입금으로 24회 차 분할 납부해달라고 요청하면 된다. 이렇게 하면 청약 통장에 굳이 신경 쓰지 않고 2년만 묵히면 자동으로 1순위 통장이 된다.

주택 청약에 필요한 요건

1순위 요건 : 24회 차
공공 주택 최대 인정 금액 : 월 최대 10만 원
민영 주택 최대 인정 금액 : 금액 제한 없음
지역별 예치금 : 청약 모집 공고일 전까지 입금하면 됨

적금, 예금에 청약권까지 은행 최고의 '하이브리드' 통장

청약 통장은 현존하는 상품 중 가장 '하이브리드'한 상품이기도 하다. 청약권이라는 혜택 외에도 때에 따라서는 적금 혹은 예금으로 운용이 가능하기 때문이다.

만기가 따로 없고 1천5백만 원 내에서는 금액 제한이 없기 때문에 적립식으로 매달 일정한 금액을 자동 이체하여 운용할 수도 있고 한

번에 1천5백만 원을 넣어두면 2년 뒤 시중 은행 정기 예금 금리보다 높은 2.8%의 수익이 발생하는 예금으로 운용할 수도 있다.
단, 청약을 목적으로 하면서 예금을 한다면 기간을 고려해서 진행해야 한다. 청약은 만기가 없기 때문에 2년 뒤 해지하게 되면 이자만 받고 청약권은 아예 소멸되기 때문이다. 물론 청약 담보 대출은 가능하니 참고하자.
은행은 청약 예금 고객보다 정기 예금 고객을 더 좋아한다. 청약 통장의 경우 은행 계정이 아니라 국토해양부의 국민 주택 기금에서 운용하는 계정이기 때문에 청약 통장 개설에 대해 소정의 수수료만 지급받는데 비해 정기 예금은 가입 금액에 따라 더 높은 마진을 챙길 수 있기 때문이다. 하지만 그것은 은행 입장일 뿐 고객 입장에서는 같은 금액을 묶어 놓을 예정이라면 청약 예금에 가입하는 편이 보다 유리하다.

같은 1순위라도 우선순위가 따로 있다

앞에서 언급했던 것처럼 같은 1순위라도 당첨은 우선순위에 의해서 결정된다. 우선순위를 알려면 먼저 가점제와 추첨제 방식을 알아야 한다.
가점제는 무주택 기간이나 부양가족 수, 청약 통장 가입 기간 등 일정한 요건에 따라 점수를 부여하는 방식으로 같은 1순위라도 점수가 높을수록 우선 순위가 결정되는 방식이다. 추첨제는 가점제에서 떨어진 청약자들을 다시 추려 별도의 신청 절차 없이 1순위 내에서 다시 무작위로 뽑는 방식이다.

공공 주택의 경우는 대부분 가점제이고 민영 주택의 경우에는 요즘엔 추첨제도 일부 포함되어 있는 경우가 많다. 대부분의 민영 주택은 가점제에서 75%, 추첨제에서 25%를 뽑는다. 가점제를 도입한 주택에서 필요한 우선순위 결정 방법은 다음과 같다.

① 5년 이상의 기간 무주택 세대주로서 매월 약정 납입일에 월 납입금을 60회 이상 납입한 자 중 저축 총액이 많은 자
② 3년 이상의 기간 무주택 세대주로서 저축 총액이 많은 자
③ 저축 총액이 많은 자
④ 납입 횟수가 많은 자
⑤ 부양가족이 많은 자
⑥ 해당 주택 건설 지역에 장기간 거주한 자
⑦ ⑥에 해당하는 동 순위자들끼리는 추첨으로 결정

점수가 많이 부족하다고 해서 실망할 필요는 없다. 추첨제 분양 아파트에 청약을 하게 되면 점수가 적어도 당첨이 될 수 있다. 관심 청약 주택의 가점제, 추첨제 여부는 주택 청약 조회 서비스인 'apt2you사이트(www.apt2you.com)'를 통해 알 수 있다.

TIP 주택 청약의 모든 것, 'apt2you'

주택 청약 관련 모든 정보가 A부터 Z까지 총망라 되어 있는 곳이다. 필자는 좋은 분양 물건이 있는지 청약 경쟁률이 어떤지 매일 밤 자기 전에 스마트폰으로 꼭 확인을 하곤 했다. 작은 것이라도 습관화가 되면 누구나 부동산의 달인이 될 수 있다.

www.apt2you.com

스마트폰 전용 사이트 지원

자녀 셋 가정, 신혼부부, 노부부를 위한 특별 혜택

부동산 열기가 식었다고 하지만 몇몇 지역에서 분양하는 아파트의 경우 여전히 큰 인기를 끌고 있다. 한동안 사라진 '떴다방'이 다시 등장하고 점수가 높은 청약 통장을 불법으로 매매하는 경우도 생길 정도다. 하지만 이런 상황에서 평범한 청약 통장 하나 달랑 들고 있다면 청약을 하고 싶어도 가점제로도 힘들고 추첨제로도 힘들 것 같아 아예 포기하는 경우도 있다.

과연 평범한 청약 통장으로는 인기 있는 아파트 청약이 불가능한 것일까? 그렇지 않다. 특별한 방법이 하나 있다. 바로 '청약 특별 공급 제도'를 이용하는 것이다. 3자녀를 둔 가족, 신혼부부, 노부부, 국가유공자 등의 경우 특별 공급의 대상자가 된다. 특별 공급은 청약 통장에 가입한지 6개월이 지나고 지역별 예치금만 충족하면 가능하다.

부적격 판정 나면 계약 후라도 당첨 취소

청약 통장을 처음 만들 때 은행원들은 반드시 주민 등록상 거주지를 물어보게 된다. 주민 등록상 거주지로 청약 지역이 등록이 되기 때문에 본인이 미리 청약을 하고 싶은 지역으로 전입 신고를 완료해야 한다.

서울-경기도 지역은 이중으로 청약이 가능하고 대전-충남-세종, 부산-경남, 광주-전남 식으로 근처 관할 지역까지 청약이 가능하다. 공공 주택 중에서는 우선 입주가 가능한 대상이 있는데 주로 신혼부부, 다자녀가구, 노인 등에게 우선권을 주고 있으니 자신이 해당 조건에 맞는 대상인지 확인해 보는 것도 필요하다.
치열한 경쟁률을 뚫고 당첨이 된 후 계약까지 완료했다고 해도 이후 부적격자로 판정이 나면 계약 취소가 되며 청약 통장의 권리를 완전 상실하게 된다. 가장 빈번하게 발생하는 부적격자 판정의 사례로는 부양가족 수, 청약 통장 기간, 무주택자 기간, 보유 주택 수, 청약 지역에 대한 입력 오류다. 이런 내용들은 은행이나 인터넷을 통해 청약 신청을 할 때 수기로 입력하게 되어 있는데 기본 값으로 자동 입력되는 항목은 상관없지만 직접 입력해야 하는 항목들의 경우 하나하나씩 꼼꼼히 따져가며 입력해야 한다. 정 어려우면 은행 직원의 도움을 받을 수도 있다. 만약 하나라도 잘못 입력하게 되면 당첨 취소는 물론이고 청약 통장을 향후 5년간 사용할 수 없게 된다.

청약 통장 1천만 시대, 청약 통장의 의미는?

청약 통장 1천만 시대다. 대한민국 국민의 1/4이 청약 통장을 보유하고 있다.
"요즘 청약 통장 누구나 다 가지고 있는데 1순위 통장 가지고 있어봐야 무슨 소용이 있어요."
상담을 하다보면 가끔 이렇게 생각하는 고객들과 만날 때가 있다. 나는 이것을 부정적인 생각과 긍정적인 생각의 차이라고 생각한다. 누구나 다 가지고 있기 때문에 필요가 없는 것이 아니라 누구나 다 가지고 있기 때문에 나도 가지고 있어야 한다고 생각하는 것은 어떨까?
특히 20~30대 젊은 고객들은 청약 통장 이야기를 꺼내면 도대체 집을 왜 사야 하는지 모르겠다는 이야기를 한다. 지금의 40~50대들의 경우 돈을 벌기 시작하면 집부터 사야한다는 생각이 강했지만 요즘 젊은 세대는 예전과 달리 대부분 집 구입에 대해 회의감을 갖고 있는 것이 사실이다.

지금의 연봉으로는 꿈도 못 꿀 집값 때문에 아예 포기부터 하는 것이 아닌가 하는 생각도 든다. 그렇다고 언제까지나 치솟는 전세와 월세를 부담하며 살 수도 없는 노릇이다. 지금 당장은 아니더라도 언젠가는 집을 구입하겠다는 마음으로 청약 통장 준비와 목돈 마련 준비를 하고 있으면 부동산 시장이 안정됐을 때 누구보다 빠르고 적정한 가격에 주택을 구입할 수 있을 것이다. 항상 준비하는 자가 성공하는 법이다.

필자의 경우도 얼마 전 청약 통장을 통해 원하던 지역에 있는 원하는 아파트를 분양받을 수 있었다. 은행에 입행해서 컴퓨터 첫 화면을 국토해양부에서 운영하는 주택 청약 조회 서비스(www.apt2you.com)로 설정해 두고 매일 매일 좋은 분양 물건이 있는지 살펴보기를 거듭한 후 마음에 드는 분양 물건을 발견, 조심스럽게 청약 신청을 했다. 다행스럽게 원하는 층에 당첨이 되어 바로 계약을 할 수 있었다. 가진 돈을 모두 털어 이제 계약금을 간신히 납부한 상태이고 대출을 받아서 잔금을 납부할 수밖에 없는 상황이지만 비교적 일찍 내 집 마련의 꿈을 이루어 상당히 만족하고 있다. 현재 프리미엄까지 붙은 상태라고 한다. 이제 스스로 채무자라는 생각에 열심히 돈도 모으게 되는 효과도 있다. 내 집 마련의 꿈은 생각보다 멀리 있지 않다. 독자들도 청약 통장으로 그 꿈의 시작을 내딛어 보자.

청약 통장의 지역 변경

청약 통장도 고향이 있다. 청약 통장은 가입하는 시점에 내 주민 등록등본상 주소지가 고향이 된다. 만약 내가 현재 대전광역시에 살고 있다면 청약 통장 또한 대전광역시 지역 청약 통장이 된다.

이 청약 통장으로는 대전시나 충남 그리고 세종시 등 인근 지역의 분양단지에 청약이 가능하나 서울이나 부산 등의 동떨어진 지역은 청약을 할 수 없다.

그렇다면 서울이나 수도권에 있는 분양 단지에 청약을 하고 싶다면 어떻게 해야 할까? 간단히 말하자면, 서울이나 수도권으로 이사를 가면 된다. 만일 내가 서울로 이사를 하여 전입 신고를 서울로 하게 된다면 이때부터 청약 통장도 서울시로 본적이 바뀌게 된다.

단, 가입 은행에 반드시 주민 등록 등본을 제출하고 '지역 변경'을 요청해야 한다. 분양 단지의 모집 공고일 전까지 지역 변경이 이루어져야 하기 때문에 청약을 하기 전 자신의 청약 통장의 고향이 어디인지 반드시 확인을 해야 본 청약시 낭패를 당하지 않게 된다.

TIP 분양권을 웃돈 받고 파는 '프리미엄'

청약으로 당첨된 아파트를 일단 계약금만 내고 분양권을 얻은 후 1년 정도의 전매 기간이 풀리면 이 권리를 다른 사람에게 웃돈을 받고 파는 것을 프리미엄이라고 한다. 요즘에는 이것도 옛말이 되어서 강남을 제외하고는 아파트를 다 지어놓아도 미분양이 되어 분양가보다도 더 낮은 헐값에 아파트를 팔아 입주자들의 분노를 사는 경우도 있지만 부동산 가격이 조정되는 일련의 과정이 아닌가 싶다.

TIP 주택 면적 제대로 알기

평방미터(㎡)와 평(平)

주택에서 가장 중요한 것 중 하나가 '면적' 개념이다. 주택의 면적을 이야기 할 때 아직도 부동산 법정단위인 평방미터(㎡) 보다 '평' 개념을 훨씬 많이 쓰고 있다. 주택의 면적은 청약 통장뿐만 아니라 앞으로 이야기할 담보 대출이나 전세 자금 대출뿐만 아니라 실생활에서도 아주 중요한 개념이기 때문에 반드시 알고 넘어가야 한다. 흔히 우리가 이야기하는 평형은 다음과 같다.

평형 = 면적(㎡) × 0.3025

이 공식에 따라 국민주택의 기준의 되는 85㎡는 0.3025를 곱하면 약 25.7평이 된다.

전용 면적, 공급 면적 그리고 서비스 면적

전용 면적과 공급 면적의 차이는 어떻게 구분할까?

전용 면적은 각 세대가 독립적으로 사용하는 공간의 면적으로 안방, 거실, 주방, 욕실 등 순수한 주거 사용공간, 즉 사적으로 쓸 수 있는 공간을 의미한다.

공급 면적은 이 전용 면적에 모든 사람들이 함께 쓰는 계단, 복도, 현관 등이 포함된 공간의 개념이다. 보통 아파트를 홍보할 때는 공급 면적을 기준으로 홍보하기 때문에 온전한 나만의 공간인 전용 면적이 얼마나 되는지 반드시 확인해 봐야 한다. 그렇다면 서비스 면적은 무엇일까? 서비스 면적은 전용 면적과 공용 면적 그 어디에도 포함되지 않는 면적으로 아파트 분양 시 덤으로 주는 공간이다. 우리나라 아파트에서는 발코니 면적을 생각하면 된다. 서비스 면적은 개조가 자유롭기 때문에 거실을 늘리거나 드레스룸 등으로 확충 이용이 가능해서 반드시 도면을 보고 서비스 면적이 얼마나 되는지 따져볼 필요가 있다.

목돈 모으려면 중장기 계획부터 세워라

노후 생활에 대해 단 한번이라도 생각해 본적이 있는가? 이제 막 돈을 벌기 시작하는 사회초년생이나 한참 돈 들어갈 일이 많은 30~40대들은 아직 노후 생활에 대해 구체적으로 생각해보지는 않았을 것이다.

국민연금으로 은퇴 후 생활비를 어떻게 할 수 있지 않을까 하는 막연한 생각들을 많이 하고 있는데 그 꿈은 일찌감치 깨는 것이 좋을 것이다.

국민연금으로는 기초적인 생활도 제대로 하지 못할 것이라고 감히 장담한다. 자신이 재력가 집안의 후손이거나 공무원이 아닌 이상 노후 준비는 필수다. 공무원 공적 연금도 요즘 대대적으로 손을 보고 있으니 앞으로는 공무원이라도 결코 안심할 수는 없을 것이다.

그렇다면 노후 준비는 어디에서부터 어떻게 시작해야 할까? 노후 준비의 가장 기본이 되는 상품은 뭐니 뭐니 해도, '사적 연금'이다.

연금

은행, 증권, 보험, 어디에 노후를 맡길까?

연금 상품은 최소 10년은 납입해야 하고 만 65세가 되어야 받을 수 있다. 일시납으로 한 번에 받을 수도 있고 연금으로 다달이 받을 수도 있다. 연금은 어떤 금융 회사에서 취급하느냐에 따라 다양하게 운용되고 있는데 크게 다음 세 가지 타입으로 구분된다. 세 가지 타입 모두 은행에서 가입할 수 있다.

① 은행에서 운용하는 연금 신탁
② 증권사에서 운용하는 연금 펀드
③ 보험사에서 운용하는 연금 저축

연금 신탁은 은행에서 운용하는 상품으로 중도에 해지해도 큰 원금 손실이 없고 수익률이 보수적이지만 안정적이다. 크게 채권형과 주식형으로 나눠지는데 채권형은 안전한 국공채에, 주식형은 주식에 주로 투자하는 방식이다. 주식형의 경우 주식의 비중이 커질수록 수익이 날 확률도 높아지지만 그만큼 위험도 높아진다. 기본적으로 노후 자금이기 때문에 안정적으로 운용하는 편이며 2014년 현재 수익률은 2% 전후다.
연금 펀드는 증권사에서 운용하는 연금 상품으로 펀드 형식으로 운용된다. 세 가지 상품 가운데 가장 고위험-고수익 상품이고 원금 손실의 위험이 있다. 어차피 연금은 수십 년 뒤에 받게 되는 자금이다. 우리나라의 경제 규모를 추측할 수 있는 코스피 지수를 보면 이미 정답은 나와 있다고 생각한다. 지수가 오르락내리락 하지만 어차피 국가가 망하지 않는 한 경제 규모는 계속 커질 수밖에 없다. 이것은 곧 코스피 지수가 우상향한다는 말과 같다. 장기적으로 보면 결국엔 수익이 날 수밖에 없는 구조다. 이런 면에서 연금 펀드도 나쁘지 않은 대안이 될 수 있다. 독자의 투자 성향에 따라 선택하면 되겠다.
연금 저축은 보험사에서 운용하는 연금 상품으로 안정적인 중수익률을 내고 있다. 중도에 해지하면 원금 손실이 발생하지만 연금 저축은 중도에 해지 할 일이 거의 없기 때문에 개인적으로 연금 상품 중에서는 연금 저축이 가장 괜찮은 상품이라고 생각한다. 다만 보험사 선택 시 RBC비율(보험사의 지급 능력, Risk Based Capital)을 확인해 내가 연금을 탈 때까지 경영이 지속될 회사인지는 꼭 확인해봐야 한다.

TIP RBC비율 (Risk Based Capital)

우리말로 지급 여력 비율이라고 한다. 보험 회사가 보험 가입자에게 보험금을 제때 지급할 수 있는지를 판단하는 지수로써 보험 회사의 안정성을 평가할 때 가장 중요한 요소다. RBC비율이 100% 미만이면 정상적인 경영을 하지 못하는 회사로 판단해 금융 당국이 개입해 시정 조치 후 퇴출 절차를 밟는다. 보통 RBC비율은 최소 150%(금융 당국 권고치) 이상은 되어야 정상적인 경영 활동을 하는 회사라고 볼 수 있고 200% 이상 되아야 안정성 있는 경영을 하는 회사라고 필자는 보고 있다. RBC비율이 궁금한 독자들은 생명보험협회(www.klia.or.kr)와 손해보험협회(www.knia.or.kr)의 홈페이지에 접속하여 각 보험회사별 경영 공시 자료를 참고하자.

소득 공제 합하면 연 20% 이자 효과

연말정산을 해본 직장인이나 사업자라면 연금 저축 상품의 소득 공제율이 얼마나 높은지를 잘 알 것이다. 세금 공제 혜택도 3년 전 3백만 원이던 것이 2013년부터는 4백만 원으로 늘었다. 연금 저축으로 세액 공제를 최대 활용하려면, 월 33만 원씩 납부하면 된다. 이렇게 하면 일반적인 급여 소득자들은 매년 국세청에서 48만 원 정도를 돌려받을 수 있다. 이 금액은 직불카드를 연간 2천2백만 원 사용했을 때 소득 공제를 받을 수 있는 3백만 원과 의료비를 연 5백20만 원 이상 사용해서 받는 소득 공제보다 더 많은 금액이다. 2014년도부터 연금 저축 상품이 소득 공제에서 세액 공제로 바뀌면서 기준이 조금 변경되었는데, 자세한 내용은 뒤에서 다시 설명하도록 하겠다.

실질적으로 연금 상품의 경우 소득 공제 비율까지 합쳐서 이율로 따져보면 20% 정도의 이자 효과가 발생한다고 한다. 올해에는 다시 세액 공제로 바뀌어 기존에 납부하던 사람들에게 혼선이 있지만, 노후 준비를 위해서 이 정도는 납부해도 괜찮지 않을까 생각한다.

국가에서 이렇게 사적 연금에 혜택을 주는 것은 역으로 생각해 볼 때 공적 연금(국민연금)으로는 노후 생활을 뒷받침해주기 어렵기 때문이라고도 할 수 있다. 이처럼 꿩 먹고 알 먹기인 연금 저축은 돈을 계속 버는 사람, 특히 직장에 근무하는 사람들에게 특히 적극 추천한다. 연봉이 늘어날수록 국세청으로부터 돌려받는 금액이 더 커지기 때문이다. 단, 소득 신고를 하지 않는 주부나 소득 신고 금액이 적은 자영업자들은 소득 공제가 거의 되지 않기 때문에 굳이 연금 저축을 할 필요는 없다.

연금 저축 주요 특징

주목적 : 노후 대비, 은퇴 설계
종류 : 연금 신탁, 연금 펀드, 연금 저축
가입 금액 : 제한 없음, 소득 공제 최대 한도 금액은 월 약 33만 원
가입 기간 : 최소 10년(그 이상도 가능)
예상 금리 : 소득 공제 혜택 적용하면 약 20%
수령 가능 기간 : 만 65세 이상부터 일시 혹은 연금 수령 가능
혜택 : 소득 공제 혜택(아래 표 참고)
유의 사항 : 수령까지의 긴 기간, 중도 해지시 원금 손실 발생

TIP 연금 불입 시 최대 소득 공제 혜택은 얼마나?

과세 표준(연봉) 1200만 원 이하 : 264,000원
1200만 원 초과~4600만 원 이하 : 660,000원
4600만 원 초과~8800만 원 이하 : 1,056,000원
8800만 원 초과~ : 1,540,000원
3억 원 초과 : 1,672,000원
* 자영업자의 경우에는 납부 세액에 따라 결정

노란우산공제, 소상공인을 위한 특화 연금

지금까지 소개했던 금융 상품 대부분은 일반 급여 소득자를 대상으로 한 개인 상품들이다. 하지만 소상공인 및 소기업 개인 사업자에게 특화된 상품이 있으니 바로 '노란우산공제'다.
노란우산공제는 중소기업청과 중소기업중앙회가 운영하는 공적 공제 제도로 앞서 설명한 연금 저축과 그 성격이 거의 비슷하다. 다만

소상공인이나 소기업 개인 사업자만 가입이 가능하며 사업자에 특화된 특징들이 존재한다.

노란우산공제는 가입자가 만 60세 이상이 되어 10년 이상 부금을 납부한 경우 연금 저축처럼 일시납 혹은 연금으로 지급받을 수 있다. 또한 소득 공제가 연금 저축과 중복으로 3백만 원까지 가능하여 사업자들의 종합 소득세를 줄여주는 역할을 해서 소상공 업체를 관리하는 담당 세무사들은 노란우산공제 가입을 적극 추천하고 있다.

노란우산공제는 만약 사업을 하다가 부도가 나거나 신용 불량으로 다른 곳에서 압류가 걸려도 압류의 대상이 되지 않는다. 부가적으로는 금리도 월복리를 적용하여 높은 편이고 가입업체 임직원들이 업무 중 상해를 입어도 보장해주고 연성소 할인 혜택이 있는 등, 사업주들에게는 꼭 필요한 상품이라고 할 수 있다.

노란우산공제 주요 특징

주목적 : 소기업·소상공인 대표자의 저축 및 재기 자금

가입 가능 금융 기관 : 신한, KB, 하나, 대구, 광주, 부산은행

가입 금액 : 최소 5만 원부터

가입 기간 : 최소 10년

금리 : 중소기업중앙회 고시 금리 (현재 월복리 2.9%)

혜택 : 소득 공제 3백만 원, 연금 저축과 소득 공제 혜택 중복 가능, 부도 등으로 압류가 걸렸을 때도 노란우산공제에 납입한 금액은 압류 금지, 가입한 업체의 임직원의 상해 보장 및 연성소 등의 혜택.

유의 사항 : 수령까지의 긴 기간(폐업 시는 수령 가능), 5년 이내 해지 시 원금 손실 가능성

저축 보험

'1억 만들기' 신화는 가능한가?

"1억 만들기"

은행에서 한번쯤은 본 문구일 것이다. 한 생명보험 회사에서 처음 만들어 '대박'이 터진 이후 보험사마다 너도나도 따라하게 된 이 문구는 어느새 저축 보험을 상징하는 전형적인 슬로건이 되어 버렸다. 요즘도 많은 보험 회사들이 이와 비슷한 슬로건으로 고객들에게 꿈과 희망을 심어주면서 상품 가입을 권유하고 있다. 그렇다면 저축 보험이란 과연 어떤 상품일까?

저축 보험 주요 특징

주목적 : 목적 자금 마련
종류 : 거의 모든 보험사의 상품
가입 금액 : 최소 10만 원부터. 예금처럼 거치식도 가능. 금액 제한 없음
가입기간 : 5년~10년
이자율 : 4%, 복리, 공시 이율이 바뀔 때마다 변동 가능, 확정 금리 확인 요망
혜택 : 비과세 혜택, 일반 예적금에 비해 높은 이율
주의할 점 : 중도 해지 시 원금 손실 가능성

저축 보험, 보험 회사에서 판매하는 적금

은행에 들어오기 전까지만 해도 보험은 손해를 입거나 상해로 다치거나 죽으면 보상금이 나오는 상품 정도로만 알고 있었다. 지점 발

령을 받은 후 창구에서 저축 보험을 판매하는 것을 보고 한동안 의아해 하기도 했다. 보험 상품을 왜 은행에서 판매하는지, 어떤 구조를 가진 상품인지 잘 이해가 되지 않았기 때문이다.

저축 보험은 한마디로 보험 회사에서 판매하는 적금이라고 할 수 있다. 금융업법상 보험 회사는 단기 상품을 판매하기 어려운 구조이기 때문에 5~10년 짜리 은행 적금과 같은 구조의 저축 상품을 만들어서 판매하고 있다.

자본통합법 시행 이후 은행에서도 전통적인 예·적금 이외에 증권사의 펀드와 파생 상품들, 보험사의 보험 상품들을 모두 취급할 수 있게 되면서 은행을 통한 저축 보험 가입자 수가 기하급수적으로 늘어났다.

은행은 전통적으로 저축한 돈을 받아 그 돈으로 대출을 해주고 이자를 받는 '예대 마진(대출 금리에서 예금 금리를 뺀 금리 차)' 수익 구조에 의존해왔다. 하지만 요즘은 증권사와 보험사에서 수수료를 보전해주는 펀드와 보험 상품 판매에 더 적극적으로 나서고 있다. 예대 마진보다 '수수료' 장사가 마진도 더 높고 판매도 쉽기 때문이다.

은행에서 파는 보험을 '방카슈랑스'라고 한다. 프랑스어로 은행을 뜻하는 'BANK(방크)'와 보험을 뜻하는 'Assurance(어슈어런스)'의 합성어이다. 프랑스의 한 은행에서 처음 시도했기 때문에 붙여진 이름이다. 저축은 물론 보험의 성격을 갖고 있기 때문에 중도에 해지하면 원금 손실의 위험이 있고 기본적인 사망 및 재해 보장금도 아주 조금은 들어가게 된다. 저축성 보험은 여러 가지 형태가 있는데 일반 저축 보험, 양로 보험, 변액 연금 보험 등이 있다.

저축 보험은 손해보험사와 생명보험사에서 모두 취급하고 있으며 은행에서는 거의 모든 보험사의 상품을 전부 판매할 수 있다는 장점이 있다. 또 가입 기간이 길다보니 은행의 예·적금보다 금리도 높아 요즘 같은 저금리 시대에는 은행 직원들이 의례적으로 손님들에게 한 두 번씩은 권하는 상품이다. 보험사 간 경쟁도 치열하다. 아예 방카슈랑스 담당자를 따로 지정하여 각 보험사 직원들이 정기적으로 은행을 방문해 자사 상품을 은행 직원들에게 설명하고 판매를 촉진하기도 한다. 알만 한 사람은 다 아는 공공연한 사실이지만 저축 보험은 같은 보험사에 나온 똑같은 상품을 가입했다 하더라도 가입 경로에 따라서 만기에 받는 환급 금액이 달라질 수 있다. 은행을 통해서 가입했느냐, 보험설계사를 통해서 가입했느냐에 따라 똑같은 상품도 환급 금액이 달라진다는 이야기다.

은행에서는 창구 직원들이 보험 상품을 아무리 열심히 팔아도 판매한 직원에게 돌아가는 보수 성과는 단돈 1원도 없다. 가입 금액의 4~5% 정도의 수수료만 은행의 자체 수수료 수익으로 귀속될 뿐이다.

하지만 보험 회사의 경우 회사마다 차이는 있지만 가입 금액의 10%가 넘는 보험 모집 수수료를 설계사들에게 직접 지급하고 있다. 은행에서는 찾아볼 수 없는 사은품을 보험설계사로부터 받을 수 있는 것도 바로 이런 구조 때문이다. 무엇보다 만기 환급금 자체가 달라진다는 것이 문제다. 이러한 내용들은 은행과 보험사에서는 절대 알려주지 않는 영업 '비밀'이다. 보험 설계사분들과 금융 기관 관계자들에게 욕을 먹을 수 있겠지만 그보다 고객들의 알 권리가 더 중요하다는 생각으로 어렵게 용기를 냈다.

방카슈랑스 설계사 채널 가입시 환급금 비교

저축 보험

방카 상품 (연 변동, 공시 이율 3.93%)		40세 女 월납 50만 10년납		설계사 채널 (월 변동, 공시 이율 3.93%)	
해지 환급금	환급률	경과 기간	납입 보험료	해지 환급급	환급률
4,593,001	76.5%	1년	6,000,000	4,022,054	67.0%
10,741,175	89.5%	2년	12,000,000	10,103,996	84.1%
17,123,358	95.1%	3년	18,000,000	16,414,470	91.1%
23,748,722	98.9%	4년	24,000,000	22,962,431	95.6%
30,626,824	102.0%	5년	30,000,000	29,787,851	99.2%
37,767,597	104.9%	6년	36,000,000	36,870,984	102.4%
45,181,339	107.5%	7년	42,000,000	44,221,958	105.2%
52,783,133	109.9%	8년	48,000,000	51,718,324	107.7%
60,683,457	112.3%	9년	54,000,000	59,539,692	110.2%
68,894,019	114.8%	10년	60,000,000	67,668,182	112.7%
83,382,074	138.9%	15년	60,000,000	81,827,215	136.3%
100,939,878	168.2%	20년	60,000,000	98,985,556	164.9%

* 이 보험 계약을 중도 해지할 경우 해지 환급금은 납입한 보험료에서 경과된 기간의 위험 보험료, 계약 체결 비용(해지 공제액 포함), 계약 관리 비용 등이 차감되므로 납입 보험료보다 적거나 없을 수도 있습니다.

* 예시된 환급금은 2014년 7월 공시이율 3.93%를 기준으로 산출한 것으로 향후 공시 이율 변동시 해지 환급금도 변동됩니다.

연금 보험

방카 상품 (월 변동, 공시 이율 3.95%)		40세 女 월납 50만 10년납		설계사 채널 (월 변동, 공시 이율 3.95%)	
해지 환급금	환급률	경과 기간	납입 보험료	해지 환급급	환급률
4,498,584	74.9%	1년	6,000,000	3,408,305	56.8%
10,642,939	88.6%	2년	12,000,000	9,391,141	78.2%
17,021,984	94.5%	3년	18,000,000	15,596,981	86.6%
23,644,988	98.5%	4년	24,000,000	22,034,636	91.8%
30,552,230	101.8%	5년	30,000,000	28,743,902	95.8%
37,724,294	104.7%	6년	36,000,000	35,704,867	99.1%
45,171,643	107.5%	7년	42,000,000	42,927,473	102.2%
52,780,735	109.9%	8년	48,000,000	50,214,221	104.6%
60,721,028	112.4%	9년	54,000,000	57,819,437	107.0%
68,974,962	114.9%	10년	60,000,000	65,725,059	109.5%
83,510,666	139.1%	15년	60,000,000	79,558,797	132.5%
101,153,101	168.5%	20년	60,000,000	96,349,233	160.5%

* 이 보험계약을 중도 해지할 경우 해지 환급금은 납입한 보험료에서 경과된 기간의 위험 보험료, 계약 체결 비용(해지 공제액 포함), 계약 관리 비용 등이 차감되므로 납입 보험료보다 적거나 없을 수도 있습니다.

* 예시된 환급금은 2014년 7월 공시이율 3.93%를 기준으로 산출한 것으로 향후 공시 이율 변동시 해지 환급금도 변동됩니다.

TIP 왜 보험은 중도에 해지하면 손해가 날까?

이유는 판매 수수료 때문이다. 보험 상품은 전통적으로 모집 수수료가 존재한다. 고객이 낸 보험료에서 일부를 수수료로 지급한다. 이 수수료를 보전해주려다 보니까 가입한 지 얼마 안 되어 해지하면 원금 손실이 발생하는 구조일 수밖에 없다. 일정 시간이 경과되면 원금 회복이 되고 적금의 이율보다 빠르게 더 높아지지만 단기간에 해지할 계획이면 차라리 적금을 권한다.

5년 이상 쓰지 않을 돈이라면 저축 보험 금리 가장 높아

계산기로 냉정하게 두들겨 보면 일정 기간 동안은 예·적금을 적절히 활용하는 것이 방카슈랑스에 가입하는 것보다 유리할 수 있다. 그래도 1년짜리 적금을 만기에 찾아서 다시 정기 예금에 넣는 것을 반복하는 것보다 훨씬 이익이다.

중도에 해지하면 손실이 나는 구조이기 때문에 웬만해선 해지를 잘 안하게 되는 구조적인 장치가 있고 '1억 만들기'란 슬로건처럼 목돈을 만들어서 자녀 학자금 마련, 자동차 구입비, 주택 자금 마련 등 인생의 중장기적 목적 자금에 요긴하게 활용할 수 있다.

저축 보험의 최고 장점은 바로 비과세 혜택이다. 10년 동안 납입하면 금액에 상관없이 세금을 아예 납부하지 않아도 된다. 이 혜택은 OECD국가 중 우리나라밖에 없다고 한다. 앞서 언급했던 것처럼 은행에서 가입하는 것이 가장 좋고 VIP 등급 진입도 빨라진다.

저축 보험은 중장기적 목적 자금을 위해 매달 정기적인 최소 금액을 정하여 '이 돈만큼은 무슨 일이 있어도 해약하지 않고 끝까지 넣겠다'고 각오하고 넣으면 만기 때 큰 도움이 될 것이다.

그밖에도 월납 1백만 원 이상의 상품은 특별 가산 금리로 이율이 공시 이율보다 더 높기 때문에 재력가들이 적금 대신 안전하면서 이율이 높은 상품을 찾을 때 아주 이상적인 상품이다. 5년 이상 쓰지 않는 돈이라면 정기 예금보다는 저축 보험이 금리 면에서 무조건 유리하다.

저축 보험 vs 정기 예금 비교

정기 예금 1억 1.9% 매 1년 단위 지속 투자시 (이자 소득세 : 15.4% 기준)				
경과 기간	원금	부리이율(세전) 1.9%	소득세 15.40%	만기금(세후)
1년	100,000,000	1,900,000	292,600	101,607,400
2년	101,607,400	1,930,540	297,303	103,240,637
3년	103,240,637	1,961,571	302,082	104,900,126
4년	104,900,126	1,993,102	306,938	106,586,290
5년	106,586,290	2,025,140	311,872	108,299,558
6년	108,299,558	2,057,692	316,885	110,040,365
7년	110,040,365	2,090,766	321,978	111,809,153
8년	111,809,153	2,124,374	327,154	113,606,373
9년	113,606,373	2,158,520	332,412	115,432,481
10년	115,432,481	2,193,216	337,755	117,287,942

50세 여성 연금2종 거치 1억원 수익률 (공시 이율 3.40% 지속 가정 기준)					
경과 기간	원금	경과 기간별 해지 환급금	순수 이자	소득세 15.40%	소득세(15.4%) 반영 세후 수익율
1년	100,000,000	98,565,470	-		-
2년	100,000,000	101,507,700	1,507,700	232,186	101,275,514
3년	100,000,000	104,549,960	4,549,960	700,694	103,849,266
4년	100,000,000	107,695,660	7,695,660	1,185,132	106,510,528
5년	100,000,000	110,948,310	10,948,310	1,686,040	109,262,270
6년	100,000,000	114,403,160	14,403,160	2,218,087	112,185,073
7년	100,000,000	117,966,910	17,966,910	2,766,904	115,200,006
8년	100,000,000	121,643,000	21,643,000	3,333,022	118,309,978
9년	100,000,000	125,434,950	25,434,950	3,916,982	121,517,968
10년	100,000,000	129,346,430	29,346,430	비과세	129,346,430

‘변액’ 보험 시리즈, 가장 피하고 싶은 상품

저축 보험과 더불어 중장기 상품으로 ‘변액 연금 보험’과 ‘변액 유니버셜 보험’이 있다.

변액 연금 보험은 투자형 개인 연금 상품으로 각종 펀드에 투자해 이익이 날 경우 그 수익을 분배하는 실적 배당형 상품이다. 연금 개시 시점에 손실이 나 있는 상태여도 납입 원금은 보험사에서 보증해 주는 것이 특징이다.

변액 연금 보험 주요 특징

주목적 : 노후 대비, 은퇴 설계
종류 : 대부분의 생명보험사에서 취급
가입 금액 : 최소 10만 원부터. 금액 제한 없음
가입기간 : 최소 10년 이상
금리 : 펀드 수익률에 따라 결정
혜택 : 연금 개시 시점에(65세) 손실이 나 있어도 원금은 보전
유의 사항 : 중도 해지 시 원금 손실, 연금 개시 시점에 만약 손실일 경우 원금만 수취 가능

변액 유니버셜 보험은 펀드 운용 수익률에 따라 보험금이 변동되는 변액 보험과 보험료 납입 및 적립금 인출이 자유로운 유니버셜 보험의 특징을 결합한 보험 상품이다. 각종 위험에 대비한 보장 보험료와 투자에 대한 투자 보험료를 함께 부담해야 하므로 일반적인 보장 보험보다는 보험료가 더 비싸다. 투자에 대한 위험은 보험사가 아닌 고객이 부담하기 때문에 원금 보전은 되지 않는다. 보험 가입자가 보험료의 환급금으로 적립되는 부분을 여러 가지 펀드 중에서 선택해서 지정해야 한다.

변액 유니버셜 보험 주요 특징

주목적 : 보험사의 투자 상품
종류 : 거의 모든 생명 보험사에서 취급
가입 금액 : 최소 10만 원부터. 금액 제한 없음
가입 기간 : 10년
금리 : 투자 수익률에 따름
혜택 : 펀드 투자가 가능하면서 보장성 보험도 가입 가능
유의 사항 : 보험 상품이지만 원금 손실의 위험

재미있는 것은 보험 상품인데도 불구하고 펀드로 구성되어 운용된다는 점이다. 안 좋은 점만 이야기하자면 보험 상품이기 때문에 중도에 해지하면 손실이 날 수 있으며 펀드 투자가 되기 때문에 해지하지 않고 계속 가지고 가도 원금 손실의 가능성이 도사리고 있다는 점이다.

이 상품은 보험사에서 가장 좋아하는 상품이다. 보험사에 높은 수익을 올려주기 때문이다. 다른 보험 상품에 비해서 사업비를 왕창 떼어가기 때문인데 물론 그 사업비는 본인이 납입하는 보험료에서 모두 빠져나간다.

은행이나 보험 설계사 또한 다른 보험 상품을 팔 때보다 2배가 넘는 수수료를 주기 때문에 적극적으로 판매하고자 노력한다. 은행과 보험사에서 가장 민원이 많이 발생하는 상품이 바로 이 '변액' 시리즈 보험이다.

전 세계 모든 보험사들은 '꿈'과 '희망'을 판다. 노후 준비와 가정이란 단어를 무기삼아 엉성한 설명으로 판매를 하기 때문에 나중에 수

년간을 납입해도 손실이 나 있는 것을 보니 민원이 발생할 수밖에 없는 것이다. 실제로 모든 보험사의 대부분의 '변액' 시리즈 상품들은 출시 후 지금까지도 마이너스의 늪에서 빠져나오지 못하고 있다. 개인적으로는 '변액' 시리즈 상품들은 모든 금융 상품 중에서 가장 권하고 싶지 않은 상품이다.

지점 창구에서 수많은 고객들과 상담을 하면서 깨달은 사실이다. 그 어떤 금융 관련 책을 읽어봐도 상품에 대한 구조적인 특징만 설명해 놓았지 고객들이 실질적으로 느끼고 알고 싶어 하는 내용은 거의 없었다. 그래서 필자가 총대를 멘다는 기분으로 이 지면을 빌어서 솔직하게 털어놓는 것이다.

물론 변액 보험은 펀드 구성을 언제든지 전화로도 바꿀 수 있기 때문에 손실날 것 같은 펀드는 납입을 중단하고 다른 펀드로 종목을 바꿀 수 있다. 하지만 고객들이 자신의 변액 보험 펀드 구성을 매일 들여다 볼 수도 없고 시황을 읽기도 힘들다. 게다가 가입자들 중에서 내 변액 보험에 어떤 펀드 종목이 들어가 있는지도 모르는 사람들이 대부분이다. 여기서 중도 인출이나 연금 개시 시점까지 기다리라고 말하는 사람들과는 상종도 하지 말아야 한다.

최근에는 은행에서도 직원들이 '변액' 시리즈 보험 권유를 자제하고 있는 추세다. 주변에 보험 설계사가 '변액' 시리즈 보험을 권유하면 두 번 세 번 생각해 보고 결정하는 것이 좋다.

변액 보험은 보험이라기 보단 엄연한 투자 상품이니 꼼꼼히 따져본 후 자신있는 사람들에게 권한다. 개인적인 의견으로는 노후 준비나 투자는 본연의 성능을 발휘하는 다른 상품으로도 충분하다.

제1~4 금융권까지

은행에도 등급이 있다?

신한은행, 국민은행, 우리은행, 하나은행, 농협은행, SC은행, 씨티은행 등 시중은행을 제1금융권이라고 부르며 대한민국 수신 자금의 대부분을 차지하고 있다.

새마을금고, 우체국, 신협, 축협, 지역농협처럼 상호에 은행이라는 단어가 없는 이들은 제2금융권으로 분류된다. '협'은 협동조합의 준말로 이 글자가 들어간 금융 기관을 이용하려면 조합원으로 가입해야 한다. 첫 거래 시 조합비라는 명목으로 약 1~3만원씩을 낸 기억이 있을 것이다.

농협은 농협중앙회(농협은행)와 단위(지역)농협이 있다. 같은 농협 간판을 달고 있지만 완전히 다른 회사이고 기본적인 입출금 업무 및 제신고 업무 외에는 중복해서 할 수 있는 업무가 없다. 농협중앙회(농협은행)는 제1금융권 은행이지만 지역농협은 제2금융권이며 협동조합이기 때문에 조합비를 내야 거래가 가능하다. 대신 추후에 출자금, 배당금 등의 혜택이 있다. 지역농협은 외국환 거래 업무를 하지 않기 때문에 환전 등의 업무는 불가능하다.

새마을금고나 우체국은 협동조합과는 성격이 조금 다르다. 우체국은 본연의 업무인 우편 업무 외에 예·적금이나 보험 등 일부 수신 업무를 하고 있으며 여신 업무나 외국환 업무, 공과금 업무 등은 할 수 없다. 새마을금고는 대표적인 서민 금융 기관으로 새마을운동이 한창일 때 발전했다. 협동조합처럼 각 지역의 지점들이 합쳐져 만들어진 별도 법인이기 때문에 지역마다 이율이나 상품 성격이 조금씩 다르다는 특징이 있다.

부산은행, 전북은행, 광주은행, 경남은행 등은 특정 지역을 거점으로 하는 은행이다. 제1금융권이지만 지방을 거점으로 영업을 하기 때문에 지방 1금융권이라고한다. 지방 은행은 원칙적으로 거점 지역과 서울에 영업소를 설치 할 수 있으나 요즘은 경쟁적으로 근처 지역에도 영업소를 설치하기도 한다. 우리나라 국민 정서상 지방 은행은 지역 인맥 중심으로 발달했으며 시중 은행에 비해 유리한 금리와 거점 지역에 설치한 많은 지점과 CD기 등의 이용 편리성으로 지역 주민들로부터 꾸준히 사랑을 받고 있다.

이밖에도 은행이라는 단어를 달고 있는 은행들이 또 있다. 대표적인 것이 상호저축은행으로 SBI저축은행, 친애저축은행, 참저축은행 등이 여기에 포함된다. 저축은행은 시중 은행과 같이 예·적금과 대출을 취급하고 있지만 제2금융권으로 분류된다. 예·적금 금리는 시중 은행보다 높고, 대출 한도 또한 시중 은행보다 많이 나오기 때문에 제1금융권의 예·적금 금리에 만족하지 못하는 사람들이나 제1금융권에서 이미 대출을 꽉 채워서 받은 사람들이 많이 이용한다. 대출 금리는 시중 은행보다 높다.

산업은행과 기업은행은 국책 은행으로서 특수 은행으로 분류된다. 과거에는 주로 기업 중심으로 영업을 했지만, 최근에는 일반 국민들에게도 경쟁적인 영업 활동을 펼쳐 이제는 KDB 산업은행 계좌나 IBK기업은행의 계좌를 이용하는 개인 고객도 기하급수적으로 늘어난 상태이다. 기존 시중 은행이 독점적으로 많은 파이를 차지하고 있던 일반 고객을 끌어들이고자 금리 혹은 수수료 부분에서 파격적인 혜택을 제공하여 이제는 시중 은행으로서의 역할을 톡톡히 하고 있다.

1금융, 2금융이라는 단어로 인해 3금융, 4금융이라는 단어가 나왔지만 금융권에서 공식적으로 인정하는 용어는 아니다. 3금융의 대표적인 기관으로는 케이블 TV 광고에 자주 등장하는 러시앤캐쉬, 미즈사랑, 산와머니, 리드코프 등이 있다. 은행이나 저축 은행 혹은 할부금융사에서 대출을 받기 힘든 경우 찾게 되며 대출을 주 업무로 삼기 때문에 대부업계라고 부른다.

신용 등급이 좋지 않거나 채무가 과다하게 많아도 대출이 가능한 경우가 많지만 대출 금리는 매우 높은 편이다. 속칭 4금융권이라고 하는 곳은 회사로 등록되지 않은 일수, 사채 등을 뜻한다.

2 저금리 시대의 확실한 대안, 펀드

'저축'을 넘어 '투자'로

많은 경제 전문가들이 펀드를 재테크의 필수 수단으로 첫 손에 꼽고 있다. 재테크에 특별히 관심이 없는 사람이라도 은행 직원들로부터 펀드에 대해서 한두 번쯤은 들어봤을 것이다. 하지만 은행 창구에서 고객들을 만나면서 느낀 점 가운데 하나는 세대별로 펀드에 대한 생각이 하늘과 땅만큼이나 다르다는 점이었다. 20대들 대부분은 펀드에 대한 경험이 거의 없다. 그러다보니 관심은 많지만 막상 가입하려고 하면 머뭇거리는 경우가 많다. 반면 30대는 펀드에 무척이나 적극적이다. 오히려 이자가 낮은 적금을 꺼리는 대신 펀드로만 재테크를 하는 고객들이 많다. 40대 이상 고객들은 이런 저런 이유로 한 번씩 펀드를 경험해 본 분들이 많지만 막상 신규로 가입하라고 권하면 주저하는 편이다. 모든 세대의 고객들에게 똑같이 해당되는 공통점도 있다. 펀드 구조에 대한 이해가 너무나 부족하다는 것이다. 내 스스로도 은행에 근무하기 전까지는 이론만 '빠삭'했지 흐름은 제대로 이해하지 못했다. 그동안 여러 가지 종류의 펀드를 가입해보고 손님들과 매일 상담을 한 경험을 통해 얻은 노하우를 조심스럽게 공개해볼까 한다.

적립식 펀드

증권사에서 가입하는 적금

은행에서 취급하는 적립식 상품이 적금, 보험사에서 취급하는 적립식 상품이 저축 보험이라면 증권사에서 취급하는 적립식 상품이 바로 '펀드'다. 쉽게 말해 펀드란 증권사의 적금 같은 상품이다.
증권사를 통해서 주식 투자를 하게 되면 주식 한주 한주를 사고 되파는 방식으로 투자를 하게 된다. 예를 들어 삼성전자의 주식 10주를 주당 1만 원에 샀다고 가정하자. 얼마 지나지 않아 삼성전자가 갤럭시 S7 신제품 개발로 주가가 크게 뛰어 주당 1만 원에서 10만 원으로 올랐다면 10만 원이던 내 주식은 1백만 원이 된다. 무려 9배, 900%의 수익률을 낸 것이다.
하지만 항상 좋은 일만 있으리라는 보장은 없다. 삼성전자가 애플과의 특허 소송에 패하면서 큰 손실을 입어 주당 1만 원 하던 주가가 1천 원으로 폭락해 버렸다고 생각해보라. 마이너스 90%의 손실을 입으면서 내가 가지고 있던 10만 원 어치의 주식이 순식간에 1만 원짜리 휴지 조각이 되어 버린다.
대부분의 개인 투자자들은 한 번에 '대박'이 나지는 않더라도 하루아침에 '쪽박'을 차고 싶지 않을 것이다. 90%의 수익은 기대하지 않으니 90% 손실이 나지 않으면서 안전하게 투자할 수 있는 방법은 없을까?
위험을 회피하기 위해서는 여러 가지 방법이 있지만 가장 좋은 방법은 분산 투자를 하는 것이다. 삼성전자와 경쟁사인 애플의 주식을 함께 사거나 아니면 전혀 관계가 없는 다른 분야의 주식을 함께 산다면 어느 정도 위험을 분산시킬 수 있다.

'펀드(Fund)'의 사전적인 의미는 '기금'이다. 즉, 여러 사람이 돈을 모아 만든 자금이다. 이렇게 모은 자금으로 주식 등의 상품에 쉽고 안전하게 투자할 수 있도록 만든 상품이 바로 펀드다. 혼자만의 돈으로 여러 주식에 다양하게 분산 투자를 하긴 어렵지만 여러 사람의 돈을 한꺼번에 모아서 공동으로 투자한다면 한꺼번에 여러 가지 주식을 살 수 있어서 위험 회피 효과도 크게 기대할 수 있을 것이다.

이런 요구에서 탄생한 금융 상품이 바로 '펀드'다. 펀드는 개인 투자자들에게 노출된 직접적인 위험을 줄여주는 역할을 하는데 이것을 전문 용어로 '헷징(hedging)'이라고도 한다.

펀드가 다소 복잡해 보이는 것은 많은 금융 회사들이 펀드에 관련되어 있으면서 각 기능과 운용 주체가 다르기 때문이다. 우선 은행과 증권사에서는 많은 사람들을 대상으로 투자할 기금을 모은다. 이렇게 모아진 기금으로 자산 운용사의 전문 펀드매니저들은 직접 투자에 나서게 된다. 이러한 일련의 행위를 감독하고 운용하는 것은 신탁 회사의 몫이다.

안정적이면서 높은 수익, 펀드밖에 없다

금융 시장의 첫 번째 원칙은 '하이 리스크 하이 리턴(High risk, High return)' 즉, 고수익, 고위험이다. 수익이 높은 곳에는 필연적으로 위험이 따를 수밖에 없다. 위험이 낮으면서 수익이 높은 그런 금융 상품은 존재하지 않는다. 그런 의미에서 요즘 같은 저금리 시대에 안정적이면서 높은 수익률을 낼 수 있는 수단은 아무리 생각해도 펀드밖에 없다.

펀드의 경우 예금이나 적금처럼 위험이 전혀 없는 보수적인 상품만을 취급하는 은행의 다른 금융 상품들과 비교하면 가장 위험한 상품일 수 있지만 증권사의 다른 투자 상품에 비하면 결코 위험도가 높은 편은 아니다.

특히 적립식 펀드의 경우 매달 은행 적금처럼 일정 금액을 납부할 수 있고 단돈 10만 원으로 시작해도 해당 펀드가 가지고 있는 모든 주식을 보유한 것과 같은 효과를 볼 수 있어 일반 국민들이 가장 쉽게 접근할 수 있는 투자 상품이라고 할 수 있다.

적립식 펀드는 타이밍이 중요하지 않다. 주가와 상관없이 아무 때나 가입해도 된다. 주가가 오르면 이미 보유하고 있는 주식의 가치가 높아지고 주가가 낮으면 더 많은 주식을 새로 살 수 있기 때문이다. 펀드의 수익률은 장기적으로 우상향하는 그래프를 따라갈 수밖에 없다.

1980년대부터 현재까지의 코스피 지수

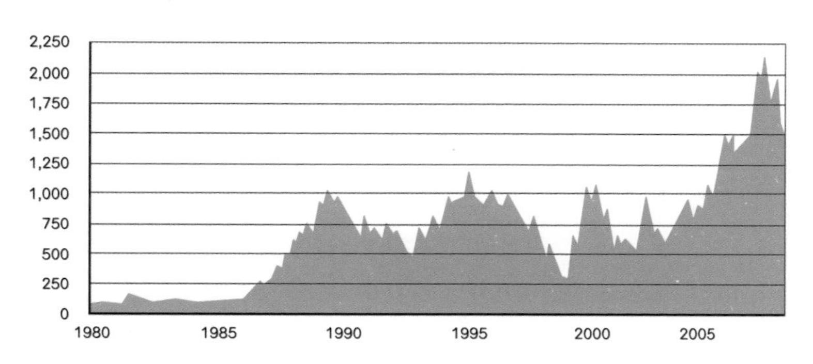

그래프를 처음부터 지금까지 직선으로 연결해보면 지속적으로 우상향한 것을 볼 수 있다. 지금까지 주가가 큰 폭으로 떨어진 것은 세 번 정도로 IMF 외환 위기와 카드 대란, 글로벌 경제 위기 등의 시점이었다. 이 시점에서는 코스피 지수도 큰 폭으로 하락했지만 언제 그랬냐는 듯 원상태로 돌아와서 다시 우상향했다.
적립식 펀드를 3년 이상만 꾸준히 유지하면 대부분 적금보다는 높은 수익률을 올릴 수 있다는 것도 바로 이 때문이다.

적립식 펀드에 투자해야 하는 여섯 가지 이유

그밖에도 적립식 펀드에 가입하면 좋은 이유는 많다.
첫째, 초보라도 전문적인 투자가 가능하다. 주식에 'ㅈ' 자도 몰라도 내가 낸 금액을 펀드매니저가 요리조리 기가 막히게 굴려준다. 그렇기 때문에 그 대가로 선취든, 후취든 투자 금액에서 소액이지만 일부분을 펀드수수료로 지불해야 한다.
둘째, 적은 돈으로도 우량주에 투자할 수 있다. 대부분의 우량주들은 주가가 비싸서 적은 돈으로 투자하기 어렵다. 예를 들어 삼성전자 주식은 한 주에 1백30만~1백40만 원 사이를 왔다 갔다 한다. 1백만 원으로 투자를 하려면 주식 한 주를 사기도 어렵다. 하지만 10만 원으로 삼성그룹주 펀드를 산다면 삼성전자부터 삼성생명, 삼성증권에 이르는 삼성그룹사의 모든 주식을 전부 다 가지고 있는 효과를 누릴 수 있는 꼴이다.
셋째, 위험 부담을 줄여준다. 여러 명이 돈을 모아 다양한 주식에 분산 투자를 하기 때문에 각각의 주식을 직접 사는 것 보다 위험 부담이 훨씬 적다.

넷째, 개인에게 맞는 상품 선택이 가능하다. 펀드가 처음 도입될 때만 해도 상품 가짓수가 적어서 선택의 폭도 좁았다. 하지만 지금은 국내외 증권사들이 다양한 테마로 펀드 상품을 운용하고 있기 때문에 선택의 폭이 크게 넓어졌다. 주가 지수에 투자하는 인덱스 펀드에서부터 금 등 천연광물에 투자하는 원자재 펀드, 대기업에만 집중 투자하는 우량주 펀드 등 다양한 상품이 있어서 이 가운데서 자신의 니즈에 맞는 상품을 고를 수 있다.

다섯째, 시간이 절약된다. 너무 낮은 예금과 적금의 수익률 때문에 직접 주식 투자에 나서고 싶어도 투자를 원하는 기업에 대한 정보를 파악할 수 있는 시간이 없어서 하지 못하는 사람들도 많다. 하지만 펀드는 전문가가 직접 상품을 관리해주기 때문에 이런 수고스러움으로부터 벗어날 수 있다.

마지막 여섯째, 높은 수익률을 기대할 수 있다. 뉴스를 보면 국내외 다양한 경제 요인의 변화에 따라 주가가 치솟는다는 소식을 접하게 된다. 하지만 개인 투자자들은 경험과 전문 지식이 부족하기 때문에 이런 상황을 보면서도 직접 투자에 나서기 어렵다. 적립식 펀드에 투자하는 것은 곧 스스로 전문 투자 기관이 되는 것과 같은 효과를 내기 때문에 적립식 펀드 가입만으로도 펀드 매니저의 전문 지식과 경험을 이용해서 높은 수익률을 기대할 수 있다는 장점이 있다.

사후 관리 잘하는 펀드가 좋은 펀드

지금까지 주로 적립식 펀드의 장점에 대해서 언급했지만 아무리 좋은 상품이라 해도 단점이 없을 리 없다. 펀드의 단점이라고 하면 원금 손실 가능성을 갖고 있다는 점이다. 이것이 은행의 예·적금과 가장 큰 차이점이다. 아무리 날고 기는 고수라고 해도 모든 펀드를 100% 이익만 나게 할 수는 없다.

적립식 펀드의 핵심은 바로 사후 관리이다. 좋은 펀드에 가입했다고 해도 관리가 제대로 안되면 순식간에 쓰레기 펀드가 되어 버린다. 적립식 펀드는 아주 민감한 자동차와 같아서 끊임없이 굴려주고 손질을 해줘야 한다.

고객들 중에는 "은행원이 끝까지 책임지고 펀드를 관리 해줘야 하는 것 아니냐"고 볼멘소리를 하시는 분들도 가끔 있다. 그러고 싶은 마음이야 굴뚝같지만 하루에도 여러 고객들이 펀드에 가입하는 데다 가입 시점의 시장 상황과 상품의 종류가 제각각이어서 은행이나 증권사 직원들이 개별 펀드 상품에 대해서 일일이 코치를 해준다는 것은 불가능하다.

하지만 다행스러운 것은 과거와 달리 똑똑해진 전산 시스템 덕분에 이러한 고민을 어느 정도 해결할 수 있게 됐다는 점이다. 전산 시스템을 통해 개인별 맞춤 코칭이 가능해졌다. 펀드 가입 시 목표 수익률과 위험 수익률을 정해 놓으면 이메일이나 문자메시지로 자동 통보되며 매월 지정한 날짜마다 정기 수익률이 자동으로 날아오기 때문에 굳이 펀드 통장을 찍어보지 않아도 자신의 수익률을 바로바로 알 수 있다.

목표 주가 지수를 문자메시지로도 받을 수 있다. 펀드에 사용되는 주요 주가 지수들(KOSPI, KOSPI200, HSCEI)의 목표 지수를 정하고 실제 해당 주가 지수에 도달했을 때 문자메시지로 통보해준다.
목표 달성 자동 환매 시스템은 마음 속으로 정해놓았던 목표 달성률과 목표 금액에 도달하면 굳이 은행에 와서 해지 하지 않아도 자동으로 해지되는 시스템이다. 펀드의 묘미를 알 수 있게 해주는 시스템으로 적극 활용해볼만한 가치가 있다.
시간이 부족해 일일이 주식 투자에 대한 정보를 뒤적거릴 수 없는 사람들을 위해서 매일 시황 요약 정보를 제공하고 글로벌 시황 이슈를 문자메시지 서비스를 통해 알려주기도 한다. 펀드 관리뿐만 아니라 경제 지식까지 함께 챙길 수 있어서 일석이조다.
단돈 10만 원으로 펀드에 가입해도 이렇게 최첨단의 시스템으로 사후 관리를 해주고 있어 매우 든든하게 투자를 할 수 있다.

거치식 펀드

목돈 한꺼번에 투자하는 증권사의 '예금'

적립식 펀드가 적금이라면 거치식 펀드는 예금이다. 목돈을 한꺼번에 투자하는 성격의 금융 상품이라고 할 수 있다. 거치식 펀드는 적립식 펀드와 달리 주식에 직접 투자를 하는 방식과 비슷해 조심스럽게 접근해야 한다.

적립식 펀드는 매달 일정한 금액을 지속적으로 불입하기 때문에 타이밍이 중요하지 않지만 거치식 펀드는 어느 한 시점에 목돈이 한번 들어가기 때문에 타이밍이 매우 중요하다.

즉, 주가가 낮을 때 들어가서 높을 때 수익 실현을 할 수 있는 최적의 상품이 바로 거치식 펀드다. 반대로 높을 때 들어가서 낮아지면 원금손실이 날 확률도 똑같이 커지게 된다. 그렇기 때문에 거치식 펀드는 자신이 펀드 관리가 가능하거나 은행원이나 증권사 직원이 특별히 관리해 주는 것이 가능할 때 하는 것이 적합하다. 은행에서 가입할 수 있는 상품 중에 잘만 굴리면 가장 묘미가 있는 상품이기도 하다.

거치식 펀드, 타이밍이 생명이다

필자는 현재 거치식으로 목돈을 모아 둔 예금 상품 세 가지를 보유하고 있다. 1년제 정기 예금과 ELS, 그리고 1개월짜리 단기 예금이다. 이 가운데 1개월짜리 단기 예금은 가변형으로 펀드 투자를 하기 위한 자금이다. 아무 때나 들어갈 수 없기 때문에 타이밍을 기다리는 것이다. 매일 매일 시황과 코스피 지수를 살펴보다가 주가가 높다고 판단될 때는 1개월짜리 정기 예금으로 돌려놓고 주가가 낮을 때는 과감하게 해지하여 거치식 펀드에 가입한다. 1년에 적어도 대여섯 번은 이런 기회가 온다. 최저점이 언제인지, 최고점이 언제인지 알 수 없지만 일정 선에 도달했을 때 과감히 치고 빠지기 때문에 지금까지 단 한 번도 펀드에서 손해를 본 적이 없다.

예금은 1년 내내 해보았자 2% 중반의 이자를 받는 반면, 펀드는 한 달만 잘 굴렸다가 나와도 10% 넘는 수익률을 올릴 수 있기 때문에 매력적일 수밖에 없다. 거치식 펀드는 오래 보유하지 않는 편이다. 예금과 적금으로 만족할 수 없는 당신이라면 펀드는 대안이 아니라 필수다.

한 가지만 '기억'하고 한 가지만 '명심'하라

"펀드 관리는 누가 해주죠?"

고객과 펀드 관련 상담을 하면서 종종 듣게 되는 질문이다. 은행이나 증권사에서 시스템을 통해 체계적으로 펀드를 관리해주고 있지만 최종적인 책임은 투자자 본인이 져야 한다는 것을 잊어서는 안 된다. 자신이 가지고 있는 펀드가 손실이 났다고 물어달라고 해도 아무도 책임지지 않는다.

펀드 관리는 조금만 관심을 기울이면 아주 쉽다. 자신의 자산을 증식하기 위해 그 정도 노력도 할 자신이 없다면 펀드 가입을 하지 말라고 정중히 만류하고 싶다.

거치식 펀드는 적립식 펀드보다 본인의 관심과 관리가 더욱 중요하다. 어떤 펀드에 들어갔느냐에 따라 조금씩 다르겠지만 일반적으로 거치식 펀드로 활용을 많이 하는 국내 펀드나 주가 지수 연동(인덱스) 펀드에 들어갔다면 딱 한 가지만 기억하고 한 가지만 명심하면 된다.

"지수 얼마에서 들어갔는가?"

"지수 얼마에서 나올 것인가?"

이 한 가지 '기억'과 한 가지 '명심'만 가지고 있으면 거치식 펀드는 평생 손실날 일이 없다고 보면 된다.

예를 들어 코스피 지수가 갑자기 1890이 되었다고 치자. 평소보다 많이 떨어져 이 때가 기회다 싶으면 은행이나 증권사를 방문하여 거치식 펀드에 가입한다. 마음 속으로 '1890'을 '기억'해두자.

그리고 2030원에 해지해야겠다고 마음을 먹었다고 치자. 마음 속으로 '2030원에 해지한다' 라고 명심한다. 이렇게 하면 스마트폰 바탕화면에 깔아놓은 앱의 코스피 지수를 자연스럽게 매일 확인하게 될 것이고 시간이 지나다보면 어느새 왔다갔다하던 코스피 지수가 금방 2030원이 넘어가는 때가 올 것이다.

이때 바로 은행이나 증권사를 통해 해지하면 된다. 수익률이고 뭐고 볼 필요도 없이 본인이 예금 1년 가입한 것의 '따블', '따따블'의 이자가 붙어 있을 것이다.

참고로 펀드에 만기가 따로 정해져 있는 줄 알고 있는 사람들이 많은데 펀드에는 만기가 없다. 가입한 그 다음 날 빼도 되고 한 달 뒤에 빼든, 10년 뒤에 빼든 전혀 상관이 없다. 다만 통상적으로 3개월 이내 단기간에 해지할 경우 약간의 수수료는 빼고 원금을 돌려받게 된다. 목표 수익에 도달했다면 아무 때나 원할 때 해지해도 전혀 상관이 없다. 거치식 펀드의 관리는 이렇게 쉽다. 이 원칙만 지킨다면 나머지 시황에 대한 것들은 보면 금상첨화이고 안 봐도 상관없다.

적금과 펀드 저축 보험 한눈에 비교하기

적립식 펀드

구분	적금	적립식 펀드	적립식 저축 보험
운용사	은행	증권사	보험사
금리	저	고위험/고수익	중
기간	1~3년	만기 따로 없음 아무 때나 해지 가능	5~10년
가입 금액	1만 원 이상	10만 원	10만 원
특이 사항	없음	원금 손실 가능성	중도 해지 시, 원금 손실 가능성

거치식 펀드

구분	예금	거치식 펀드	거치식 저축 보험
운용사	은행	증권사	보험사
금리	저	고위험/고수익	중
기간	1~3년	수익률에 따라 고객이 원할 때 언제든지.	5~10년
가입 금액	300만 원 이상	10만 원 이상	1000만 원 이상
특이 사항	없음	원금 손실 가능성	중도 해지 시, 원금 손실 가능성

실패하는 투자자의 심리학

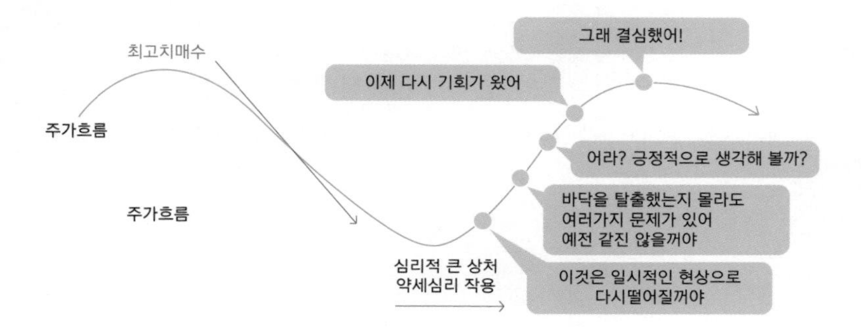

이것이 바로 주가 폭락 시 일반적인 사람들이 저점에서 매수하지 못하는 이유이다. 시장을 쫓아가며 타이밍을 잡는 것은 실패 확률이 매우 높다. 폭락한 주가는 결국 회복되기 마련이기 때문에 반드시 장기적으로 투자를 해야 높은 수익률을 달성할 수 있다.

펀드의 종류

테마 따라 즐길 수 있는 나만의 펀드를 찾아라

지금까지 펀드의 기본적인 성격에 대해서 알아보았다. 이제는 수많은 펀드들 중에서 자신에게 맞는 펀드를 찾는 방법에 대해서 알아보자.

수익이냐 안전이냐

펀드의 종류는 매우 다양하지만 가장 간단하게 구분하면 주식형 펀드와 채권형 펀드로 나눌 수 있다. 주식형 펀드는 주식에 주로 투자하기 때문에 채권형 펀드보다 고위험, 고수익 상품이라고 할 수 있다. 반면 채권형 펀드는 국공채 등 안전한 채권에 주로 투자하기 때문에 주식형 펀드보다 위험이 낮은 대신 수익도 낮은 편이다.

투자 지역에 따라서 국내 펀드와 해외 펀드로도 구분할 수 있다. 투자자의 성향에 따라 다르겠지만 해외 시장에 대한 정보가 별로 없다면 국내 펀드를 추천하고 싶다.

해외 펀드는 급격한 글로벌 경제 상황에 따라 짧은 기간에 큰 수익을 낼 수 있다는 매력을 가지고 있지만 한번 망가지기 시작하면 끝 모르게 추락해서 쉽게 회복하지 못하는 경우가 많다.

2007년 한창 펀드 붐이 일었을 때 가장 인기를 끌었던 대표적인 펀드 중 하나가 '신한 BNPP파리바 봉쥬르 차이나'라는 펀드였다. 높은 수익률로 주목을 받았지만 손실이 난 이후 복구가 되지 않아 아직까지도 그 펀드를 가지고 계신 분들이 많은 것으로 알고 있다.
브릭스(BRICS, 브라질, 러시아, 인도, 중국), 미국, 러시아, 일본, 중국 등 수많은 해외 펀드들이 존재하지만 전문 투자자가 아닌 이상 그 나라의 실정과 정보를 우리나라만큼 잘 알 수는 없다. 펀드에 가입하는 것이 중요한 것이 아니라 사후 관리가 더 중요하다고 앞에서 언급한 적이 있다. 단지 수익률이 좋다고 권해서 가입한 후 사후 관리가 제대로 안 된다면 손실 볼 확률은 120%이다.
직접 관리가 어렵다면 정보도 바로 알 수 있고 시장도 피부로 느낄 수 있는 국내 펀드를 선택하는 편이 낫다. 참고로 과거 데이터를 보더라도 국내 펀드의 경우 해외 펀드만큼 손실이 심한 경우는 거의 없었다.

고수익, 고위험의 해외 펀드

해외 펀드는 국내 펀드에 비해 고수익을 기대할 수 있는 펀드들이 많지만 그만큼 위험도도 높다. 해외 펀드는 해외 주식, 해외 채권, 해외 유동성 자산, 해외 펀드 등에 투자하는 펀드로서 크게 해외 투자 펀드와 해외 뮤추얼 펀드로 나눌 수 있다.
해외 투자 펀드는 국내 운용사가 원화로 운용하는 펀드로서 국내에서 투자 자금을 모아 해외에 있는 주식이나 채권 등에 투자하는 펀드이며 국내에 있는 주식이나 채권 등에도 일부 투자되기도 한다.
해외 뮤추얼 펀드는 외국에 설립된 해외 운용사가 외화로 운용하는 펀드로서 상품은 지역별로 매우 다양하며 환율에 따라 투자 수익률 또한 변동될 수 있다.
국내에서 가입할 수 있는 해외 펀드는 주로 중국, 미국, 일본, 브릭스, 유럽연합 등의 국가에 투자하는 경우가 많으며 해외 농산물이나 해외 천연자원을 테마로 한 펀드도 있다.

해외 펀드는 국내 시장을 넘어선 성장성 높은 국가의 기업에 대한 투자 기회의 창출과 투자 지역 확대를 통한 기대 수익률 개선 및 분산 투자를 통한 위험의 감소를 기대할 수 있는 매력적인 펀드이지만 그만큼 위험하고 어려운 펀드이기도 하다. 아무래도 국내 펀드에 비해 정보도 얻기 힘들고 변동성이 크기 때문에 개인적으로 해외 펀드는 국내 펀드를 어느 정도 경험해 본 사람들에게 추천한다.

펀드에도 스타일이 있다

국내 펀드와 해외 펀드를 정했다면 이제는 스타일을 선택할 차례다. 다양한 스타일의 펀드가 있지만 그 중에서 가장 인기 있는 펀드는 인덱스 펀드, 액티브 펀드, 배당주 펀드, 원자재 펀드, 부동산 펀드 등이다.

인덱스 펀드, 주가 지수 따라가는 가장 쉬운 펀드

인덱스 펀드는 가입자 수가 가장 많고 이해하기도 가장 쉬운 펀드다. 필자도 초보 펀드 투자자들에게 이 펀드를 가장 많이 추천하고 있다. 인덱스 펀드는 펀드 매니저의 주관이 거의 들어가지 않는 대표적인 시스템 펀드다. 말 그대로 주가 지수의 흐름을 그대로 쫓아가는 펀드이기 때문이다.

종합 주가 지수란 주식 시장에 상장되어 있는 모든 회사 주식의 합을 평균으로 나눈 것이다. 주가 지수와 똑같이 맞추려면 상장되어 있는 모든 회사들의 주식을 다 사면 되지만 실질적으로 비용도 많이 들고 관리도 어렵기 때문에 펀드 매니저들은 코스피 지수를 대표하는 펀드들을 골라서 사게 된다.
인덱스 펀드 가입자들은 매일 코스피 지수만 살펴보면 굳이 펀드의 수익률을 보지 않아도 내 펀드가 어느 정도 이익이 났는지, 아니면 손실이 났는지 대충 알 수 있다. 주가 지수만 보면 되기 때문에 초보자들에게 매우 쉽고 편리해 가장 많은 가입자 수를 확보하고 있다.
요즘에는 기본적인 인덱스 펀드에 약간 변형을 가해 시장 지수보다도 높은 수익률을 추구하는 '1.3배 레버리지 인덱스'나 '1.5배 레버리지 인덱스' 펀드도 출시되어 있다. 펀드의 일부 금액을 펀드 매니저의 주관으로 다른 쪽에 투자해서 수익을 보는 구조다. 물론 주가 지수가 떨어지면 오히려 1.3배나 1.5배 손실날 수도 있기 때문에 신중히 결정해야 한다. 펀드를 처음 해보는 사람이라면 다른 펀드를 제쳐두고 쉽고 재미있는 인덱스 펀드부터 시작해보는 것이 좋다.

액티브 펀드, 펀드 매니저 주관 따라 다양한 주제로 운용

액티브 펀드는 펀드 매니저의 주관이 개입되는 펀드로 다양한 주제로 운용되는 것이 특징이다. 저평가된 가치주를 발굴하여 투자하는 펀드, 업종 대표주나 우량주에만 투자하는 성장주 중심 펀드, 장기적 관점에서 미래 기업 가치 상승이 기대되는 기업에 투자하는 펀드, 소비자의 선호도가 높은 글로벌 100대 브랜드 주식에만 투자하는 펀드 등 다양하다.
이런 펀드들은 투자자 스스로 어느 정도 펀드에 대해 분석을 해보고 자신이 있는 경우에 가입하는 것이 좋다. 포장만 그럴 듯하고 막상 자세히 보면 수익률은 형편없는 경우가 많기 때문이다. 액티브 펀드에 가입할 때는 과거 수익률과 펀드 조성금, 내부 사정 등 세 가지를 반드시 살펴보는 것이 좋다.

과거 수익률은 펀드의 성적표다. 성적을 보고 얼마나 모범생인지 판단하고 난 후 투자해도 늦지 않다. 담당 펀드 매니저가 이 펀드를 얼마나 잘 굴려왔는지 과거 수익률을 보면 정확하게 알 수 있다.

펀드 조성금은 많을수록 좋다. 다른 펀드에 비해서 자금이 많이 모인 펀드들은 그렇지 않은 펀드에 비해 수익률이 안정적인 경우가 많다. 많은 사람들이 투자한 펀드일수록 명품 펀드일 확률이 높고 위험 부담도 그만큼 덜하다.

내부 사정을 정확히 파악하기 위해서는 펀드 운용 보고서를 꼼꼼히 살펴봐야 한다. 펀드에 가입할 때 펀드 운용 보고서를 반드시 함께 출력해달라고 부탁하자. 펀드 매니저가 너무 자주 바뀌거나 최근 수익률이 급격하게 오르락내리락한 흔적이 있다면 내부적으로 문제가 있다는 신호일 수 있다. 이런 펀드는 빠른 시일 내에 망가질 확률이 높으므로 피하는 것이 좋다. 은행 직원이나 증권사 직원들은 어떤 액티브 펀드가 부진하고 수익률이 좋은지 잘 알고 있기 때문에 직접 상담 후 가입하도록 하자.

배당주 펀드, 수익금과 배당금 두 마리 토끼를 잡다

배당주 펀드는 주식형 펀드에 비해서 배당 성향이나 배당 수익률이 높은 고배당주를 편입시켜 주가 상승에 따른 수익률과 매년 안정적인 배당금까지 받을 수 있는 재미있는 펀드다.
배당주 펀드는 일반적으로 주가 등락이 크지 않기 때문에 일반적인 주식 펀드에 비해 기대 수익률이 높진 않지만 하락장에서의 하락폭은 일반 주식 펀드에 비해 상대적으로 작은 경향이 있다. 또한 금리가 낮은 상황에서도 주식에서 발생하는 배당만으로 일정 수준의 수익을 확보할 수 있으므로 안정적인 투자를 원하는 사람에게 적합하다.
주식 시장 상승기나 금리 상승기에는 상대적으로 일반 주식형 펀드보다 수익률이 저조할 수 있지만 지금과 같은 주식 시장 정체기, 금리 하락기에 가장 빛을 발하고 있는 펀드 중 하나다.

원자재 펀드, 장기적 관점에서 투자 철학 갖고 접근

원자재 펀드는 원자재나 금, 광물 등 천연자원에 주로 투자하는 펀드로 종류가 다양하지 않지만 꾸준히 가입자 수를 늘려가고 있다. 개인적으로 금값이나 광물 산업, 대체 자원에 대한 정보나 생각이 있다면 소신을 가지고 가입하는 것도 좋다. 빠른 시일 내에 수익률을 기대하기 힘든 펀드이기 때문에 장기적인 관점에서 투자 철학을 가지고 접근해야 하는 펀드다.

부동산 펀드, 거품 꺼지면서 안정기 돌입

부동산 펀드는 기본적으로 주식이 아닌 부동산에 투자하는 펀드로 부동산 직접 매매뿐만 아니라 부동산 임대 회사, 건설 회사, 투자 회사 등 다양한 부동산 관련 회사에 투자하고 있다. 한때 부동산 투자 붐과 함께 부동산 펀드도 함께 주목을 받던 시절이 있었지만 어느 정도 거품이 꺼지면서 지금은 안정기에 들어섰다. 앞으로 부동산 전망을 긍정적으로 본다면 부동산 펀드도 충분히 재미있는 펀드가 될 수 있을 것이다.

액티브 펀드는 펀드마다 각각의 주제가 있어서 자신이 선호하는 상품을 골라잡을 수 있다. 펀드를 단순히 수익률만 보고 돈을 벌어다 주는 상품이라고 여긴다면 그리 오래 가지 못할 것이다. 테마에 따라 투자를 하는 것도 펀드를 즐길 수 있는 방법이 될 수 있을 것이다.

펀드 매니저들이 나이트 클럽에 출몰?

"그런데 제가 맡긴 돈으로 어느 주식에 투자하실 거예요?"

창구에서 상담을 하다보면 종종 이런 질문을 받게 된다. 창구 직원들은 펀드를 판매하는 사람이다. 일정 자격증을 보유하고 그 펀드에 대해서 조사하고 공부하여 고객들에게 설명을 해주는 역할을 한다. 실제로 펀드를 운용하는 것은 자산 운용사의 펀드 매니저들이다. 이들은 주로 한 팀을 이루고 있으며 기업 가치를 분석하고, 투자자들이 가입한 펀드 자금으로 하루 종일 투자할 곳을 찾아서 직접 주식을 사고 팔면서 펀드의 수익을 내기 위해 노력한다. 관련 펀드 매니저의 경력과 프로필을 알고 싶으면 은행이나 증권사 직원에게 펀드 상품 설명서를 출력해 달라고 하자. 아주 자세하게 나와 있다.

나이트 클럽에 가서 '부킹'을 하거나 소개팅에 나가면 자신을 펀드 매니저라고 소개하는 사람들이 그렇게 많다고 한다. 국내에서 활동하는 펀드 매니저의 수는 매우 소수이며 경력이 많아 나이도 많은 분들이 대부분이다. 무엇보다도 펀드 매니저들은 잠잘 시간도 없을 정도로 바쁜 사람들이기 때문에 그런 곳에 갈 시간도 없다. 여담이지만 혹시라도 펀드 매니저를 사칭하는 '사기꾼'들을 조심하기 바란다.

손실 없이 수익 올리는 다섯 가지 펀드 법칙

필자는 지금까지 펀드 투자를 하면서 아주 큰 수익률을 낸 적은 없지만 한 번도 손실 본 적은 없다고 자부한다. 펀드 가입 시 확고한 나만의 원칙을 갖고 있었기 때문이다. 필자가 직접 펀드를 가입할 때 세운 비밀 아닌 비밀 같은 다섯 가지 원칙들을 이 자리에서 소개할까 한다.

첫째는 내가 바로 펀드 매니저라는 생각을 갖는다. 펀드는 펀드 매니저가 운영하지만 펀드 자체의 추가 불입과 해지는 자신이 결정한다. 특히 인덱스 펀드의 경우 치고 빠지는 타이밍이 중요하기 때문에 자신이 펀드 매니저라고 생각하고 시장을 눈 여겨 보는 관심이 필요하다.

둘째, 주가가 떨어질 때 들어가고 상승할 때 빠진다. 간단한 말 같아도 결코 쉬운 것은 아니다. 창구에서 고객들과 상담을 하다보면 늘 느끼는 부분이다. 대부분의 고객들은 시장이 하락해 있으면 더 떨어질 것 같다며 가입을 하지 않고 시장이 이미 오를 대로 오르고 다른 사람들도 다 펀드에 가입하고 나면 그제야 펀드에 가입하려고 한다. 개인 투자자들이 갖고 있는 전형적인 군중심리다. 오를 때가 있으면 내려갈 때가 있고 내리막길을 걷다보면 반드시 올라가는 타이밍이 온다. 오히려 하락세일 때 적극적으로 투자해야 오를 여지가 많고 상승장일 때 소극적으로 투자해야 내릴 때 손해를 덜 보게 된다. 이것을 반대로 생각하고 있다면 펀드가 아니라 어떤 투자를 해도 손해를 볼 수밖에 없다.

셋째, 무릎에서 들어가 어깨에서 나온다. 제 아무리 날고 긴다 하는 주식의 고수도 시장의 최고점인 머리 꼭대기와 최저점인 발끝을 알 수 없다. 어느 정도 이익이 났으면 이익 실현을 하고 털고 나오고 조금 손해를 보더라도 일정 수준으로 손실을 보면 미련없이 빠져 나오라는 의미다.

펀드를 몇 번 경험하다 보면 대충 어느 지점이 하락선이고 어느 지점이 상승점인지 감이 온다. 예를 들어 인덱스 펀드를 기준으로 주가지수 1950을 평균으로 보았을 때, ±70이 어깨와 무릎이라고 놓고 1880이 되면 사고 2020이 되면 파는 식이다. 이상한 기대심리로 '조금 더, 조금 더'를 외치며 기다리지 말고 이 원칙만 지킬 수 있다면 당신은 벌써 펀드 고수다.

넷째는 손절매다. 필자는 아직 이런 상황이 닥쳐본 적은 없지만 손절매는 투자 시장의 제일의 원칙이다. 예를 들어 -10%까지는 감수할 수 있다고 가정했을 때, 펀드 손실이 -10%가 넘어가면 더 기다리지 말고 바로 환매하라는 말이다. 사람들의 기본 심리는 손실이 나면 그걸 어떻게 해서든지 메우려고 든다. 이런 심리가 가장 적나라하게 나타나는 곳이 바로 도박장이다. 지갑에 1백만 원을 가지고 있지만 재미 삼아서 10만 원 정도만 재미있게 즐기겠다고 마음먹지만 돈을 잃다보면 본전 생각에 나머지 90만 원을 몽땅 잃을 때가지 도박장에서 나오지 못한다.

펀드는 말 그대로 투자 상품이지 도박이 아니다. 마음 속에 자신만의 손절매 기준을 잡고 그 이하로 내려가면 아쉬워하지 말고 과감히 털고 나와야 한다.
마지막 다섯째는 코스피 지수를 매일 확인하는 습관을 갖는 것이다. 코스피 지수는 한국 주식 시장을 한 눈에 확인할 수 있는 기준 지표다. 국내 펀드에 투자하고 있다면 최소한 코스피 지수 정도는 확인해두는 것이 바람직하다. 코스피 지수는 TV 뉴스에도 나오고 일간지 1면 상단에 큼지막하게 적혀 있으며 인터넷 검색창에 코스피라고 검색만 해도 바로 뜨게 되어 있다. 그것조차 귀찮다면 스마트폰 위젯에 기본으로 깔려있는 주가 위젯을 바탕화면으로 꺼내 놓기라도 하자.
조금 더 관심 있는 사람들은 각 은행에서 제공하는 뱅킹 어플리케이션의 도움을 받는 것도 좋다. 요즘 시중 은행에서 내놓은 스마트 뱅킹 시스템은 감탄사가 나올 정도로 잘 만들어져 있다. 코스피 지수를 하루에 한 번씩 보는 습관만 가져도 3개월이 지나면 국내 주식 시장의 흐름을 웬만큼 볼 수 있는 능력을 가질 수 있게 될 것이다.

펀드 가입시 유의점

수수료는 언제, 어떻게 떼어 가나?

펀드에는 장기간 보유해야 하는 상품이 있는가하면 단타로 빠지고 나와야 하는 상품도 있다. 환매를 할 때 주의해야 하는 사항 중 하나가 바로 수수료다. 펀드에는 일정 수수료가 붙는데 상품마다 수수료를 납입하는 방식이 다르다. 펀드 납입 시점에서 수수료를 먼저 떼어가는 상품이 있는가하면 환매할 때 수수료를 가져가는 펀드도 있다.

수수료 방식은 펀드 이름으로도 알 수 있는데 보통 선취 수수료는 A클래스, 후취 수수료는 C클래스이다. 3개월 이내에 해지하면 수수료가 이중으로 빠지는 펀드도 있다.
적립식 펀드처럼 장기간 가져가는 펀드라면 선취든 후취든 크게 상관없지만, 거치식 펀드의 경우 3개월 이내에 단타로 빠지고 나올 확률이 크므로 3개월 이내 환매 시 수수료 부과 여부를 판매 직원을 통해 반드시 확인하도록 하자.

액티브 펀드의 성적표, 수익률을 비교하자

인덱스 펀드같은 시스템펀드들은 수익률 비교가 큰 의미가 없다. 운용사마다 인덱스 펀드를 하나씩 보유하고 있지만 수익률을 비교해 보면 거의 비슷하다.
여기서 이야기 하는 수익률 비교는 액티브 펀드에 해당된다. 앞에서 언급했던 것처럼 액티브 펀드에 있어서 수익률은 성적표와 같다. 가입하려는 펀드를 선정한 다음, 각각의 수익률을 비교해 보면 어떤 펀드에 투자해야 할지 답이 나온다.
펀드 수익률은 판매사 직원에게 문의해도 알 수 있지만, '제로인(www.funddoctor.co.kr)'과 같은 펀드 전문 사이트를 통해서도 확인할 수 있다. 정확성과 공신력을 함께 갖추고 있어 이용률이 매우 높다.
그밖에 각 은행이나 증권사의 앱을 통해서도 확인할 수 있다.

리밸런싱에 속지 마라?

손실 난 펀드에 대해서 불평을 하다보면 창구 직원으로부터 '리밸런싱'에 대한 이야기를 듣게 되는 경우가 종종 있다. 리밸런싱이란 한

마디로 기존에 손실이 나있는 펀드를 정리하고 정리한 자금으로 새로운 펀드에 들어가는 것을 말한다. 물론 리밸런싱은 기존에 부진한 펀드에 두는 것보다 수익률이 우수한 펀드로 갈아 타 조금 더 빠른 원금 회복을 기대할 수 있다. 리밸런싱이란 단어 자체가 뭔가 전문적인 것처럼 보여서 권유를 받은 사람들 중 셋이면 둘 이상은 펀드를 환매하고 새로운 펀드로 가입하게 된다.

펀드 판매관계자들에게는 정말 죄송한 이야기지만 펀드 판매 직원들이 리밸런싱을 하자는 이야기는 손실 난 펀드를 털어버리고 새로운 펀드에 가입해달라는 소리와 똑같다. 이런 이야기에 혹 하는 순간부터 펀드는 이미 자신의 의지와 상관없이 흘러가게 된다.

단, 수익이 난 펀드를 대상으로 한 리밸런싱은 언제나 적극적으로 추천하는 바이다.

위험 등급 1등급 투자해도 될까요?

"1등급이면 위험한 거 아닌가요?"

"제 펀드가 휴지조각이 되는 거 아니에요?"

펀드 가입시 작성하는 서류 중에 펀드 위험 등급을 적는 부분이 있다. 위험 등급에 1이라고 쓰는 순간 많은 고객들이 겁을 먹는 모습을 볼 수 있다. 대부분의 주식형 펀드는 1~2등급이다. 펀드 자체가 주식 직접 매매의 위험 분산을 위해 만든 상품이기 때문에 여기서 위험 등급을 논하기는 어렵다. 3~4등급은 대부분 채권형 펀드이고 5등급은 MMF(단기 금융 펀드, Money Market Fund) 통장 밖에 없다. 위험 등급이 1등급이라고 해서 너무 걱정할 필요는 없다.

투자설명서를 적극 활용하자

많은 사람들이 큰돈을 들여 자동차나 전제제품을 살 때 사용설명서를 꼼꼼하게 읽어본다. 복잡하기도 할 뿐더러 처음 접해보기 때문에 최대한 활용하기 위해서이다.

금융 상품도 똑같다. 웬만한 전자제품보다 복잡하고 어려울 뿐더러 최대한 활용하려면 투자 설명서를 꼼꼼히 읽어봐야 하지만 펀드를 가입하는 99% 이상의 사람들이 투자 설명서를 받아도 읽어보지 않는다. 한번 사고 나면 감가상각 되는 자동차나 전자제품의 사용 설명서보다 내 돈을 불려주는 금융 상품 설명서를 더 꼼꼼하게 읽는 것이 현명한 일임은 분명하다.

펀드 가입시에는 투자 설명서를 출력하여 무조건 교부하게 되어 있다. 투자 설명서 중 눈여겨봐야 할 부분들과 이것을 쉽게 이해하는 방법을 소개한다.

투자 위험 등급 : 1등급 [매우 높은 위험]	OOO은 투자 대상 자산의 종류 및 위험도 등을 감안하여 1등급(매우 높은 위험)까지 투자 위험 등급을 5단계로 분류하고 있습니다. 따라서 이러한 분류 기준에 따른 투자 신탁의 위험 등급에 대해 충분히 검토하신 후 합리적인 투자 판단을 하시기 바랍니다.

투자 설명서

이 투자 설명서는 투자 신탁 제1호[주식]에 대한 내용을 담고 있습니다. 따라서 신한 BNPP 좋은 아침 희망 증권 자투자신탁 제1호[주식]을 매입하기 전에 반드시 증권 신고서 또는 정식 투자 설명서를 읽어보시기 바랍니다.

• 투자 설명서는 정식 투자 설명서가 있고 간이 투자 설명서가 있다. 정식 투자 설명서는 내용이 방대하고 일반 투자자 입장에서는 다소 불필요한 내용들이 많기 때문에 간이 투자 설명서로도 충분하다.

집합 투자 기구의 명칭

명칭	신한 BNPP 좋은아침 희망 증권 자투자신탁 제1호[주식]								
(종류) 클래스	종류 A	종류 A-u	종류 C1	종류 C2	종류 C3	종류 C4	종류 C5	종류 C-i	직판
한국 금융 투자 협회 펀드 코드	74871	28527	74872	96385	96386	96387	96388	18865	26444

• 가장 먼저 펀드명(Full name)과 펀드의 종류 및 형태를 파악한다. 일반적으로 모든 펀드의 정식 명칭은 무척이나 길다. 이 펀드의 명칭만 봐도 펀드의 성격을 대략 다 파악할 수 있다.

집합 투자 기구의 종류 및 형태

가. 형태별 종류 : 투자 신탁
나. 운용 자산별 종류 : 증권(주식형)
다. 개방형·폐쇄형 구분 : 개방형(환매가 가능한 투자 신탁)
라. 추가형·단위형 구분 : 추가형(추가로 자금 납입이 가능한 투자 신탁)
마. 특수 형태 : 종류형(판매 보수 등의 차이로 인하여 기준 가격이 다른 투자 신탁)
전환형(다른 집합 투자 기구의 집합 투자 증권으로 전환이 가능한 투자 신탁)
모자형(모투자 신탁이 발행하는 집합 투자 증권을 취득하는 구조의 투자 신탁)

주1) 집합 투자 기구의 종류 및 형태에도 불구하고 투자 대상은 여러가지 다양한 자산에 투자될 수 있으며, 자세한 투자 대상은 제2부의 내용 중 "투자 대상"과 "투자 전략"을 참고하시기 바랍니다.
주2) 법 : 자본 시장과 금융 투자업에 관한 법률을 말하며 이하 "법"이라 지칭합니다.

- 개방형은 중도 환매가 가능한 펀드이다.
- 추가형은 추가 납입이 가능한 펀드이다.
- 종류형은 한 펀드에도 다양한 종류의 펀드가 존재하는 펀드이다.

집합 투자 기구의 명칭

회사명	신한 비엔피 파리바 자산운용㈜
주소 및 연락처	서울 영등포구 여의도동 23-2 신한금융투자타워 18, 19층

투자 운용 인력에 관한 사항 (2010. 09.30. 현재)

① 책임 투자 운용 인력

성명	나이	직위	운용현황		주요 운용 경력 및 이력
			운용 중인 다른 집합 투자 기구수	다른 운용 자산 규모	
김영기	42세	부장	56개	9,061억	-대한투신증권 자산운용팀 (96.02~00/06) -대한투신운용 투자전략팀/주식운용팀(00.07~07.06) -신한 BNP 파리바자산운용 성장형운용팀(07.01~현재)

주1) 이 투자 신탁의 운용은 성장형 운용팀이 담당하며, 상기인은 이 투자 신탁의 투자 전략 수립 및 투자의사 결정 등에 주도적·핵심적 역할을 수행하는 책임 투자 응용 인력입니다.

② 책임 투자 운용 인력 최근 변경 내역

책임운용역	운용 기간
	최초 설정 ~ 06.09.11
	06.09.12 ~ 07.06.04
	07.06.04 ~ 현재

주1) 최근 3년간의 책임 투자 운용 인력 변동 내역입니다.

이 부분은 집합 투자 업자(자산 운용사) 및 책임 투자 운용 인력(펀드 매니저)을 확인 할 수 있는 부분이다. 특히 해당 펀드의 펀드 매니저에 대한 최근 변경 사항이 많다면 펀드 운용이 잘 되고 있는지 확인해 볼 필요가 있다.

투자 전략 및 위험 관리

이 투자 신탁은 국내 증권 시장에 상장되어 있는 증권 등에 투자하여 증권 등의 가격 변동에 따른 손익을 추구하는 모투자 신탁에 투자하는 자투자 신탁으로써 모투자 신탁의 운용 실적에 따라 이익 또는 손실이 발생됩니다. 이 투자 신탁은 국내 업종 대표 또는 업종내 성장 가능성이 높은 종목 및 성장성 및 수익성이 높은 대형주 주식에 투자 신탁 재산의 60% 이상을 투자하고 40% 이내에서 채권 및 어음, 유동성 자산 등에 투자하는 모투자 신탁인 신한 BNPP 좋은아침 희망 증권 모투자 신탁[주식]에 자산의 대부분을 투자합니다.

*주식 투자와 관련하여 적극적인 매매 전략을 구사하며, 이에 따라 상대적으로 높은 수준의 매매 거래 비용을 부담하게 됩니다. 그러나 상기의 투자 전략 등이 반드시 달성된다는 보장은 없습니다.

이 투자 신탁의 비교 지수는 아래와 같으며, 시장 상황 및 투자 전략의 변경, 새로운 비교 지수의 등장에 따라 이 비교 지수는 변경될 수 있습니다. 이 경우 적합한 절차에 따라서 변경 및 투자자에 게공시될 예정입니다.

* 비교 지수 : (KOSPI 지수 X 95%) + (콜금리 X 5%)

이곳은 펀드의 투자 전략 및 비교 지수를 확인할 수 있는 부분이다. 펀드의 투자 전략은 투자 목적을 달성하기 위한 구체적인 방법을 설명한다. 예) 대형주에 60% 이상 투자, 배당 성향이 높은 주식에 60% 이상 투자 등 비교 지수는 펀드의 수익률을 비교하는 '기준 수익률'로 투자 성과를 비교하는 기준이다. 예) 펀드 수익률이 15%라 하더라도 비교 지수의 수익률이 20%라고 한다면 펀드 운용을 잘했다고 할 수 없다.

환매 청구 시 적용되는 기준 가격

A. 오후 3시 이전에 환매를 청구한 경우 : 환매 청구일로부터 제2영업일(D+1)에 공고되는 기준 가격을 적용하여 제4영업일(D+3)에 관련 세금 등을 공제한 후 환매 대금을 지급합니다.
B. 오후 3시 경과 후에 환매를 청구한 경우 : 환매 청구일로부터 제3영업일(D+2)에 공고되는 기준 가격을 적용하여 제4영업일(D+3)에 관련 세금 등을 공제한 후 환매 대금이 지급됩니다.

매입 청구 시 적용되는 기준 가격

A. 오후 3시 이전에 자금을 납입한 경우 : 자금을 납입한 영업일로부터 제2영업일(D+1)에 공고되는 기준 가격을 적용
B. 오후 3시 경과 후에 자금을 납입한 경우 : 자금을 납입한 영업일로부터 제3영업일(D+2)에 공고되는 기준 가격을 적용

투자 설명서에서 가장 중요한 부분중 하나가 기준 가격이다. 특히 해외 펀드의 경우 투자하는 국가에 따라 적용되는 기준 가격이 다르므로 반드시 확인해 본다.

환매 수수료

이 투자 신탁은 장기 투자를 유도하기 위해 환매 수수료를 부과하며, 수익자가 환매를 청구하는 경우 수익자가 수익 증권을 보유한 기간(당해 수익 증권의 매수일을 기산일로 하여 환매시 적용되는 기준가격 적용일까지)별로 다음과 같이 환매수수료를 부과합니다. 부과된 수수료는 환매 대금 지급일의 익영업일까지 투자 신탁의 재산으로 편입됩니다.

1.종류 A, C1, C2, C3, C4, C5, C-i, 직판 수익 증권 : 90일 미만 환매 시 이익금의 70%
2.종류 A-u 수익 증권 : 30일 미만 환매 시 이익금의 70%

* 이익금 : 원본좌수에서 발생한 이익금(재투자좌수에서 발생한 손익은 제외)

환매 수수료는 펀드 보유 기간별로 부과되므로 펀드 종류(Class)별 보유 기간에 따른 환매 수수료를 정확히 알아놓을 필요가 있다.

보수 및 수수료에 관한 사항

집합 투자 기구에 부과되는 보수 및 비용

구분	지급 비율 (또는 지급금액)									
수입자의 자격	종류 A	종류 C1	종류 C2	종류 C3	종류 C4	종류 C5	종류 C-i	직판	종류 A-u	지급 시기
	제한 없음	제한 없음	(주 6) 참고	(주 6) 참고	(주 6) 참고	(주 6) 참고	신규 납입 금액이 50억 이상인 법인	집합 투자업자가 판매하는 수익 증권에 가입하고자 하는 자	제한 없음	
집합 투자업자 보수	연 0.6700%									매 3개월 후급
판매 회사 보수	연 0.800%	연 1.500%	연 1.375%	연 1.250%	연 1.125%	연 1.000%	연 0.030%	연 0.000%	연 0.900%	
신탁 업자 보수	연 0.0300%									
일반 사무 관리 보수	-									
기타비용 주1)	연 0.0031%	연 0.0108%	-	-	-	-	연 0.0025%	-	-	사유 발생시
총보수 및 비용 주5)	연 1.5031%	연 2.2108%	-	-	-	-	연 0.7325%	연 0.7000%	연 1.6000%	-
증권 거래 비용 주2)	연 0.5252%	연 0.5229%	-	-	-	-	-	-	-	사유 발생시

앞서 설명한 환매 수수료와 달리 펀드에 가입할 때 발생하는 선취 수수료와 펀드에 계속 투자함에 따라 지급되는 보수가 있다. 보수와 수수료는 펀드 수익률과 직접 관련되는 부분이므로 반드시 확인해봐야 한다.

집합 투자 기구의 운용 실적

연평균 수익률 (세전 기준)

구분	설정일	최근 1년	최근 2년	최근 3년	최근 5년	설정일 이후
신한 BNPP 좋은아침 희망 증권 자투자신탁 제1호[주식] **종류 A**	2007.10.16	63.28	3.6	-	-	-5.5
신한 BNPP 좋은아침 희망 증권 자투자신탁 제1호[주식] **종류 C**	2003.12.31	61.78	2.59	8.66	11.84	12.28
신한 BNPP 좋은아침 희망 증권 자투자신탁 제 1호[주식] **종류 C2**	2009.12.29	-	-	-	-	-3.73
비교지수	2003.12.31	47.31	-2.88	4.25	9.44	9.68

이 부분이 집합 투자 기구의 운용 실적이다. 투자 설명서를 통해 이렇게 과거 운용 실적도 확인 가능하다. 과거 운용 실적 및 비교 지수와의 수익률 비교를 통해 해당 펀드가 장기적으로 꾸준히 좋은 성과를 내고 있는지 확인해 볼 수 있다.

사회초년생과 서민만을 위한 특별 펀드

책을 집필하는 도중 새롭게 출시된 따끈따끈한 금융 상품이 있다. 바로 2030세대 사회초년생과 중산층의 재산 형성을 지원하기 위해 일정 조건을 갖춘 가입자에게 소득 공제 혜택을 주는 세재 지원 상품인 '소득 공제 장기 펀드'다. 일명 '소장 펀드'로 불리는 이 펀드는 과연 어떤 성격의 펀드이고 과연 소장할만한 가치가 있는 펀드인지 한 번 알아보도록 하자.
'소장 펀드'의 출시 배경은 매우 간단하다. 침체된 주식 시장을 활성화하기 위해 정부에서 일시적인 주식 시장 적극 장려 정책으로 탄생한 상품이다. 소장 펀드는 과연 어떤 혜택을 담고 있는 걸까?

소득 공제 장기 펀드

금융 상품의 '리미티드 에디션'

다른 펀드 상품과 달리 소장 펀드는 2015년 12월 31일까지 한시적으로만 가입할 수 있는 상품이다. 금융 상품 분야의 '리미티드 에디션(Limited Edition)' 상품이라고 보면 되겠다.

정부는 서민의 요건을 연봉 5천만 원 이하라고 생각하는 것 같다. 기금 대출, 재형 저축 등 국가 장려 금융 상품의 가입 요건이 연봉 5천만 원 이하인데 이번 소장 펀드 가입 조건에서도 '직전 연도 총 급여 5천만 원 이하'라는 단서를 달았다. 사회초년생들이나 서민들 이외에는 가입이 어려운 상품이다. 소득 신고가 되는 근로자라는 단서를 달고 있기 때문에 일용직 근로자나 개인 사업자는 가입 자체가 불가능하다.

소득이나 직업을 속이고 가입할 수 있지 않을까 생각하는 독자가 있을지 모르겠지만 이러한 악용을 방지하기 위해 소장 펀드 판매사인 은행이나 증권사는 재형 저축처럼 소장 펀드용 소득 금액 증명원 원본을 지참해야만 가입시켜준다.

총 계약 기간은 최소 5년에서 10년 사이이다. 펀드에는 만기가 없어 아무 때나 자유롭게 해지해도 된다고 했지만 소장 펀드의 경우 최소 가입 기간이 정해져 있기 때문에 최소 5년 이상은 유지할 생각으로 가입해야 한다. 소장 펀드 가입 기간 중 연봉이 8천만 원 이상으로 오른다면 국세청에서 금융 회사에 통보해 자동으로 해지시킨다는 점도 알아두자.

가입 한도는 연간 6백만 원, 즉 월 50만 원 정도가 가능하다. 소득 공제는 월 납입한 금액의 40%까지 가능한데 최대 금액인 6백만 원을 채우면 1년에 2백40만 원까지 소득 공제가 가능하다. 현재 연금 상품에 가입되어 있다면 중복으로 소득 공제 혜택이 가능하다!
마지막으로 소득 공제 펀드는 펀드 자산의 40% 이상을 국내 주식에 투자하는 펀드만 가능하다. 현재 출시된 소장펀드는 총 44개이고 은행마다 증권사마다 취급하는 상품이 조금씩 다르니 참고하자.

소득 공제 장기 펀드의 주요 특징

가입 요건 : 가입 당시 직전 과세 기간의 총 급여 5천만 원 이하인 근로자(거주자)
가입 한도 : 연간 6백만 원 한도(전 금융 기관 합산)
계약 기간 : 10년 이상(5년 이후 해지 시 추징 세액 없음)
소득 공제 : 납입한 금액의 40%에 해당하는 금액(연간 최대 2백40만 원)
투자 요건 : 펀드 자산의 40% 이상을 반드시 국내 주식에 투자해야 함

닮은 꼴 재형 저축 펀드와 같은 점 & 다른 점

소장 펀드의 특징을 살펴보면서 이미 눈치를 챈 독자들이 있을 것이다. 어디선가 본 듯한 상품이다. 맞다. 앞 장에서 언급했던 '재형 저축 펀드'와 많은 부분에서 공통점을 갖고 있다. 어떻게 보면 소장 펀드는 재형 저축 펀드의 변형적인 상품이라고 봐도 무방하다.
총 급여 5천만 원 이하라는 점도 같고 계약 기간도 5~10년으로 7년짜리 재형 저축 펀드와 매우 비슷하다. 하지만 재형 펀드는 이자에 대한 세금을 우대해 주는 것이고 소장 펀드는 아예 불입한 금액에

서 소득 공제가 되서 환입을 받는다는 점이 완전히 다르다.
어차피 재형 펀드나 소장 펀드처럼 비교적 크지 않은 금액을 투자하는 것이라면 세금 우대보다는 소득 공제에 대한 혜택이 더 크다고 볼 수 있다. 또한 소장 펀드는 선취 수수료가 아예 없고 판매 보수 자체도 일반 펀드보다 적기 때문에 비용 면에서도 이익이다.
하지만 소장 펀드의 경우 재형 펀드에 비해 주식의 투자 비중이 대체적으로 더 높기 때문에 수익률은 더 높을 수 있지만 그만큼 원금 손실에 대한 위험도 높을 수 있다는 점을 염두에 두자.

내 생각대로 투자하고 싶다면 '엄브렐라형' 선택

소장 펀드는 2014년 3월 17일에 탄생한 상품으로 출시된 지도 얼마 지나지 않았고 2015년 12월 31일이면 사라져야 하는 상품이기 때문에 종류가 다양하지 않다. 가짓수가 적어서 선택하기에는 오히려 더 쉬울 수도 있다.
소장 펀드를 고를 때는 우선 엄브렐러형인지 개별 펀드형인지를 우선 살펴봐야 한다. 쉽게 말하면 엄브렐러형은 전환형 펀드, 개별 펀드형은 일반형 펀드다.
엄브렐러형은 우산이 여러 개의 우산살로 이루어진 것처럼 펀드는 하나지만 주식형, 채권형, 안정형 등의 성격이 다른 개별 펀드들로 이루어져 있어 비용을 들이지 않고도 언제든지 이 개별 펀드의 비중을 바꿀 수 있는 펀드를 의미한다.
'펀드' 특성상 주식을 직접 매매하는 것처럼 펀드를 운용할 수는 없지만 시장 상황에 따라 언제든지 개별 상품을 변경 가능하기 때문에 가입자의 주관을 적극적으로 반영할 수 있다는 것이 특징이다.
개별 펀드형은 기본적인 성격의 일반 펀드라고 보면 된다. 펀드에 자신의 주관을 투영하고 싶다면 엄브렐러형을 선택하는 것이 적합하고 가입 후 크게 신경 쓰고 싶지 않다면 개별 펀드형을 선택하면 된다.

이런 사람이라면 무조건 '강추'

1. 이번에 펀드는 확실히 가입하려고 마음먹었고,
2. 지난해 연봉을 보니 5천만 원을 넘지 못하고,
3. 연말정산을 했는데 환급은커녕 오히려 추징당했다
   (혹은 환급 받았더라도 쥐꼬리만큼 받았다).

이 세 가지 사항에 모두 해당되는 사람이라면 무조건 강력 추천이다.
소장 펀드를 자세히 살펴보면 기본적인 인덱스 펀드부터 인기 있는 펀드들이 총 출동했기 때문에 선택의 폭도 넓고 무엇보다도 투자 상품인 펀드를 하는데 소득 공제가 있어서 좋다. 펀드 가입 예정이라면 꿩 먹고 알 먹는 소장 펀드로 가입하는 것이 정말 유리하다.
더군다나 이 상품은 정부에서 2년 동안만 팔겠다고 내놓은 한시적인 상품이라는 데 주목하자. 금융 상품은 옷이나 신발처럼 '리미티드 에디션'을 그렇게 흔하게 내놓지 않는다. 왔을 때 잡아라. 좋은 기회는 자주 오지 않는 법이다.

금융 기관의 속사정

증권사 직원의 업무별 라인 업

돈 내놓으라고 칼 꽂는 고객 달래는 CS 창구까지

1. 단순 상담 창구

증권사도 단순 상담 창구는 여직원 위주로 채용을 한다. 대부분의 직원들이 은행의 입출금 창구와 같이 일반 계약직으로 이루어져 있다. 상품 판매를 제외한 증권 계좌 개설 및 간단한 업무는 이곳에서 처리가 가능하다.

2. 전문 상담 창구

주식 매입·매도 혹은 상품 가입이 이루어진다. 대부분 정직원으로 구성되어 있으며 다양한 자격증을 보유한 직원들이 있기 때문에 여러 가지 상담 및 상품 가입이 가능하다.

3. CS 창구

주식에서 손실이 나는 경우 증권사 직원 탓을 하는 경우가 많다. 심지어 돈 내놓으라면서 칼을 사무실 책상에 꽂는 사람들도 있었을 정도다. 증권사 특성상 민원이 많을 수밖에 없기 때문에 지점마다 CS(고객만족, Customer Satisfaction) 부서를 운용하고 있다. 업력이 오래된 여자 직원 혹은 부장급 이상의 남자 직원이 자리를 맡고 있으며 평소에는 일반 상담도 해주고 있다.

4. 외부 영업팀

증권사는 은행처럼 가만히 앉아 있어도 고객이 찾아오는 경우가 드물기 때문에 고객을 유치하려면 아웃 바운드 영업이 필수다. 외부 영업 활동을 통해 고객들을 지점으로 유치하는 업무를 담당하고 있다.

3 잘 쓰면 약 못 쓰면 독, 카드

저축 '기술' 보다 소비 '기술'이 먼저다

지금까지 저축에 대한 이야기로 쉴 새 없이 달려왔다. 하지만 필자는 저축의 기술보다 소비의 기술을 훨씬 중요하다고 생각한다. 저축을 아무리 잘해도 소비를 엉망으로 한다면 돈을 모으는 의미가 전혀 없기 때문이다. 수많은 재테크 '고수'라는 사람들이 저축 기술에 대해서 떠들고 있지만 정작 소비에 대한 기술은 전혀 없다. 잠시 숨을 고르는 차원에서 이번엔 소비의 대표적인 금융 상품, 카드에 대해 알아보자!

카드의 종류	
체크카드	10대 학생들부터 80대 어르신들까지 온 국민 중에 없는 사람을 손에 꼽을 정도로 대중화 된 카드. 발급이 간편하고 대한민국 모든 곳, 심지어 외국 대부분의 상점까지 두루두루 쓸 수 있는 생활의 필수품.
신용카드	당장 카드와 연결된 통장에 돈이 없어도 원하는 것을 살 수 있도록 결제가 가능한 카드. 게다가 결제하면서도 뭔가 다양한 혜택들이 적용되지만 대출과 같이 잘못 쓰면 끊임없는 악순환이 반복되는 늪. 말 그대로 잘 쓰면 약, 못쓰면 독이 되는 생활 속 양날의 칼과 같은 존재.
입출금카드	은행 계좌와 연동되어 입금, 출금, 이체 등의 은행거래 가능, 일부는 체크카드처럼 결제 기능이 탑재되어 있다. 카드사에서 만드는 카드는 체크카드, 신용카드, 은행에서 만드는 카드는 입출금카드. 원래 크기가 크고 불편한 통장을 대체해서 나온 은행의 대체품. 체크카드의 할아버지 격 존재다. 지금은 체크카드에 기능이 모두 녹아있고 혜택이 없어서 거의 사장되는 분위기임.

체크카드

혜택 많은 체크카드, 똑바로 알고 제대로 쓰자

신용카드는 몰라도 체크카드는 독자의 99% 이상이 쓰고 있을 것이다. 일단 지금 우리 독자들이 사용하고 있는 체크카드를 책상 위에 빼서 올려놓자.

1. 몇 개가 있고 어느 카드사의 것인가?
2. 이 가운데 한 달에 한 번도 안 쓰는 카드는 몇 개인가?
3. 위 카드의 혜택에 대해서 최소 한 가지 이상은 알고 있는가?

이 세 가지 모두 알고 체크카드를 쓰는 사람이라면 굉장히 현명한 카드 사용자라고 할 수 있다. 대부분의 사람들은 자신이 가지고 있는 체크카드가 몇 개인 줄도 모르고 무조건 통장을 만들 때 카드도 같이 받아서 실제로 한 달에 한 번도 사용하지 않는 경우가 태반이다. 게다가 체크카드는 단순히 돈을 빼고 입금하고 가게에서 계산하는 용도로만 사용하는 도구로 생각하고 있다.

체크카드, 이것만은 '체크'하자

먼저, 자신이 주로 사용하는 카드를 2개 이하로 줄이자. 체크카드는 되도록이면 한 개만 사용하자. 불가피할 경우는 각기 다른 회사의 카드로 만들되 2개 이상은 발급받지 않도록 하자. 하나의 회사에서 2개를 만들면 가끔 카드 정산 시간에 2개 다 못 쓰는 난감한 경우도 있고 자금의 분산과 용도의 지정을 위해서도 다른 회사의 카드를 쓰는 것이 유리하다.
둘째, 한 달 이상 사용하지 않은 체크카드는 과감히 잘라서 버리든가 콜센터에 전화해서 해지 처리를 하자. 지갑 속에 모든 은행의 카드를 자랑처럼 가지고 다는 사람이 많다. 체크카드는 신규 발급이 공짜인데다 금융 회사에서 계속 더 좋은 체크카드를 출시한다. 추후 특정 금융회사의 체크카드가 필요한 경우가 생기면 그때 만들면 된다.
카드가 많으면 불필요하게 여러 곳으로 정보가 저장되고 지갑에 쓸데없는 공간만 차지할 뿐이다. 더 이상 지갑이 무거워지는 수고를 덜도록 하자.
셋째, 현재 사용 중인 체크카드의 혜택을 반드시 한 개 이상은 알아두자. 자신이 쓰는 체크카드에 무슨 혜택이 있는지도 모르는 사람들이 사용자의 90% 이상이다.
요즘 생각보다 체크카드에 굉장히 다양한 혜택이 있다. 당장 본인이 쓰는 체크카드의 혜택을 인터넷 홈페이지나 은행원, 콜센터 직원과 상담하여 알아보고 본인과 별로 맞지 않는다고 생각하면 다른 카드로 교체 발급하자. 체크카드의 주 사용처, 예를 들어 교통비, 커피값, 음식비 등을 이야기해주면 은행원이나 콜센터 직원이 자신에게 가장 알맞은 카드를 추천해 주니 꼭 상담 받아 보도록 하자.
마지막으로 사용하는 체크카드의 은행이나 카드사에서 SMS 서비스를 반드시 등록하자. 통상 사용 내역 SMS서비스를 신청하게 되면 특별한 사유가 없는 한 일정 금액의 수수료가 청구된다. 아무리 비싸도 1천 원 미만이 대부분인데 이 돈을 아깝다고 생각하지 말고 무조건

SMS 서비스는 등록하는 것이 좋다. 특히 사용 내역뿐만 아니라 잔액까지 표시되는 서비스를 신청하는 것이 좋다.
잔액이 표시되면 내가 얼마나 썼고 앞으로 얼마만큼 쓸지 계산이 되기 때문에 1천 원의 수수료로 무절제한 소비를 막고 훨씬 큰 금액을 아낄 수 있기 때문이다. 아래는 각 사의 메인 체크카드의 혜택이다.

은행별 체크카드 혜택

KB국민은행 - KB국민 nori체크카드	CGV 영화티켓 35% 환급 할인 아웃백, VIPS 20% 환급 할인 스타벅스 20% 환급 할인 대중교통(전국 지하철/버스) 요금 10% 청구 할인 이동통신요금 자동 이체 시 월 1회 2500원 정액 환급 할인 GS25 편의점 5% 환급 할인 교보문고 서적 구매시 5% 환급 할인 (건당 이용액, 건당 최대 할인 금액은 각각 다름)
신한은행 - 신한 S-Choice 체크카드	[교통형, 커피형, 쇼핑형 중 택 1] 버스/지하철/택시 이용 금액의 10% 할인 모든 커피 전문점 20%할인(일 1회, 월 최대 5회 제공) 4대 백화점 및 3대 할인점 10% 할인 (일 1회, 월 3회, 1회 10만 원까지) 백화점 - 현대, 롯데, 신세계, 갤러리아 할인점 - 이마트, 롯데마트, 홈플러스 (전월 실적에 따른 할인(캐시백) 한도 제공 각각 다름)
우리은행 - 우리 V 체크카드	주요 패밀리 레스토랑 10% 할인 스타벅스, 커피빈 20% 할인 CGV, 롯데시네마, 메가박스 현장구매시 최대 6천 원 청구 할인 토익 응시료 3,000원 할인(월 1회, 연 6회) 대형 인터넷 서점 문고 구매시 3,000원 할인 S-oil 주유시 리터당 40원 할인, LPG 3% 할인 우리은행 ATM 수수료(인출) 면제
하나은행 - 하나 SK클럽 SK체크카드	SK텔레콤 이동통신요금 자동 이체시 월 최대 5천 원 캐쉬백 SK주유소에서 리터당 최대 70원 캐쉬백 해외에서 ATM 사용 및 물품 구매 가능 영화, 제과, 커피 캐쉬백(월 통합 3천 원) SK멤버쉽 서비스 제공 SK관계사 우대 서비스 제공

신용카드

스마트한 소비 생활이냐 가계 파탄이냐

신용카드는 양날의 검이다. 잘 쓰면 유용한 소비 생활과 혜택을 얻을 수 있지만 못쓰면 가계 경제와 신용을 한 번에 파탄내 버릴 수 있는 무서운 매개체이다. 그나마 예전에는 체크카드보다 신용카드 사용액을 더 많이 소득공제 해주었지만 이제는 신용카드의 무분별한 사용을 막기 위해 체크카드 소득 공제율을 더 높이는 바람에 신용카드에서 얻을 수 있는 메리트가 많이 줄어든 것이 사실이다.

신용카드, '약'처럼 사용하는 일곱 가지 원칙

그래도 일정 소득이 있고 소비 생활을 하는 사람이라면 신용카드가 주는 혜택이 얼마나 큰지 잘 알 것이다. 신용카드를 독이 아닌 약으로 쓸 수 있는 방법은 의외로 간단하다. 모든 금융 상품이 그렇듯, 몇 가지 원칙만 지키면 된다.

1. 신용카드는 일정 금액 이상 일 때만 사용한다.
2. 사용처를 지정해서 쓴다. (예, 주유비, 대형마트비 등)
3. 신용카드의 주 혜택을 외워서 기억한다.
4. 신용카드를 3장 이상 만들지는 말자.
5. 신용카드의 한도를 정해놓자.
6. 카드 결제일을 모두 같은 날로 통합한다.
7. 카드 누적 사용액 SMS 서비스를 반드시 신청한다.

신용카드를 마구잡이로 아무 곳에서나 다 결제하는 사람들이 있다. 편의점, 술집, 음식점, 커피숍 가리지 않고 무조건 신용카드로 결제하는 사람들이다.
바로 이런 소비 습관을 가진 사람들에게 해당되는 말로 다음 달 결제일에 카드값 폭탄을 맞는 대표적인 케이스이다.
1~2만 원, 3~4만 원짜리가 모여 다음 결제일에는 어마어마한 카드값 폭탄이 되어 떨어지는 경험을 해본 사람이 한둘이 아닐 것이다. 이렇게 마구잡이로 긁는 것은 신용카드 혜택이 그다지 적용되지도 않는다.
작은 것을 계산할 때는 체크카드를 써라. 10~20만 원이 넘는 어느 정도 가격이 있는 것에 결제하는 것이 기억하기 쉽다. 신용카드 사용의 제1원칙은 일정 금액 이상일 때만 사용하는 것이다.
둘째는 신용카드를 지정해서 쓰는 것이다. 신용카드가 쓰는 모든 곳마다 할인되거나 적립되는 것은 아니다. 하지만 신용카드마다 일정 분야에 특화되어 있는 상품이 많다. 예를 들어 주유 혜택이 많은 카드는 차안에만 두고 주유할 때만 쓴다거나, 대형 할인점에서 주로 쓸 때는 쇼핑 & 마트 할인 기능이 많은 카드만 쓴다거나 통신비나 공과금등 자동 이체가 되는 것은 통신 & 자동 이체 할인 카드만 연결해서 쓰는 방식이다.
이렇게 해 놓으면 다른 곳에는 신용카드를 마구잡이로 남발할 일이 없기 때문에 추후 결제일 계산하기도 편하고 본인이 어느 곳에 얼마나 썼는지 계산이 가능하다.
셋째는 신용카드의 주 혜택을 기억하고 사용하는 것이다. 신용카드는 당장 돈이 없어도 다음 달에 결제할 수 있는 대출카드가 아니다. 가맹점들과 연결된 다양한 혜택들과 할인의 기쁨을 만끽할 수 있는 매개체이다. 혜택을 다 외우고 다닐 수는 없지만 주 혜택을 외워두고 그에 알맞은 용도일 때만 쓰는 것이다.

넷째, 신용카드를 3장 이상 만들지 않는 것이다. 대부분의 재테크 관련 책에서는 신용카드를 아예 만들지 말라고 하거나 1장 이상 만들지 말라고 권한다. 신용카드를 제대로 쓸 자신이 없다면 이 말이 맞다. 필자는 현재 신용카드를 3장 사용하고 있다.

하나는 주유할 때만 쓰는 주유전용 카드, 다른 하나는 백화점이나 대형 할인점에서 20~30만 원 이상 되는 물건을 결제할 때 쓰는 쇼핑전용카드, 마지막 한개는 공과금 및 보험료, 핸드폰 요금만을 결제하는 공과금 전용카드다.

이 3가지 카드 모두 용도가 명확하고 한 달에 사용하는 금액이 대략 정해져 있어 예상 한도를 초과하는 일이 거의 없이 모두 필자의 의사에 통제되고 있다.

신용카드를 한 장만 만들어 사용하는 것보다 할인 혜택도 더 크고 관리가 쉬워 입사 후 계속 이 방법을 고수하고 있지만 예상보다 초과된 적은 한 번도 없었다.

추후 대출 편에서도 언급하겠지만 신용도 산출시 신용카드가 1개 밖에 없거나 너무 많으면 신용도가 낮게 나오는 반면 3개 정도 있을 때 신용도가 높게 나오는 경향이 있다. 이 원칙을 토대로 자신의 소비습관과 목적에 따라 카드 개수를 정하고 그 범위 내에서 벗어나지 않도록 하자.

다섯째는 신용카드의 한도를 정해놓는 것이다. 신용카드 보유자 중에 본인이 다음 달 결제일에 카드값을 얼마 내야하는지 정확히 계산할 줄 아는 사람은 거의 없다고 본다.
일일이 계산하기도 어려운 데다 카드사는 고객들의 더 많은 소비를 유도하기 위해서 결제일 금액을 보기 어렵게 해 놓았기 때문이다. 이런 사람들은 카드에 한도를 정해놓는 것이 가장 현명하다.
자신이 감당할 수 있는 금액만큼만 정해 놓고 그 이상은 신용카드로 더 이상 결제가 안 되게 해놓는 방법이다. 이렇게 하면 신용카드의 최대 제한선이 설정되기 때문에 신용카드 결제일에 전전긍긍하지 않아도 되기 때문에 안정적이다. 혹시라도 신용카드사에서 카드를 그동안 우수하게 써주셔서 한도를 올려준다고 이야기 하면 단번에 거절하도록 하자.
여섯째는 사용하고 있는 신용카드 결제일을 모두 같은 날로 통일하는 것이다. 은행 입출금창구에서 가장 흔한 업무가 카드 결제 수납 업무이다. 다양한 카드를 사용하다가 결제일을 제대로 몰라 연체 연락을 받고 오는 분들이 수두룩하다.
별것 아니라고 생각할지 몰라도 카드값이 며칠이라도 연체되면 돌아오는 금융상의 불이익이 너무나 많다. 결제일을 통일하는 것은 신용카드로 인한 과소비를 통제할 수 있는 가장 기본임을 명심하자.
마지막으로 카드 누적 사용액 SMS를 신청하는 것이다. 대부분의 사람들은 카드 SMS 신청을 하지 않거나 해도 단순한 카드 사용금액만 통지되도록 하는데 이는 하나는 알고 하나는 모르는 헛똑똑이다.
아무리 숫자에 능한 사람도 한 달 동안 쓰는 신용카드의 정확한 누적

금액을 알기 힘들다. 필자도 처음에는 누적 금액 서비스를 받지 않아서 결제일에 생각보다 많이 청구된 카드 결제 금액에 놀란 적이 있다. 카드 누적 사용액 SMS는 현재 내 돈과 갚아야 할 카드 값을 대조해 볼 수 있는 가장 기본적인 대차대조표다. 지금이라도 반드시 등록하여 난감한 상황이 되지 않도록 하자.

이 일곱 가지 원칙만 지킨다면 절대로 신용카드가 독이 되는 일은 없을 것이라고 장담한다. 저축을 열심히 하는 것도 좋지만 소비를 현명하게 하는 것이 돈을 더 아끼는 길임을 명심하자.

결제 계좌는 카드사 계열 은행으로

체크카드와 달리 신용카드는 사용하는 카드사와 은행이 서로 달라도 연결이 가능하다. 예를 들어 신한카드를 사용 중인 사람이 본인의 신용카드 결제 계좌를 국민은행으로 지정할 수 있다는 것이다.

카드사와 결제 은행이 다를 경우 수없이 많은 결제 계좌 변경 전화를 받아보았을 것이다. 은행 입장에서는 카드 회사가 같은 그룹의 회사일 경우 결제 계좌로 사용하면 통장 잔고 금액도 늘고 통장 거래도 활성화되는 측면이 있기 때문에 중요한 실적 중 하나로 여기고 있다. 이런 경우 물론 포인트 적립률을 높여준다거나 각종 수수료 면제 등의 혜택이 있기 때문에 절대적으로 유리하다. 웬만하면 카드에 맞추지 말고 주로 사용하는 은행의 그룹사 카드를 이용하도록 하자.

남자는 포인트, 여자는 할인

신용카드의 장점은 뭐니 뭐니 해도 혜택이다. 카드의 혜택은 크게 할인형과 포인트형 혜택으로 나눌 수 있다. 카드사마다 자사만의 가맹점들과 연계하여 다양한 할인 혜택을 만들어 놓고 있다. 고객들이 사용을 많이 하면 카드사도 좋고 가맹점도 좋기 때문에 신용카드에는 다양한 할인 혜택들이 존재한다. 반면 어떤 카드들은 할인보다 적립 위주여서 가맹점에서 사용시 포인트로 척척 적립이 되는 카드들이 있다.

필자는 카드 발급 상담을 할 때 남자들은 포인트형, 여자들은 할인형을 주로 권한다. 남자들은 대부분 카드를 사용할 때 할인을 챙겨서 사용하기보다 여기저기 막 긁는 편이고 여자들은 할인 혜택을 꼼꼼하게 잘 챙겨서 할인되는 곳에만 쏙쏙 잘 사용하기 때문이다. 자신의 소비 습관에 맞추어 포인트형과 할인형 중에 더 맞는 카드로 현명하게 선택하길 바란다.

아래는 각 카드사의 주력 상품들이다. 참고하여 본인에게 맞는 카드를 골라보자.

카드사별 주력 상품

신한카드 (23.5도 카드)	음식점, 마트, 커피숍 적립 이 카드는 자기 만족을 위한 소비 욕구가 높고 트렌드에 민감한 사회초년생과 여성 고객군에 초점을 맞춰 전월 이용 금액, 적립 한도 등의 제한을 과감하게 없앴다. 특히 이들이 즐겨 이용하는 생활 친화 가맹점(음식점·할인점·슈퍼마켓·온라인쇼핑·커피전문점·편의점) 결제나 통신 요금의 자동 이체 서비스를 신청할 때마다 사용한 금액의 1%를 포인트로 적립해 준다.
KB국민카드 (훈·민·정·음·카드)	10개 유형별로 나눠 할인 국민카드는 통합형 포인트 적립 카드인 KB국민 가온카드에 이어 할인카드를 추가하여 통합형 카드상품을 출시하였다. 고객을 성별, 연령별, 소비패턴 등에 따라 세분화해 10개 유형으로 분류한 뒤 혜택 제공 방식을 가로축, 상품 등급을 세로축으로 유형별로 분류하여 혜택을 적용한다.
하나카드 (Sync 카드)	국내외 가맹점 1% 기본 적립 싱크카드는 카드 발급이 가능한 고객이라면 누구나, 어디서나, 언제나 카드의 모든 혜택을 빠짐없이 챙겨 받을 수 있도록 설계된 것이 특징이다. 싱크카드는 당월 실적 50만 원 이상이면 국내외 모든 가맹점에서 1% 기본 포인트 적립 혜택을 제공한다. 여기에 50% 추가 적립 혜택까지 받을 수 있다.
현대카드 (챕터2 시리즈)	한도 제한 없이 쓴만큼 그대로 혜택 제공 현대카드는 크게 M시리즈와 X시리즈가 있다. 현대카드의 가장 큰 특징은 고객이 카드를 사용할 때 혜택을 누릴 수 있는 가맹점인지, 서비스 횟수나 한도 제한에 걸리는지 등을 복잡하게 따져 볼 필요 없이, 쓴 만큼 혜택을 누릴 수 있다는 것이다. 본인의 성향에 따라 M시리즈를 고를 것인지 X시리즈를 고를 것인지 선택하면 된다.
삼성카드 (숫자 카드)	소비 성향에 따른 7가지 카드 삼성카드의 특징은 카드의 종류를 알기 쉽게 단순한 1부터 7까지의 숫자로 구분해 놓은 것이다. '실용'이라는 브랜드 컨셉을 유지하여 고객의 생애 주기와 소비 성향 등을 반영해 7개의 숫자카드 상품을 구성했다. 각 카드별로 연회비와 주 혜택이 다르기 때문에 개인에 맞는 카드를 확인하여 선택하면 된다.

＊참고 : 문화일보(14.12.26 경제면 기사)

VIP카드, 연회비 10만 원 내도 충분히 본전 뽑아

지갑에서 특이한 색깔의 카드를 가지고 은근슬쩍 자랑하는 친구들이 가끔 있을 것이다. 십중팔구는 VIP카드다. 연회비가 최소 10만 원은 훌쩍 넘어가는 그야말로 'VIP 고객'들을 위한 카드다. 1년에 1만 원 내는 연회비도 아까운데 10만 원 이상씩 내고 도대체 어떤 혜택을 누릴 수 있는지 궁금할 것이다.

VIP카드는 일단 자격 요건부터 까다롭다. 연봉, 직급 수준, 직장인이라면 대기업 재직 여부, 전문직 여부, 개인사업자는 사업체의 규모 여부 등으로 참 치사하게도 만들어 놓았다.

하지만 VIP카드에는 연회비를 상쇄하고도 남을 정도로 엄청난 혜택들이 숨어있다. 매번 카드사에 전화할 때마다 일일이 번호를 누르고 대기하는 절차가 생략되고 VIP 전용 콜센터를 통해 바로 상담원과 연결되어 편안한 서비스를 누릴 수도 있다.

지방에 사는 사람들은 서울, 수도권에 사는 사람들에 비해 누릴 수 있는 혜택이 별로 없다는 것은 단점이다. VIP카드도 등급이 있어서 연회비 1백~2백만 원짜리 최고등급 VIP카드가 있는 반면 10~30만 원 내외의 비교적 '저렴한' VIP카드도 있다. 이 책에서는 현실적으로 10~30만 원 내외의 VIP카드들을 소개한다.

1. 신한카드

① 더 클래식 카드

VIP카드의 가장 기본적인 카드다. 자격 조건이 까다롭지 않고 연회비는 10만 원이다. 기본적으로 비자 시그니처, 마스터 다이아몬드

이상의 제휴가 들어간다. (사람들이 가장 많이 쓰는 비자와 마스터 등급 표 첨부)
카드 자체의 혜택도 놀랍다.
공항 PP카드가 딸려서 나오게 되는데 이 PP카드는 라운지 이용이 무료다. 또한 특급호텔 무료 2인 식사권이 나오는데 이 식사권만 해도 10만 원이 넘어가기 때문에 연회비는 상쇄 가능하다.
PP카드는 Priority Pass 카드의 준말로 전 세계 1백20여 개 국, 4백개가 넘는 도시의 7백여 개 공항 VIP 라운지를 몇 번이고 공짜로 이용할 수 있는 카드다. 카드사에서 VIP카드를 만들면 PP카드가 딸려나오는 경우가 많다. PP카드를 발급받기 위해 일부러 VIP카드를 만드는 고객들도 많다. 이 외에도 스마트폰과 태블릿PC 단말기 무료, 고급 와인이나 요식업체 4인 식사권 등의 혜택 등에서 선택 가능하고 할인이나 적립도 일반카드의 2배 이상 가능하다. 또한 VIP카드부터는 특급 호텔 발레파킹이 무료로 가능하다. 요즘은 일반 호텔 커피값이나 커피 전문점 커피값이나 큰 차이가 없기 때문에 본인은 데이트할 때나 사람들과 만날 일이 있을 때 주차하기도 편하고 위치도 좋고 분위기도 좋은 호텔을 더 선호하는 편이다.

② 더 베스트 카드

일정 자격 조건이 돼야 발급 가능하고 연회비는 20만 원이다. 기본적인 VIP 혜택은 앞의 클래식카드와 비슷하고 호텔 식사권 대신 특급 호텔 숙박권이 무료로 나온다. 웬만한 특급 호텔은 하루 숙박비가 20만 원이 넘기 때문에 기념일에 사용하기 좋다. 혹은 항공사 좌석이 이코노미에서 퍼스트 클래스로 1년에 3회 업그레이드가 가능하기 때문에 해외 출장을 자주 가는 사람들에게도 유리하다.

2. 현대카드

the Red Edition2

연회비는 20만 원으로 가장 큰 혜택은 연회비보다도 더 큰 25만 원 상당의 상품권을 제공한다. 또한 P.P카드가 발급되어 전 세계 공항라운지 이용이 무료로 가능하며 포인트/캐시백이나 할인이 일반카드보다 높은 편이다. VIP카드에 기본적으로 들어있는 발레파킹서비스나 무료 주차 이용 등이 가능하다. 특히 이 카드는 카드 색깔이나 모양이 세련되어 많은 젊은이들이 가장 선호하는 VIP카드 중 하나이기도 하다.

3. 삼성카드

삼성카드 1

삼성카드는 1번부터 7번까지 있는데 그 중 1번 카드는 프리미엄 카드로 분류된다. 이 카드의 연회비 역시 20만 원이지만 뽑아낼 수 있는 혜택은 더 다양하다. 4가지 기프트가 나오는데 대한항공 스카이패스 마일리지 또는 아시아나 마일리지가 1만~1만2천 마일(제주도 왕복 가능) 제공되며 아예 본인 또는 동반자의 국내 왕복항공권을 무료로 제공해 줄 수도 있다. 혹은 호텔 2인 뷔페 식사권이 제공되거나 15만 원 상당의 신세계상품권이 발급되는데 이 4가지 중 한 가지를 선택할 수 있다. 또한 특급 호텔 발레파킹 서비스, 인천공항 라운지 무료 이용 및 쇼핑, 레저, 호텔 등에서 사용 시 일반 신용카드보다 더 많은 혜택이 있다.

4. KB국민카드

미르카드

카드 연회비가 20만 원 내외로 다양한 쿠폰 서비스가 제공된다. 총 7가지 유형의 쿠폰 중 1가지를 선택할 수 있고 쿠폰 금액이 15~18만 원 사이이기 때문에 연회비를 어느 정도 상쇄할 수 있다. 일반카드에 비해 쇼핑이나 병원 교통 이용 시 할인율 폭이 크며 전국 모든 주유소에서 리터당 60원씩 청구할인 되는 것도 장점이다. 그 외에도 마찬가지로 공항 라운지 서비스 및 발레파킹 서비스가 제공된다.

해외에서 사용하려면 해외 브랜드 마크 확인

"이 카드 해외에서 사용 가능한가요?"

해외에 나가는 사람들이 은행에 와서 가장 많이 하는 질문 중 하나다. 카드 우측 하단을 보면 답이 나와 있다. VISA, MASTER, URS, JCB, Union pay 등이 적혀 있는 경우는 해외 사용이 가능하다.

요즘엔 체크카드에도 이런 해외 사용 브랜드가 공짜로 첨부되어 있기 때문에 체크카드도 해외 이용이 가능하다. 하지만 신용카드는 해외브랜드를 탑재하려면 따로 연회비에 포함되어 계산하기 때문에 약 3천 원~5천 원 사이의 연회비를 더 내야 한다.

해외에 나갈 일이 많지 않은 사람이라면 굳이 해외 브랜드 카드를 발급받을 필요가 없다. 국내 전용 카드로 발급받으면 연회비가 5천 원 정도 줄어든다. 추후 해외 나갈 일이 있을 때 해외 브랜드를 탑재한 카드로 재발급 받으면 되고 돈을 많이 쓰는 것이 아니라면 체크카드로도 충분히 커버가 가능하다.

신용카드 사용 시 고려 사항

1. 연회비에 연연해하지 말자

은행에서 카드 관련 상담을 하다보면 생각보다 많은 고객들이 연회비에 목숨을 거는 것을 볼 수 있다. 앞서 언급했듯이 다른 나라의 경우 은행 통장 개설하고 유지하는 데도 연회비를 받고 있으며 카드 연회비는 더욱 비싼 경우가 많다.

과거 카드 활성화를 위해서 연회비 지원이 가능했지만 지금은 연회비 지원 자체가 불법으로 규정되어 있어 은행에서 카드 연회비를 지원받을 수 있는 방법은 없다. 단, 카드 모집인에게 카드를 발급받을 경우 자신들의 수수료에서 일부 카드 연회비를 지원해 주는 방식은 여전히 공공연히 존재하고 있다.

일반카드의 경우는 연회비가 기껏해야 1만 원 안팎이다. 1년에 커피 2잔 사먹는 값과 비슷하다. 카드의 할인이나 포인트 적립 혜택 등을 통해 얻을 수 있는 이익을 생각하면 오히려 연회비가 훨씬 싸다는 것을 알 게 될 것이다.

연회비에 너무 연연해할 필요는 없다. 신용카드는 혜택이나 적립을 위해 사용하는 것이고 비싼 연회비를 지불할수록 누릴 수 있는 그 혜택과 적립은 더 커진다는 것을 명심하자.

2. 리볼빙·할부의 유혹에 속지 말자

카드 회사의 마케팅 기법은 정말 대단하다. 카드 할부라는 제도가 있어 당장 돈이 없어도 갖고 싶은 것을 당장 살 수 있게 몇 달동안 나눠서 갚을 수 있게 해 놓았고 심지어 선포인트 제도, 리볼빙 제도 등

돈이 없어도 당장은 어떻게든 살 수 있게 구조적인 장치를 마련해 놓았다.
카드를 통제하느냐 카드의 노예가 되느냐는 바로 이 서비스의 사용 유무에 따른 것이라 해도 과언이 아니다. 이런 서비스들을 사용하는 순간 카드빚이라는 수갑을 차고 카드값을 갚기 위해서 아등바등 살게 되는 것이다.
창구에서 고객들과 카드 관련 업무를 해보면 당장 카드 한도를 복구시키려고 조금만 갚고 그 달의 결제일을 겨우겨우 힘들게 넘기고 돌려막기를 하기 위해 카드 발급을 넣었다가 거절당하는 사람들을 한두명 본 것이 아니다. 이런 사유로 은행에서 일어나는 민원 손님의 99%는 엉뚱하게 카드 관련 민원이다.
필자도 어느 겨울 사람들이 잘 안 입고 다니던 캐나다구스를 너무 사고 싶은 마음에 할부로 구입했다가 다른 곳에 돈을 쓰지도 못하고 이듬해 여름까지 열심히 갚으면서 뼈저리게 후회했던 기억이 있다.

3. 카드론과 현금서비스의 늪에서 벗어나라

케이블 방송을 보면 대부업체의 묻지도 따지지도 않는 '단박 대출' 광고가 끊이지 않고 나오고 길거리를 지나가다가 땅을 보면 열 걸음 걸을 때마다 한 개씩 보이는 것이 일수업계의 '소액 대출' 명함이다. 하지만 '단박 대출'이나 일수 '소액 대출'보다 더 편하고 쉬운 방법이 있으니 이것이 바로 카드론과 카드 현금서비스다. 근처에 아무 은행 ATM기만 있으면 언제든지 뽑아 쓸 수 있고 전화기만 있으면 번호를 눌러 5분도 안 돼서 카드 대출을 받을 수 있다.

카드론과 현금 서비스는 신용 등급을 깎아먹는 주범이며 이자 또한 비싸다. 대출 업무를 신청하러 왔다가 거절당하는 사람들 중 많은 부류가 카드론과 현금 서비스를 절제 없이 사용한 사람들이다.
이런 사람들에게 왜 카드론이나 현금 서비스를 썼냐고 물어보면 쉽고 편하니까 썼는데 신용 등급이 떨어지는 것은 몰랐다고 대답하는 사람들이 대부분이다. 쉽고 편하다고 내 돈처럼 빼 쓰는 만큼 신용도 또한 뚝뚝 떨어지게 된다. 아무리 잘 갚는다고 하더라도 신용도 추락은 면치 못한다.

4. 후불 교통 기능은 한 장만

필자도 은행에 입행하기 전까지는 지하철이나 버스를 탈 때 티머니 카드를 사서 열심히 충전하고 다녔다. 이 번거로움을 방지하기 위해 카드에서는 후불 교통 기능을 만들었다. 통장에 당장 돈이 없어도 후불 결제로 마음껏 지하철이나 버스를 이용 가능하게 만든 것이다.
이처럼 편리한 후불 교통 기능도 잘못 쓰면 신용도에 치명적인 영향을 미치게 된다. 한 달에 지하철이나 버스비로 큰 돈이 나가지 않기 때문에 잊고 있다가 연체가 되면 기존 통장이 정지되거나 신용도가 하락되는 결과를 낳게 된다.
이를 방지하기 위해서는 후불 교통 안내 문자 서비스를 신청하거나 결제일을 잘 알아두고 그전에 통장에 돈을 넉넉하게 채워 넣도록 하자. 후불 교통 기능이 달린 카드가 지갑 속에 여러 장 있으면 '카드를 한 장만 대 주십시오'라는 멘트가 끊임없이 나오므로 후불 교통 기능이 달린 카드는 가급적 한 장만 보유하도록 하자.

5. 신용카드 안 쓴다면 하이브리드카드에 관심

출시된 지 얼마 안 됐지만 급성장하고 있는 카드다. 체크카드이지만 20~30만 원 내에서 신용카드처럼 당장 돈이 없어도 결제할 수 있는 특징을 가지고 있다. 금융기관마다 부르는 명칭은 조금씩 다르다. 매달 용돈을 받아 생활하는 학생이나 신용카드를 아예 사용하지 않는 사람들에게는 매우 편리한 카드다.

4 글로벌 시대의 필수 상품

금융의 '코스모폴리탄'이 된다

글로벌 시대로 진입하면서 이제는 외국을 제 집 드나들 듯이 다녀오고 외국에서 생활하는 사람들도 정말 많아졌다. 일반적인 환전, 기러기아빠나 유학생 자녀의 송금, 해외에서 사용한 카드 결제 등 독자들 중에서도 최소 한 두 번씩은 이런 업무들을 은행에서 처리해 본 적이 있을 것이다.

은행에서도 상담하다보면 외환 관련 문의가 10~20%를 차지할 정도로 많은 비중을 차지하고 있다. 일반적으로 외환 관련 업무라고 하면 복잡하게 생각하는 사람들이 많지만 기본적인 지식만 있으면 크게 어려울 것이 없다.

이 장에서는 필자가 개인 고객들과 외환 상담을 하면서 가장 많이 일어나고, 가장 많이 궁금해 하는 점들을 중심으로 설명한다.

입출금에서 환전까지

외화를 수시로 넣었다 뺀다, 외화 입출금 통장

한국 원화와 같이 외국 통화들도 자유롭게 입출금을 할 수 있다. 이를 위해서는 외화 입출금 통장이 필요하다. 주로 외국에 개인적이나 업무적으로 자주 나가는 사람들이 만든다.

환전을 자주 하는 사람이라면 환율을 눈여겨보게 되는데, 최저점-최고점은 몰라도 대략 평균적인 환율보다 더 낮게 떨어지거나 더 높게 올라갈 때를 대충 알 수 있다.

이런 사람들은 당연히 환율이 쌀 때 사놓으면 해외에 나갈 일이 있을 때 그 시점의 환율이 높더라도 환율이 낮을 때 사 놓았던 외환을 들고 나갈 수 있어 환율 변동의 위험에서 벗어날 수 있다.

혹은 해외 여행이나 출장을 마치고 돌아왔을 때 자신이 살 때보다 환율이 너무 낮아져서 나중에 환율이 다시 올랐을 때 팔고 싶다면 이럴 때를 대비해서 일단 보관하고 싶을 것이다. 이럴 경우에도 외화 입출금 통장을 이용하면 편리하다.

물론 자신의 지갑이나 금고 안에 보관할 수도 있지만 보관하기 번거롭고 위험하기 때문에 외국 출장이나 외국 출입이 잦은 사람들은 필수적으로 가지고 있다.

은행에서는 외화 통장 유치를 위해 다양한 부가 기능도 함께 제공하고 있다. 자신이 지정하는 통화(외화↔외화)로 언제든지 전환할 수 있으며 미리 지정한 환율(마감 후 환율)로 통화 간(원화↔외화)전환도 가능하다. 또 자동 이체시 우대 환율까지 적용받을 수 있기 때문에 해외에 자주 나가거나 무역업체를 운영하고 있다면 리스크 관리를 위해 반드시 개설해야 하는 통장이다.
다만 은행마다 보관 수수료 혹은 운용 방법 등에서 다소 차이가 있기 때문에 자신이 거래하는 은행의 조건을 먼저 확인해보자.

외화를 불려라, 외화 정기 예금

외화를 자유롭게 입출금할 수 있는 외화 입출금 통장 외에도 외화로 정기 예금도 할 수 있다. 외화 입출금 통장은 이자가 거의 없지만 외화 정기 예금은 이자까지 주기 때문에 장기간 외화를 사용할 일이 없을 때 유리한 통장이다.
외화 정기 예금은 장기적인 관점에서 외화로 재테크를 하거나 무역업을 하는 경우 보유 자금을 확충하거나 이자 먹기가 가능한 통장이다.
필자가 재직 중인 신한은행의 외화 정기 예금의 경우 외화 예금 가입 시 한 번의 서류 제출로 하나의 계좌에 최대 9백99건의 정기 예금을 보유할 수 있기 때문에 자유로운 입금을 통해 외화의 가격 변동성에 따른 재테크에 유리하다. 또한 갑자기 해지해야 할 경우를 대비해 입금 건별로 1회에 한해 분할 해지가 가능하며 원금의 50% 이하 분할 해지 시에는 예치 기간별 약정 이율도 주기 때문에 자금 사용의 적시성을 높일 수 있다. 이체 시 우대 환율과 외환 관련 각종 수수료 면제 혜택까지 주어지기 때문에 외화 환율을 눈여겨보고 있는 사람이라면 환전으로 재테크하기 적합한 상품이다.

아는 사람만 아는 환전의 비밀

환전은 전통적인 은행의 마진 중 예대마진 다음으로 가장 손쉽고 높은 마진율을 얻을 수 있기 때문에 은행에서 적극적으로 취급하고 있는 분야다.
대부분의 고객들은 은행 환율 전광판에 적혀 있는 기준 환율대로 바꿔가는 것으로만 알고 있어서 그냥 "환전해주세요"하고 말하지만 똑같은 은행 창구에서도 더 좋은 조건으로 환전할 수 있는 방법들이 많다. 아는 사람만 아는 환전의 비밀에 대해서 알아보자.

1. 환전 우대는 은행원 맘대로?

환전 시 환율 우대가 가능하다. 알고는 있지만 은행에서 어떻게 해야 하는지 몰라서 말조차도 꺼내보지 못한 사람이 수두룩할 것이다. 환전 우대는 순전히 은행원 맘이다.
은행원이 전산에 환전 우대율을 얼마나 넣어주느냐에 따라 환전 금액이 크게 달라질 수 있다. 개중에 똑똑한 사람들은 인터넷이나 홈페이지에서 '환율 우대 쿠폰'을 출력해 와서 우대율을 적용해달라고 요구한다. 쿠폰을 보면 대부분 40~50% 정도다.
이런 사람들은 반 정도만 똑똑한 것이다. 실상은 은행원이 환전 우대를 훨씬 더 많이 해줄 수 있기 때문이다. 상황에 따라서 80~90%까지도 가능하단 이야기다. 물론 100% 환전 우대는 어느 곳에도 존재하지 않는다. 은행에서 역마진이 나기 때문이다.
특정 지점이나 은행의 정책에 따라 어느 선 이상 환전 우대를 해주지 말라고 지정해 놓기도 하지만 은행원 입장에서 친한 고객이나 평소

지점 거래가 많은 사람들에게는 이런 정책과 상관없이 환전 우대를 해주는 경우가 비일비재하다. 필자의 경우도 평소 잘 아는 사람이나 거래를 많이 하는 고객이면 말 하지 않아도 80~90% 이상으로 우대를 해준다.

다른 은행과 비교해보는 것도 좋은 방법이다. 고객들 중에는 콜센터를 통해 해당 은행의 환율 우대율이 얼마인지 물어보고 가장 높게 해준다는 은행 지점을 찾아 환전하는 사람도 있다.

은행원도 사람이기 때문에 고객의 말 한 마디에 태도가 달라지기도 한다. 가령 "지금은 거래가 없지만 다른 은행에 가입했던 적금이 만기되면 여기로 올게요." 라든지, "어휴, 정말 잘생기셨네요."라고 한 마디만 던져줘도 순진한 우리 은행원들은 환율 우대를 팍팍 넣어줄 것이다.

환율 우대는 꼭 거래가 많지 않아도 얼마든지 가능하니 환전할 일이 있을 때 꼭 한번 시도해 보자!

TIP 공항에서 환전하는 사람은 '봉'?

외국 여행 갈 때 미리 환전하기 귀찮다고 공항에 가서 환전하는 사람들이 부지기수다. 은행의 공항 지점은 국내에서 환전이 가능한 장소의 마지노선이기 때문에 모든 은행 지점들의 환율판 자체가 일반 은행 지점과는 차원이 다르게 높게 형성되어 있다. 게다가 공항에 입점하는 임대비 자체가 비싸기 때문에 모든 은행들의 공항 환전소는 환율 우대도 아예 없다. 환전을 할 때 반드시 거래하던 은행 지점에서 미리 할 수 있도록 하자.

TIP 중국 지폐 10위안은 환전 안 된다고?

가끔 해외에서 쓰다 남은 외국 동전까지 환전해달라고 가져오시는 분들이 있는데 참 난감하다. 일반 은행 지점에서는 외화 환전 시 동전은 아예 취급하지 않는다. 동전 자체가 무거워서 운송 비용도 많이 들고 금액도 적기 때문이다. US달러, 일본 엔, 유로를 제외한 이종통화 가운데 소액 지폐(예 : 중국 10위안) 또한 아예 취급하지 않기 때문에 동전이나 소액 지폐는 웬만하면 현지에서 모두 소비하고 오도록 하자.

2. 공항에서도 VIP 환율 우대, 공항 환전 서비스

일반 지점에서는 미국 달러, 일본 엔화, 유럽연합 유로화, 중국 위안화 외의 이종통화를 항상 보유하고 있지 않는다. 혹은 지인이나 가족이 외국에 나갈 일이 생겼고 내가 어느 지점 VIP여서 환율 우대를 왕창 받을 수 있는데 그 사이 만나서 환전할 돈을 전달해주지 못하는 경우가 있을 수 있다. 이런 경우를 대비한 서비스가 있다.
필자가 재직 중인 신한은행의 경우 'OK넷 서비스'로 불리는 공항 환전 서비스가 있다. 환율 우대나 환전 업무 자체는 다른 일반 지점에서 모두 처리하고 수령증과 신분증만 들고 공항 환전소에 들르면 아주 간편하게 환전한 돈만 받아갈 수 있다.

3. 여행자 보험도 공짜로!

여행사를 통해 가거나 단체 여행을 갈 경우 공짜나 아주 적은 금액으로 여행자 보험서비스에 쉽게 가입할 수 있다. 하지만 개인이 항공권만 따로 구매하거나 에어텔을 이용할 경우 여행자 보험 서비스가 적용되지 않아 따로 가입하는 경우가 많다.
해외 여행을 하다보면 여러 가지 예기치 못한 사고가 많이 발생할 수 있기 때문에 여행자 보험은 필수이지만 개인이 따로 가입하게 되면 생각보다 많은 비용을 지불하게 된다. 은행에서는 환전을 하면서 여행자 보험 서비스까지 가입해주는 부가 혜택이 있다. 1회 환전 금액이 최소 미화 300달러 이상일 때 무료로 여행자 보험에 가입해준다.

4. 연간 최대 10만 마일, 항공 마일리지 적립

해외 여행자 보험뿐만 아니라 대한항공과 아시아나항공 등 국내 항공사의 마일리지 적립도 가능하다. 최근 마일리지를 모아 항공권을 무료로 구입하는 사람들이 많은데 환전만 해도 마일리지가 적립이 되기 때문에 마일리지를 모으는 사람들에게는 무척 유리한 혜택이다.
미화 1천 달러 상당액 이상 환전 시 5달러 당 1마일리지, 연간 최대 10만 마일 범위 내에서 적립이 가능하기 때문에 꼭 알아보고 요청하도록 하자.

5. 외화 바꾸고 OK 캐시백까지 적립

심지어 OK 캐시백까지 적립되는 혜택이 있다. 미화 1천 달러 이상 환전 시 1달러 당 3포인트 적립이 가능하기 때문에 OK 캐시백을 사용하는 사람들은 잊지 말고 요청하도록 하자. 환전 하나 하면서 이렇게 다양한 혜택들이 가능하지만 은행원들이 먼저 챙겨서 물어보는 경우는 많지 않다. 물론 은행마다 부가 서비스에 대한 차이가 있기 때문에 자신이 이용하는 은행 직원에게 환전을 하면 어떤 부가 혜택이 있는지 먼저 물어보고 자신에게 필요한 서비스를 받을 수 있도록 하자.

해외에서 현금이 필요할 때, 글로벌 현금카드

우리나라 대학생들 중 외국 유학이나 어학 연수 한번 다녀오지 않은 사람이 없을 정도로 해외 체류가 빈번한 일이 됐다. 유학이나 연수로 3개월 이상 해외에 체류할 때는 체류 기간 동안 필요한 자금을 전부 현금으로 가져갈 수 없기 때문에 신용카드를 많이 가져간다. 단순한 결제를 위한 것이라면 앞에서 설명한 해외카드를 지참하면 되지만 현금을 출금할 일이 생긴다면 글로벌 현금카드는 하나 꼭 만드는 것이 좋다. 은행에 글로벌 현금카드에 대해서 문의하는 대표적인 사례들은 다음과 같다.

＊해외에 나가는데 현금을 많이 가져가기 부담될 때

해외 ATM기에서 필요할 때마다 현지 화폐를 인출할 수 있어 안전하고 편리하다.

＊장기 체류 국가에서 은행 계좌 개설이 어려울 때

해외에 나가면 외국인이 된다. 외국인 신분으로 해외 현지 은행에서 계좌 개설을 한다는 것이 무척 까다롭다. 이런 경우를 대비해서 국내 은행 계좌를 해외 ATM기에서 이용할 수 있는 장점이 있다. 물론 국내에서 사용하던 현금카드나 신용카드로도 사용할 수 있지만 신용카드의 경우 현금 출금인줄 알고 뽑았다가 잘못해서 현금서비스를 받는 경우가 많고 국내 현금카드의 경우 출금 시 높은 수수료를 물어야 한다. 반면 글로벌 현금카드의 경우 수수료 자체가 면제이거나 국내 현금카드나 신용카드보다 훨씬 싸다는 장점이 있다.

＊해외 송금 수수료를 절약하고 싶을 때

이 부분이 금액 면에서 가장 메리트가 있다. 글로벌 현금카드를 이용해서 해외에서 현금 인출을 하면 환율에 따라 일반 해외결제카드보다 송금 대비 수수료가 저렴하여 소액 송금 대용으로 유용하게 사용이 가능하다.

＊해외에서 긴급하게 돈이 필요할 때

필자도 대학생 때 유럽 배낭 여행 중, 신용카드를 분실한 적이 있다. 당황하지 않고 카드회사에 전화를 걸어 카드를 정시시키고 다른 가방에 들어있던 현금카드로 부모님께 송금을 부탁하여 당장 쓸 현지 돈을 출금한 적이 있다. 글로벌 현금카드 계좌에 입금되면 즉시 해외에서 현금을 찾는 것이 가능하다.

＊해외 여행 경비를 예상하기 어려울 때

장기 체류라면 필요 예상 경비 산출이 상당히 어렵다. 이런 경우 필요한 만큼만 환전하고 나머지는 현지 ATM기에서 인출하면 된다. 현금카드는 따로 비용도 청구되지 않으니 해외에 나갈 일이 있으면 꼭 하나씩 만들어서 나가자.

글로벌 현금카드

발급 방법 : 신용도에 관계없이 발급가능(미성년자 포함)
발급 수수료 및 연회비 : 없음
해외 이용 한도 : 1일 USD 5,000 상당액
해외 ATM 이용 방법 : 마에스트로, 마스터카드, 시트러스 마크가 부착되어 있는 전 세계 210개 국 130만 대의 글로벌 ATM기에서 가능
해외 직불 가맹점 이용 방법 : 마에스트로 마크가 부착되어 있는 직불 가맹점에서 이용

*참고로 유학생, 어학 연수생, 해외 체제자로 지정된 사람들이나 환전을 3개월 이내에 5백 달러 이상 했던 사람들은 해외 ATM기에서 현지 돈 인출 시 인출 수수료(US 2달러 정도)가 월 3회 면제된다.

TIP 외국에 나가서 ATM기기로 현금 뽑기!

해외 ATM기에서는 현지 언어와 영어로 이용을 안내하고 있다. 이용 방법은 국내 ATM 사용 방법과 크게 다르지 않으며, 일반적인 사용 방법은 다음과 같다.

1. ATM에 카드 투입.
2. 비밀번호(pin) 네 자리 숫자를 입력하고 'ENTER(녹색 버튼)' 누름.
3. ATM 화면에 보이는 거래 종류에서 현금 인출은 'CASH WITHDRAW' 잔액 조회는 'BALANCE INQUIRY' 선택.
4. ATM 화면에 표시된 아래의 계좌 종류 중 어느 하나를 선택.
   (Checking account / Saving account / Credit card account)
   어느 계좌를 선택하더라도 글로벌 현금카드에 연결된 결제 계좌에서 출금된다.
5. 현금 인출 시 화면에 표시된 여러 가지 금액 중 선택 또는 숫자판을 사용하여 금액 입력 후 'ENTER' 버튼 누름.
6. 현금 및 영수증 수령.

외화 송금

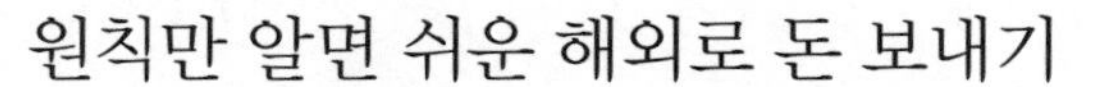

원칙만 알면 쉬운 해외로 돈 보내기

외화 송금도 국내 은행간의 거래처럼 해당 은행, 계좌 번호만 누르면 쉽게 보낼 수 있게 하면 참 좋겠지만 아무래도 국가 간의 거래이고 자금 회피 수단으로 삼는 '악당'들이 많기 때문에 엄격하게 제한되어 있다.

해외 송금을 해 본 경험이 있는 사람들은 알겠지만 무조건 은행을 방문해야 하고 작성할 서류도 많아 굉장히 까다롭고 복잡하다고 생각하는 경향이 있다. 하지만 해외 송금도 몇 가지 원칙만 알고 있으면 어렵지 않다. 지금부터 해외 송금의 종류와 꼭 알아야 할 것을 짚고 넘어가자.

수수료 꼼꼼히 따져보자, T/T

송금의 대부분은 Telegraphic Transfer 라는 T/T 방식이 차지하고 있다. 우리말로는 전신 송금 방식이라고 불린다. 무역 회사에 다니거나 해외에 가족이 있지 않는 한 평생 T/T 송금 이외의 다른 방식으로 송금할 일은 별로 없을 것이다.

T/T 방식을 간단하게 설명하면 국내 A은행에서 해외 B은행으로 국제적으로 통용되는 코드를 통해 중계 은행을 거쳐 이체시키는 것으로 외화 송금 방식 중 가장 간단한 방식이다. 예를 들어 신한은행에서 국민은행으로 온라인 송금을 하는 것처럼 국내 은행에서 외국 은

행으로 온라인 송금하는 것은 똑같다. 하지만 금융 회사 간의 거래가 아닌, 국가 간 거래가 포함되기 때문에 단순히 계좌 번호와 은행명, 예금주명만 알면 되는 것이 아니라 추가로 국제적으로 부여되는 코드, 해당 은행 지점, 수취인의 주소와 연락처 등의 구체적인 정보가 기재되어야 한다.

T/T 방식으로 송금할 때 송금 수수료, 전신료, 중계 수수료 등 세 가지 수수료가 발생한다. 송금 수수료는 송금 금액에 따라 차등 적용이 되므로 많이 보낼수록 더 비싸지고 전신료는 금액이나 지역에 관계없이 건당 8천 원이 나온다. 중계 수수료는 국내 A은행에서 해외 B은행으로 보낼 때 반드시 1개 이상의 중계 은행을 거치게 되는데 이 은행에 경유하면서 발생하는 수수료로 국가마다 다르지만 미화로 약 20달러 정도 한다.

송금 수수료와 전신료는 무조건 송금인 부담이고 중계 수수료는 의뢰인이 부담할 것인지 수취인이 부담할 것인지 선택할 수 있다. 전신료는 은행 등급이나 일정 기준에 따라 면제되기도 한다.

T/T 방식은 신청서에도 작성해야 할 것이 많고 하나라도 잘못 기재했을 경우 제대로 전달이 안 되어 다시 한국으로 되돌아오는 경우가 비일비재하므로 아래 샘플을 보고 참고하자.

외화송금신청서 APPLICATION FOR REMITTANCE

은 행 용

노란색 표시는 반드시 기재해야 하는 항목들입니다.

지급신청서 및 거래외국환은행 지정확인(신청)서 겸용 Request for designation of correspondent foreign exchange bank and foreign exchange payment.
본인은 이 신청서 뒷면에 기재된 약관에 따라 아래와 같이 송금을 신청합니다. I hereby request remittance as follows in accordance with the articles on the reverse.

신청인	성명 (또는 법인명) Applicant	한글 (Korean)		영문 (English)	
	사업자 또는 내국인 (Business or Korean Citizen)	사업자등록번호 또는 주민등록번호 (Registration No. or Social Security No.)			
	해외교포 또는 외국인 (Non-resident Korean or Foreigner)	여권번호 (Passport No.)			
	주소 (Address in Korea)			TEL	- -
				E-mail	
신청내용	송금방법 (Remittance Type)	☐ 전신송금 (Telegraphic Transfer) ☐ 송금수표 (Demand Draft)			
	송금액 (Remittance Amount)	통화 (Currency)	금액 (Amount)	미화상당액 (US Dollars)	
	수 취 인 (Beneficiary)	성명 (Name) : (또는 업체명)		신청인과의 관계 Relation to Applicant	
		주소 (Address) :			
		전화번호 (Tel No.) :			
		해외SMS신청 (International SMS)	국가번호 ( ) / 해외수취인 핸드폰번호 ( )	신 청 인	인 또는 서명
	수취인 거래은행 (Beneficiary's Bank)	SWIFT BIC		은행번호 (ABA No. / Sort Code)	
		수취인 계좌번호 (Bene's A/C No.) :	유럽지역 유로화 송금시 IBAN CODE 반드시 입력		
		은행명 (Name) :			
		지점 및 주소 (Branch Name) (Branch Address)			
	지급사유 (Reason for Payment)			국외수수료부담 Charges	수취인 ( ) Beneficiary 신청인 ( ) Applicant
	수입대금(미화 2만불 초과)의 경우 기재	품목 (H. S. Code)	L/C or 계약서 No.	대응수입예정일	
				당초 : 변경 :	
	해외여행경비 등의 경우 기재	해외여행경비 :		해외이주비:	
	기타사항 (Others)				

■ 귀행을 거주자의 지급증빙서류 미제출 ...)을 위한 거래외국환은행으로 지정하고자 하오니 확인하여주시기 바랍니다.
■ 본인은 귀행 영업점에 비치된 외환거래 ... 것을 확약하며 위와 같이 지급신청합니다.
Having reviewed the General Terms and Conditions of Foreign Exchange Transactions available for inspection at all branches and agreed the terms and conditions, I/We hereby apply for the payment set out above.
■ 중국 위안화에 의한 거래시에는 현지 정책에 따라 거래 제한(용도 및 대상기업에 따른 제한 포함)이 될 수 있음을 인지하였으며 거래상대방이 위안화 결제 가능 기업에 포함되는지의 여부를 당사에서 사전에 확인하였고 이로 말미암은 문제에 대해서는 당사에 책임이 있음을 확약합니다.

신청인 성명 (Applicant Name) : 인 또는 서명

대리인 주민(여권)번호 (Agent R.I.N & passport No.) : 대리인 성명 (Agent Name) : 인 또는 서명

반복송금신청 ☐ (송금번호)와 동일인, 동일계좌로 지급신청합니다. (외화송금확인서 사본 첨부)
신청인 인 또는 서명

이 신청서는 외환 통계자료로 활용되며 과세자료로 국세청에 통보될 수 있습니다.
This completed application shall be used for foreign exchange statistics and may be reported to the Korean National Tax Office as a tax document.
신청인의 주소 정보는 국제간 자금세탁 및 테러자금 방지를 위해 송금수취은행에 제공됩니다.
Applicant's address will be provided to beneficiary's band to prevent international money laundering and international terrorism.

위 사실을 확인함 (※ 제출서류 별첨) 년 월 일

지정확인번호 Designation No.	
지 정 일 자 Designation Date	

실명확인자 인 또는 서명

확인권자 : 외국환은행 신한은행장 인

담당자	확인자	결재권자

전신 송금으로 처음 보낼 때는 이 기재 사항을 전부 작성해야 하지만 한번 보냈던 이력이 있는 곳으로 보내게 될 경우 단순한 인적 사항만 기재하면 여러 번에 걸쳐 쉽게 보낼 수 있으니 반복적으로 보내야 하는 곳이라면 영수증을 버리지 말고 지참하도록 하자.

전 세계 대상 송금 서비스, 웨스턴유니온 / 머니그램

아직 국내에 대중화 되지 않은 시스템이지만 비정기적, 또는 소액으로 돈을 보내야 한다면 이 두 가지 방법을 강력하게 추천한다. 웨스턴유니온과 머니그램은 전 세계를 대상으로 한 송금 서비스 전문 회사로 해외 송금 및 상업용 지불 서비스를 대행하고 있다. 절차가 간단하고 송금이 빠른 것이 장점이다.

T/T 방식으로 송금할 경우 수취까지 며칠이 걸리는데 비해 웨스턴유니온이나 머니그램 서비스를 이용하면 송금 당일 즉시 입금이나 수취가 가능한 데다 계좌번호와 보낸 사람 이름 정도만 알면 바로 돈을 찾을 수 있다.

웨스턴유니온은 2백여 개 국가에 은행 등 금융사를 포함해 약 51만 개의 네트워크를 보유하고 있으며 우리나라의 경우 KB국민은행, IBK기업은행, NH농협은행, 하나은행, 부산은행, 대구은행 지점에서 외화 송금 업무가 가능하다.

머니그램은 1백94개 국가, 27만5천여 개 영업점을 통해 전 세계 어디서나 필요한 곳으로 신속하게 송금 업무를 처리하고 있으며 우리나라에서는 우리은행, 경남은행, 신한은행이 서비스를 진행하고 있다.

두 회사는 가맹점 송금이라는 똑같은 방식의 서비스를 제공하고 있으며 수수료 금액과 송금 승인 번호 자리 수의 차이 정도밖에는 없다. 다만 웨스턴유니온을 취급하는 은행과 머니그램을 취급하는 은행이 다르기 때문에 자신이 거래하는 은행이 어떤 서비스를 취급하는지 확인해보고 주거래 은행의 서비스에 맞는 회사의 서비스를 이용하면 된다. 송금 방법은 매우 간단하고 쉽다.

1. 본인 주거래 은행(혹은 가까운 은행)에 신분증을 가지고 방문하여 신청서를 작성한다.
2. 신청서에는 송금액, 송금인명, 수취인 국가, 수취인 성명을 기재한다.
3. 이 절차만 끝나면 송금 완료다. 영수증을 확인해서 송금 승인 번호(웨스턴유니온은 10자리, 머니그램은 8자리)와 수취인명을 확인해서 받을 사람에게 전화나 문자, 카톡, 이메일 등으로 송금인명, 송금액, 승인 번호, 송금 국가의 정보를 알려주면 된다.
4. 수취인은 송금 승인 번호와 신분증을 가지고 가까운 은행을 방문, 은행원에게 알려주면 바로 돈을 찾을 수 있다.

이 두 가지 서비스는 해외 송금을 마치 인터넷 뱅킹처럼 간단하게 만들어 놓은 것이다. 10분 이내에 송금이 되고 전 세계 웬만한 국가에서 처리가 가능하며 은행 계좌가 없어도 처리가 가능하고 기재 사항도 비교적 간단하기 때문에 소액 송금일 경우 강력히 추천한다.
머니그램과 웨스턴유니온의 가장 큰 단점은 금액이 커지면 수수료가 T/T 방식보다 훨씬 비싸진다는 점이다. 그러므로 돈을 급하게 보내야 할 때나 일회성으로 소액 송금을 할 때 이용하는 것이 좋다.

웨스턴 유니온의 수수료율

단위 : US달러

금액	기준 수수료	할인 수수료	할인 %
0-100	15	12	20%
100.01-200	22	15	32%
200.01-300	29	15	48%
300.01-400	34	22	35%
400.01-500	40	26	35%
500.01-700	45	32	30%
750.01-1,000	50	35	30%
1,000.01-1,500	75	53	30%
1,500.01-1,750	80	56	30%
1,750.01-2,000	90	63	30%
2,000.01-2,500	110	77	30%
2,500.01-3,000	120	84	30%
3,000.01-3,500	140	98	30%
3,500.01-4,000	160	112	30%
4,000.01-4,500	180	126	30%
4,500.01-5,000	200	140	30%
5,000.01-5,500	220	154	30%
5,500.01-6,000	240	168	30%
6,000.01-6,500	260	182	30%
6,500.01-7,000	280	196	30%

무역 거래를 위한 은행 보증, 신용장 방식

신용장은 주로 무역 회사에서 사용하는 방식으로 기업 간 거래에 주로 사용된다. 개인 고객의 경우 수취인이 아는 사람이거나 가족인 경우가 많기 때문에 믿고 보낼 수 있지만 기업 간 거래의 경우 돈을 받은 기업이 돈만 받고 물건을 안 보내줄 수도 있기 때문에 이것을 방지하기 위해 은행에서 중간에 보증을 서달라는 것이다.

옥션이나 G마켓 같은 오픈 마켓에서 거래할 때 이용하는 에스크로 같은 안전 결제 시스템이라고 보면 된다. 물건을 사는 사람은 돈을 안전결제 계좌에 먼저 보내고, 물건을 파는 사람은 물건을 보내주면 구매자가 물건을 안전하게 인수하고 난 다음 승인을 해주면 판매자가 돈을 받을 수 있는 시스템이다. 무역 관련 회사에 재직 중인 사람이 아니라면 자세히 알 필요는 없다.

전통적 방식의 돈 보내기, 송금 수표(Money order)

요즘은 해외 송금 대부분이 전산으로 처리되지만 전통적인 방식인 수표로 송금하는 방법이 여전히 남아 있다. 은행에서 송금 수표가 사용되는 경우를 보면 해외 취업자의 월급이나 보너스, 혹은 해외 자격증을 취득하는 수험생들의 시험 비용, 그리고 일방적인 계약금 지불 등이다. 송금 수표에는 금액을 포함한 수신인이 표기가 되고 다른 사람은 현금화 할 수가 없다. 따라서 부도가 날 확률이 매우 적다.

송금수표는 크게 CRS방식과 DD방식이 있는데 현재 DD방식은 거의 사용되지 않고 CRS방식이 주로 사용되고 있다. CRS수표는 글로벌 은행인 시티은행에서 발행하는 수표이고 DD수표는 그밖의 각 은행에서 발행하는 수표이다.
국민은행이나 신한은행이나 하나은행, 우리은행 모두 DD수표를 발행할 수 있지만 국내 은행들의 경우 국내에서 아무리 큰 은행이라고 해도 해외에 나가면 지점도 거의 없고 신뢰도도 떨어지게 마련이다. 시티은행은 전 세계적으로 지점도 많이 보유하고 있으며 글로벌 은행이기 때문에 세계 어디에서든지 통용이 가능하다. 그렇기 때문에 해외 은행들은 CRS수표를 더 선호하고 지급도 DD보다 더 빨리 되는 편이기 때문에 해외 머니 오더의 경우 CRS수표를 더 많이 사용한다. 참고로 CRS수표 또한 국민, 신한, 우리, 하나, 농협 등 모든 국내 은행에서 발급 가능하다. CRS수표의 경우 전 세계 송금 수표의 달러 같은 위상을 가지고 있다. 전 세계적으로 포괄적으로 광범위하게 통용되기 때문에 씨티은행에서 다른 은행들 모두 발행할 수 있도록 만들어줬다. 이 때문에 웬만한 규모의 은행에서는 씨티은행과 협약하여 CRS수표를 발행할 수 있다.

한 은행만 콕 찍어라, 유학생 지정

강남 쪽을 지나가면서 은행을 보면 은행 지점명판에 '해외 이주 센터'라는 푯말이 붙어 있는 것을 본 적이 있을 것이다. '해외 이주 센터'라고 해서 특별한 것은 아니다. 서울 강남이 아니라 소도시나 시골에 있는 은행이라고 해도 업무를 처리하는 것은 다 똑같다. 마케팅 차원에서 붙여 놓은 것이라고 생각하면 된다.
그만큼 강남에 사는 사람들의 자녀들이 해외 유학을 많이 떠난다는 이야기인데 유학을 떠날 때에도 부모가 지속적으로 경제적 원조를 해주려면 한 은행의 한 지점을 정해 해외 유학생 지정을 해주는 것이 좋다.

해외 유학생 지정을 하면 연간 2만 달러까지는 증빙서류 없이도 지정 대리인(보통 부모가 지정 대리인이 되지만 다른 조력자도 지정 가능하다)이 돈을 마음껏 보내줄 수 있으며 수수료 등 면제 혜택과 환율 우대 등의 혜택이 주어진다.

해외 유학생 지정 은행은 전 금융권 중 하나의 은행, 하나의 지점만 가능하기 때문에 집에서 가까운 지점으로 등록하는 것이 좋다. 관련 업무를 처리하기 위해서는 자녀의 여권 사본과 유학생임을 증명할 수 있는 서류(이메일로 온 입학 허가 서류나 등록금 서류 등, 등록 기간이 필수로 적혀 있어야 한다), 그리고 가족 관계 증명서와 부모의 신분증을 지참하면 된다.

해외 이주자를 위한 송금

우리나라는 해외 도피나 탈세 등의 범죄를 막기 위해 해외 자산 취득이나 송금 등에 대해 매우 엄격한 법을 적용하고 있다. 해외 이주자의 경우도 마찬가지인데 단순 영주권 획득이냐 이민이냐에 따라서 기준도 다르고 서류도 다르다.

해외로 이주할 사람이라면 이 책을 읽을 의미도 없을 것이고 '케이스 바이 케이스'로 무척 복잡하기 때문에 자세한 사항은 은행에 가서 직접 상담하는 것이 좋을 듯하다.

TIP 해외 송금 많이 하면 국세청 신고?

은행 창구에 있다 보면 해외 송금이 얼마까지 가능하고 수취는 얼마까지 가능한지, 환전은 얼마까지 할 수 있는지 물어보는 고객들을 종종 만나게 된다.

내국인의 경우 금액 제한 없이 보내고 받고 환전하는 것이 가능하지만 일정 금액을 초과하는 순간 은행 전산 상 자동으로 국세청에 신고가 들어가게 된다. 환전의 경우 연간 1만 달러, 송금의 경우 연간 2만 달러를 초과해서 처리하게 되면 신고가 들어가며 다른 은행에서 하거나 다른 지점에서 한 것 모두 전산 상 관리가 되어 한도가 차면 은행 전산에 뜨게 된다.

정당한 사유에 의해 보냈다면 국세청 신고가 들어가는 것을 떳떳하게 개의치 않아도 된다. 국세청에서도 정당한 송금이라면 신고가 들어가도 크게 조치를 취하지는 않는 것으로 알고 있다.

하지만 국세청 신고를 회피하고자 분산 송금을 하거나 다른 사람 명의로 환전이나 송금을 하게 되면 국세청 직원들도 다 알게 되어 조사가 들어가고 은행 직원들도 추후에 의심 거래 보고를 하여 국세청에 신고가 들어가기 때문에 환전이나 송금은 되도록 정직하게 하도록 하자.

금, 위기 때 더욱 빛나는 제4의 투자처

일반적인 예금이나 적금, 보험처럼 금융기관에서 돈을 굴려주는 방법 말고 내 주관을 가지고 할 수 있는 금융 투자 방법은 어떤 것이 있을까? 주식이나 펀드, 외환 투자가 대표적일 것이다. 여기에 하나를 더 보태자면 바로 금 투자다. 금은 전 세계인들이 좋아하는 매력적인 투자 상품이다.

이제는 금이 예·적금, 주식, 부동산에 이은 제4의 투자처로 확실히 자리매김 했다. 얼마 전 우리나라에도 KRX(한국거래소, Korea Exchange)에서 금 거래소를 개설함으로써 공식적인 금 거래 시장이 열렸다.

현재 금값이 많이 떨어져 있는 상태지만 불과 얼마 전 유럽발 경제위기 때 우리는 금값이 얼마나 하염없이 치솟는지 똑똑히 볼 수 있었다. 금은 전 세계인이 생각하는 대표적인 안전 자산으로 경제위기 때마다 각광받는 매력적인 투자 상품이다. 최근에는 은행에서도 금 관련 상품을 취급하고 있는데 신한은행, 우리은행, 국민은행이 대표적이다.

골드 뱅킹

은행에서 금을 사고 판다

“금을 왜 은행에서 사지?”

이렇게 생각하는 독자들이 분명히 있을 것이다. 금은 금은방에서 사는 거라고 알았던 사람들에게는 낯선 일임에 분명하다. 금은 금은방에서 살 수도 있고 은행에서 살 수도 있다. 최근 국내에도 KRX 금거래소가 개설되어 증권사를 통해 금 거래소에서도 주문할 수 있게 됐다. 금은방에서 금을 거래하는 것은 99.9% 순금이라고 해도 정식 제련업체에서 만든 것이 아니기 때문에 불순물이 끼어 제대로 된 순금을 확보하기 힘들다. 나중에 다시 팔 때 순도 측정에서 99.9%로 인정해주지 않으면 제값을 받고 팔기 힘들어진다는 이야기이다.

게다가 금은방에서 형성해 놓은 금 가격으로 거래하기 때문에 금 가격에서 있어서 공신력이 없고 잘 모른다면 ‘바가지’를 쓸 확률도 크다.

결정적으로 매번 구입한 금을 집에 따로 보관하기도 어렵고 은행에서 금을 살 때처럼 1g씩 조금씩 사기도 어렵기 때문에 일반 투자자들은 금으로 투자하기 굉장히 힘들다. 투자자들의 이런 갈증을 해소하고자 은행과 KRX 금거래소에서 금 상품을 내놓게 된 것이다.

은행에서 금 계좌나 금 실물 등 금 관련 상품을 사고파는 업무를 통칭하는 개념이 바로 ‘골드 뱅킹’이다. 신한은행에서 국내 최초로 골드 뱅킹 상품을 출시했으며 현재 국민은행, 우리은행에서도 취급하고 있다. 은행에서 금 실물 거래 없이 통장으로 금을 매입 및 매도할 수 있는 금융 투자 상품(파생 결합 증권)으로 국제 금 가격과 원달러 환율에 연동하여 이익 또는 손실이 발생한다.
은행에서 하는 금 거래가 골드 뱅킹이라면 증권사에서 하는 금 거래는 KRX 금 거래소 이용이 된다. KRX 금 거래소 또한 공신력 있는 기관이므로 KRX 금 거래소와 은행 골드 뱅킹은 비교할 만하다.
최근 몇몇 은행에서 금 관련 상품을 취급하고 있지만 가장 먼저 시작했고 또 타의 추종을 불허하게 압도적으로 많은 금 고객을 확보하고 있는 곳이 바로 신한은행이다. 그런 점을 감안해서 신한은행에서 현재 취급하는 금 상품을 간단히 소개하고자 한다.

순도 99.99%를 보증한다, 골드 바

금을 실물로 직접 사거나 파는 거래로 은행에서 순도(99.99%)와 질량을 보증함으로써 가장 신뢰할 수 있는 대안투자 방법의 하나다. LBMA(런던 금 시장 협회)에서 'Good Delivery Bar' 생산 업체로 인정한 국내 유일의 제조사(LS-니꼬동제련) 골드 바만을 취급하므로 전 세계 어디서나 통용되는 뛰어난 환금성이 있다.
앞서 언급했던 것처럼 금은방에서 매입하게 되면 물론 품질 보증서가 동봉되어 있지만 제련 업체가 제각각이고 실제 순도를 측정해 보면 99.99%에 훨씬 미달하는 경우가 대부분이다.
은행에서는 이런 제각각인 금 품질을 국제적 기준에 맞춘 금 제련으로 통일시켜 보증해주기 때문에 가장 안전한 실물이라고 볼 수 있다. 1Kg, 100g, 10g 단위로 구입이 가능하며 부가가치세 10%를 납부해야 한다.

실물의 종류 : 1Kg, 100g, 10g
매입 자격 : 제한 없음
부가가치세 : 금 실물을 매입하는 시점의 매입 가격을 기준으로 부가가치세 10% 납부
고객의 실물 매도 : 당행에서 판매한 금에 한하여 은행에서 정한 가격으로 매도 가능
(개인에 한함)

통장에 금을 적립하다, 골드 리슈 금 적립

기존 금은방에서 실제 금 실물을 산 후 가지고 있다가 파는 번거로움 없이 통장에 금을 적립할 수 있는 상품으로 저렴한 비용으로 금 투자 효과를 볼 수 있는 금 직접 투자 상품이다.
시세에 따라 금을 적립하고 만기에는 금 실물로 찾거나 팔아서 현금으로 찾을 수 있고 수시로 적립해서 금 매입 비용을 분산시킬 수 있으며 금 실물 거래보다 당연히 거래 비용이 적어 저렴하게 금 보유 효과를 누릴 수 있다. 다만 만기에 금 실물로 인출 시에는 실물 수수료와 부가가치세를 별도로 납부해야 한다.
금을 적금처럼 매달 똑같은 금액씩 적립하고자 할 때 하는 상품이다. 적립식 펀드처럼 투자하고자 할 때 유리한 상품이다.

가입 통화 : 원화(KRW)
가입 대상 : 제한 없음
가입 기간 : 6개월~5년 이하
최소 거래량 : 1g 이상
적립 방법 : 자유 적립식
세금 우대/생계형 : 불가능
일부 해지 : 만기 전 10회까지 부분(해지) 인출 가능
인터넷 거래 : 가능
우대율 적용 : 인터넷 거래 시 30%, 자동 이체 시 40% 스프레드 우대

차세대 골드 뱅킹, 골드 테크 통장

앞서 설명한 골드 리슈를 한 차원 업그레이드 한 2세대 골드 뱅킹 상품으로 기한, 금액에 관계 없이 자유롭게 금의 입출금 거래를 할 수 있으며 예약 매매, 반복 매매, SMS 서비스 등 다양한 서비스가 가능하다. 기한과 금액에 관계 없이 입출금 통장처럼 자유롭게 금의 입출금이 가능하며 예약 매매 서비스를 통해 목표 가격이 달성되면 자동으로 사거나 팔수 있어서 타이밍 포착이 유리하다. 금을 입출금 통장이나 MMF처럼 금 시세와 환율에 따라서 자유롭게 사고 팔고자 할 때 이용하는 상품이다. 골드 뱅킹 또한 펀드처럼 본인이 관리하지 않으면 좋은 수익률을 내기 힘들다. 가입하는 사람들은 정말 작은 관심만 기울여주면 되는데 은행에서는 골드 뱅킹 또한 펀드처럼 다양한 부가 서비스를 제공하고 있으니 가입자는 꼭 부가 서비스를 등록하도록 하자.

＊예약 매매 서비스

가입할 때 목표 가격을 설정한다. 예를 들어 매도 가격을 5만 원, 매입 가격을 4만 원으로 설정했을 때 목표 가격인 5만 원에 도달할 경우 자동으로 팔리고 4만 원에 도달 시 자동으로 살 수 있게 해주는 서비스다. 마감 후(17시경) 가격을 적용하여 예약 매입 가격보다 낮으면 자동 매입, 예약 매도 가격보다 높으면 자동 매도하기 때문에 직접 은행을 방문하거나 인터넷 거래를 하지 않아도 돼서 무척 편리하다.

＊반복 매매 서비스

주기적으로(매일/주/월/말일) 지정한 매도 가격 이상이면 일정량씩 팔아주고 지정한 매입 가격 이하면 일정량씩 사주는 서비스다. 예약 매매 서비스와 마찬가지로 마감 후(17시경)의 가격을 적용하여 지정한 매입 가격보다 낮으면 자동 매입, 지정한 매도 가격보다 높으면 자동 매도한다. 한 번에 다 팔거나 사기 아까운 경우에 사용하기 좋다.

*SMS 서비스

펀드처럼 목표 수익률이나 위험 수익률, 또는 목표 가격이나 위험 가격을 설정하여 도달하면 SMS로 통지하는 서비스이다. 이 서비스를 신청하면 손절매나 이익 실현 시점을 정확하게 설정할 수 있어서 평소에 크게 신경을 쓰지 않아도 되기 때문에 편리하다.

TIP 금에 대한 몇 가지 상식

Gold라는 영어 단어는 '노란색'이라는 의미를 가진 고대영어 'geolo'에서 유래됐다. 원소 기호로는 AU인데 이것은 Aurum의 약어로 아침의 태양광선 또는 찬란한 아침 햇빛을 의미하는 라틴어에서 온 말이다.

금의 순도는 퍼센트(%) 또는 캐럿(Karat)으로 표현되며 순도와 함유량에 따라 다음과 같이 분류할 수 있다. 1Karat = 순도 1/24

24K : 금 함유량 99.9%

18K : 금 함유량 75%

14K : 금 함유량 58.5% 이상

금의 단위는 트로이온스(T.oz), 그램(Gram), 돈으로 표시되며 다음과 같이 환산할 수 있다.

1T.oz = 31.1034768gram

1돈 = 3.75gram

TIP 금 가격 어떻게 결정되나?

금 상품의 매매 기준율은 거의 비슷한데 신한은행에서는 1온스 당 달러화로 거래되는 국제 금 가격을 1그램 당 원화 가격으로 환산하여 결정한다. 국제 금 가격을 기준으로 결정되기 때문에 기본적인 금 가격에 환율까지 두 가지를 주의 깊게 봐야 한다. 매매 기준율 결정 예시를 보면 다음과 같다.

금 매매 기준율[원/g]=

$$\frac{\text{국제 금 가격}[\$/T.oz] \times \text{환율}[\text{원}/\$]}{31.1034768[g/T.oz] \times 0.9999}$$

*31.1934768 : 온스의 그램 환산 단위 (1T.oz = 31.1034768gram)

*0.9999 : 은행에서 취급하는 금은순도 99.99%로 매매기준율 결정시 x 0.9999 를 적용

신한은행 골드 리슈 고시 가격 예시

구분	가격 예시 (원/gram)	할인 %
실물(고객이 살 때)	140	매매 기준율 + 5%
계좌(고객 입금 시)	200	매매 기준율 + 1%
매매 기준율	220	
계좌(고객 출금 시)	240	매매 기준율 - 1%
실물(고객이 팔 때)	260	매매 기준율 - 5%

KRX 금 시장

새로운 금 거래 판을 펼치다

KRX 금 거래소는 은행의 골드 뱅킹만큼이나 매력적이지만 구조적으로 개인 고객보다는 금 사업자에게 유리하게 구성되어 있다. 은행에서 금 투자로 골드 뱅킹을 한다면 증권사에서 하는 금 투자는 KRX 금 시장 직접 거래다. 만약 한국 금 시장 거래소에서 직접 거래하고 싶다면 증권사를 통해서 거래하는 것이 좋다.
금 거래소가 생긴 지 얼마 되지 않아 아직 생소하고, 실제 오랫동안 별도로 금 거래를 해오던 우리나라 금 사업자의 관행상 하루 아침에 거래량이 많아지기 힘든 것이 사실이다.

금 시장 거래, 이렇게 시작하라

KRX 금 거래소의 등장이 활성화로 시작할지 공신력 없는 거래로 끝날지 아직 좀 더 지켜봐야겠지만, 지금이라도 금 거래와 관련된 공신력 있는 장을 마련해준 것은 국가적으로도 잘한 일이라고 생각한다. 아직은 생소한 KRX 금 시장 거래는 어떻게 진행되는지 한번 알아보자. 거래를 위한 절차는 다음과 같다.

1. 증권사에 가서 금 거래 계좌를 개설한다.
2. 금 거래 상품을 등록해준다.(파생 상품 등록과 동일)
3. 금 상품 또한 파생 상품으로 분류되기 때문에 지점이나 인터넷으로 거래 관련 약관을 읽고 승인한다.

4. 금 거래 증거금을 예치 후 금 거래가 가능하다.

금 거래소를 통해 매매하는 방법은 기본적으로 주식이나 옵션 등의 파생 상품을 거래하는 방법과 비슷하다. 다만 은행 골드 뱅킹보다 거래하는 사이즈가 크고 위험도 훨씬 커지게 된다.

KRX 금 거래소 매매 방법

---

1. 거래 대상 : 순도 99.99% 중량 1Kg 금 지금(골드 바)
2. 매매 단위 : 금현물 1g
3. 증거금 : 100%
4. 호가 단위 : 10원
5. 가격 제한 폭 : 기준 가격 +-(기준 가격 x 10%)
6. 매매 시간
   09:00~10:00 : 시가 결정을 위한 호가 접수
   10:00~14:30 : 장중 접속 매매
   14:30~15:00 : 종가 결정을 위한 호가 접수

KRX 금 시장 이용 시 다양한 혜택이 제공된다. 금 사업자와 개인이 조금 다른데, 아무래도 KRX 금시장 거래 시 금 사업자가 훨씬 유리한 점이 많다.

금 시장 이용시 혜택

금 사업자	1. 세제 혜택 : 수입금 관세 면제, 현행 3~0%(2015.12까지), 법인세(소득세) 감면 2. 거래 경쟁력 : 금 거래 원스톱 서비스 가능(매매, 출고, 부가세 납부), 투자 목적에 따른 주문 체결 우선 순위 제공(산업용일 경우) 3. 금 가격 변동에 대비한 헤지 거래 가능 : 시장 가격 차이를 활용한 위험 분산 4. 합리적인 금 거래 가격 비교 가능 : KRX 금 시장과 장외 현물 시장 간 비교 매매 가능 5. 환금성 및 매매 편의성 높음 : 다양한 채널로 주문 가능하고 당일 결제, 당일 출고 가능, 골드 바 인도 증권사 지점을 통해 가능 6. 품질이 보증된 금 실물 거래 : 기존 금은방 거래와 다르게 조폐공사가 인증한 골드 바 거래가 가능
개인	1. 세제 혜택 : 매매 차익 비과세, 종합과세 미 해당(고자산가의 경우에는 절세 유리) 2. 자산 포트폴리오 차원의 분산 투자 가능 : 인플레이션 변동성 대응에 유리하고 주식 시장 변동성(리스크) 확대 시 대안 투자 가능 3. 환금성 및 매매 편의성 높음 : 다양한 채널로 주문 가능하고 당일 결제, 당일 출고 가능, 골드 바 인도 증권사 지점을 통해 가능 4. 품질이 보증된 금 실물 거래 : 기존 금은방 거래와 다르게 조폐공사가 인증한 골드 바 거래가 가능

금 투자 이유와 원칙

안전과 위험 분산 두 마리 토끼를 잡다

금에 투자해야 하는 이유

필자도 처음 은행에 입행했을 때부터 금 상품을 꾸준히 조금씩 사두고 있다. 하지만 금 투자가 만만치 않다. 펀드를 비롯해서 지금까지 금융 상품 투자로 단 한 번도 손실이 난 적이 없지만 금 상품에서만 큰은 고전을 면치 못하고 있다.

그래도 금은 실물로 사둔 것이나 마찬가지이고 언젠가는 반드시 다시 치고 올라갈 것이라는 신념으로 지속적으로 사고 있다. 이 책을 쓰는 중에도 환율이 많이 낮아졌기 때문에 성과급 받은 돈으로 달러를 사는 대신 금을 조금 더 사두었다. 금에 투자하는 이유는 크게 세 가지를 들 수 있다.

1. 안전 자산
2. 위험 분산 효과
3. 인플레이션 헤징(hedging)효과

첫째는 안전 자산이라는 점이다. 예·적금, 주식, 부동산 등 다른 자산에 비해 국제적으로 통용되는 고유의 가치를 가졌기 때문이다. 게다가 다른 자산과 달리 특정 국가 신용도에 관계 없고 채무 불이행의 위험도 없다.

과거의 사례로 보면 전쟁이나 사회 혼란, 국제적 고립처럼 일반적으로 자산의 가치가 하락하는 시점에서 금의 가치가 더욱 상승하는 특징을 보였다.

둘째는 위험 분산 효과를 기대할 수 있다. 금은 다른 투자 자산과 상관 관계가 매우 적은 것이 특징이다. 일반 금융 상품을 뛰어넘어 다양한 자산에 투자함으로써 보유 자산의 가치가 급등하거나 급락하는 것을 막아줄 수 있다. 금이 포함된 포트폴리오는 일반적으로 그렇지 않은 경우보다 수익성이 매우 안정적인 것으로 알려져 있다.

셋째는 인플레이션 헤징 효과다. 물가 상승으로 인해 하락하는 화폐가치를 보존하기 위한 투자가 가능하다. 금융 시장에서 실질 화폐 가치는 장기적으로 크게 하락하는 경향이 있지만 금은 상대적으로 일정한 구매력을 유지하는 특성이 있기 때문에 물가 상승 시 유리하다.

효과적인 금 투자를 위한 세 가지 원칙

예·적금과 펀드, 보험 등에 가입하고 있으면서 금 투자까지 생각하고 있다면 당신은 이미 재테크의 달인이라고 할만하다. 효과적인 금 투자를 위해서 반드시 알아두어야 할 세 가지 원칙이 있다.

첫째는 장기 투자다. 필자도 5년째 꾸준히 금 투자를 하고 있다. 물론 수익률은 2014년 중순 시점에서 마이너스를 찍고 있지만 10년을 내다보고 금이 급등할 때를 노리고 꾸준히 투자를 지속하고 있다.

금도 주식처럼 가격 변동이 있다. 단기 가격 등락에 일희일비하기보단 중장기적인 투자 전략으로 접근해야 한다. 장기적으로 인플레이션 우려, 달러의 약세 가능성, 금 수급 요인 등을 고려할 때 금 투자는 매력적인 투자처임이 분명하다.

둘째는 분산 투자다. 일반적으로 주식이나 부동산은 경기가 좋은 시기에 함께 가격이 상승하지만 금은 반대의 상황(예를 들면 전쟁, 사회 혼란, 인플레이션 등) 에서 더욱 빛을 발하는 특징이 있다.
예·적금이나 주식과 같은 다른 자산들과 상관 관계가 적어 본인의 자산 현황에 금이 일부분 포함되어 있으면 효과적인 분산 투자가 가능하다.
다만 금의 가격 변동성을 고려할 때 본인이 가지고 있는 총 금융 상품의 10~20%로 분산 투자 하는 것이 바람직하다.
셋째는 환율 변동 리스크 헤징이다. 헤지(hedge)는 어떤 위험이 있을 때 그 위험을 피하기 위해서 반대되는 행위를 하는 것을 뜻하는 금융용어다. 앞서 이야기했던 것처럼 금 상품은 금 가격뿐만 아니라 국제시장에서 사고파는 것이 미국 달러 기준이기 때문에 환율 변동도 함께 고려해서 결정된다.
금 가격뿐만 아니라 원 달러 환율을 고려하여 환율이 급격하게 변동할 때는 자동 이체를 해지하거나 급격하게 하락했을 때는 조금 더 매입하는 등의 행위를 취하는 것이 좋다.

하이 리스크, 하이 리턴

은행이나 증권사에서는 예금이나 적금, 펀드처럼 언제라도 가입할 수 있는 금융 상품이 있는가 하면 그때가 아니면 가입할 수 없는 시기적인 금융 상품들도 존재한다. 채권이나 기타 파생 상품들이 바로 그 주인공들이다.

은행의 상황이나 경제 여건에 따라 그때그때 출시되는 상품이기 때문에 평소 은행이나 증권사 직원과 미리 친해놓으면 이런 정보를 많이 얻을 수 있다. 만약 상여금이 크게 들어왔거나 정기 예금 외에 여윳돈이 있을 때 이런 상품들이 판매되고 있다면 한 번쯤 투자에 도전해볼만하다. 어떤 상품들이 있는지 살펴보자.

채권, 어음, 파생 상품

새로운 기회에 투자한다

어음을 상품화하다, 표지 어음

어음은 현금이 부족한 기업이 일시적으로 현금을 확보하기 위해 내놓은 일종의 '빚'이다. 기업에서 물건을 만들어 팔면 수익이 나오는데 기술이 있어도 그 물건을 만들기 위해서 당장 돈이 없는 경우 가장 쉽게 현금을 확보할 수 있는 방법이 바로 어음을 발행하는 것이다. 보통 만기가 정해져 있기 때문에 기업이 언제까지 돈을 주겠다는, 차용증으로 봐도 무방하다.

경제 전체를 놓고 보면 어음의 필요성이 분명히 존재하지만 어음을 발행한 기업이 부도가 날 경우 어음을 받은 업체나 개인도 줄줄이 도산하는 폐해가 있기 때문에 어음은 양날의 칼과 같다.

이런 탓에 최근에는 기업들도 예전처럼 어음을 마구 발행하지는 않는다. 하지만 현금이 부족한 기업들은 여전히 어음을 요긴하게 활용하고 있다.

기업이 발행하는 어음은 어음마다 금액과 만기가 제각각인 데다 어음을 가진 사람이 나중에 돈을 회수하려고 해도 여러 가지 번거로운 절차를 거쳐야 한다. 이런 불편함을 없애고 은행이나 증권사에서 투자자들에게 쉽게 팔 수 있도록 만들어 놓은 상품이 바로 표지 어음이다. 표지 어음은 일반적으로 기업에서 물품 대금 대신에 건네주는 부도위험이 높은 일반적인 어음같은 게 아니라 중간에 은행이 끼어서 어음들을 묶어 상품화한 어음이기 때문에 안정적이다.
또 일반적으로 어음은 계약 관계에 있는 업체나 개인 간 거래 시 돈이 없을 때 만들어 주는 것인데 표지 어음은 투자 상품으로 상품화된 것이라 일반인들도 투자 차원에서 얼마든지 쉽게 구매할 수 있다.
이 때문에 일반 투자자들은 일반 정기 예금보다 이율이 높고 안정적인 표지어음을 투자의 수단으로 삼고 있다. 심지어 은행으로부터 표지 어음 보관 통장도 만들 수 있고 실제 보관도 맡길 수 있기 때문에 매력적인 투자 수단 중 하나가 되는 것이다.

팔고 나서 다시 사주는, RP(환매 조건부 채권)

RP(환매 조건부 채권, Repurchase agreements)는 금융 기관에서 채권을 판매 후 일정 기간 후에 약간의 이자를 더해 다시 사들이는 조건으로 판매하는 채권을 말한다. 기존에는 인기가 별로 없었지만 지금 같은 저금리 시대에는 그나마 조금이라도 이자를 더 주기 때문에 새롭게 각광받고 있는 상품이기도 하다.
보통은 국공채나 일정 등급(AA-) 이상의 우량 채권을 대상으로 하기 때문에 예금자 보호 대상은 아니지만 해당 발행 기관이 파산하지만 않는다면 받을 수 있기 때문에 이 장에서 설명하는 상품 중 가장 안전한 상품 중 하나라고 볼 수 있다.
CMA 통장도 요즘은 RP 형식으로 굴리는 것이 많고 최근에는 은행이나 증권사에서 RP 상품만 따로 묶어 수시로 팔기 때문에 평소에 조금만 관심을 기울이고 있다면 쉽게 가입이 가능하다.
특히 RP 상품은 기간이 단기로 운용되기 때문에 보통은 1~3개월 단위로 운용되어(사실 하루짜리부터 1년까지 가능하다) 단기간으로 운용할 자금에 투자하기 적합하다고 할 수 있다.

기업의 빚을 판매하다, 회사채

회사채는 기업이 돈이 부족할 때 그 회사의 채권(빚)을 불특정 다수에게 판매하는 것을 말한다. 사람들이 위험한 회사의 빚(채권)을 돈을 주고 사서 떠 앉는 이유는 수익률 때문이다.
당연히 채권은 위험하기 때문에 만기까지 회사가 망하지 않고 잘 유지된다면 일반 은행의 일반적인 예금이나 적금보다 높은 이자를 쳐서 돌려주기 때문에 매력적인 투자 수단이 된다.

우량기업의 자금 조달 통로, CP(기업 어음)

CP(기업 어음, Commercial Paper)는 신용도가 높은 우량 기업이 자금 조달을 목적으로 발행하는 단기(보통 1년) 채권을 말한다. 기업이 부족한 돈을 마련하기 위해 발행한다는 점에서 회사채와 CP의 성격은 거의 비슷하다. 다른 점이 있다면 회사채는 이사회의 결의를 통해 금감원에 증권 신고서를 제출해야 하는 등 절차가 까다롭지만 CP는 어음법이 적용되어 대표이사의 직권으로 얼마든지 발행할 수 있다는 점이다.
또한 CP는 보통 1년 미만의 단기로 판매되는 경우가 많은 반면 회사채는 3년 이내의 중장기 자금이 주를 이루고 있다. 하지만 최근에는 1년 이내라는 만기 제한도 없어졌다. 회사 입장에서는 CP를 더 선호할 수밖에 없다.

CP는 기업의 신용도만을 보고 발행하는 것이기 때문에 회사채에 비해 0.5~1%정도 높은 금리를 준다. 기준 금리보다 훨씬 높은 금리를 제시하기 때문에 기간이 만료됐을 때 높은 수익을 얻을 수 있지만 CP를 발행한 회사가 망하게 되면 아예 돌려받기가 어렵다. 얼마 전 발생한 동양증권 사태가 대표적인 케이스이다. CP를 매입할 때는 판매 직원의 말보다는 기업의 신용 등급과 최신 뉴스를 우선적으로 봐야 한다.

이 때문에 CP를 발행하는 회사의 신용 등급을 잘 봐야 한다. 보통 CP는 B등급 이상의 회사들만 발행할 수 있다. 신용 등급이 낮은 회사가 발행하는 CP일수록 수익률이 더 높고 신용 등급이 높은 회사가 발행하는 CP일수록 수익률이 낮다. 하이 리스크, 하이 리턴(High risk, high return) 즉 고위험, 고수익은 투자의 불문율이다.

여기서도 은행과 증권사의 성격이 잘 들어나는데 은행은 아무래도 보수적인 기관이다 보니 신용등급이 최소 A+급 이상의 초우량 기업(일반인들이 들어보았을 법한 이름의 회사)에서 발행한 CP를 주로 판매하는데 비해 증권사에서는 우량기업의 CP는 물론 신용등급이 다소 떨어지는 업체의 CP까지 다양하게 판매하고 있다. 이 때문에 증권사를 통해서 CP에 투자할 때 수익이 더 높을 수밖에 없다.

예를 들어 필자가 재직 중인 신한은행에서 2013년 두산건설의 CP를 판매했던 적이 있는데 두산건설은 당시 신용등급이 AA였다. 아파트 단지를 짓고 있다가 일시적으로 자금이 부족하여 융통을 위해 판매했던 것이었는데 당시 예금 금리보다 2~3%정도 높은 수익률을 제시하여 금방 팔렸었던 전례가 있다. 6개월 뒤 돌아온 만기 때 투자자들은 모두 제시 금리를 받고 끝났다.
하지만 회사가 부도가 나거나 법정 관리에 들어갈 때 투자자들이 채권 회수 시 회사채는 선순위로 우선 변제가 가능하고 CP는 회사채보다 후순위이기 때문에 회사채를 샀던 사람들이 모두 돌려받고 나서야 CP를 산 사람들이 돌려받을 수 있다.
하지만 동양증권 사태에서 보았듯 어차피 우리나라에서는 업체가 망하면 회사채든 CP든 둘 다 돌려받기 힘들어지기 때문에 순위 문제는 크게 영향을 미치지 않을 수도 있다.
예를 들어 건설사에서 건물을 지으면서 자금이 부족할 때 자금을 융통하기 위해서 채권(어음)을 발행한다. 채권이 잘 팔리려면 당연히 시중 금리보다 높은 금리로 되돌려줘야 하기 때문에 이 채권들은 시중 금리 이상의 수익률을 제시하고 있다.
이런 채권들을 팔기 위해서는 아무래도 은행이나 증권사처럼 전국에 영업망이 깔려 있는 금융 기관들(은행/증권사)의 전국에 깔려있는 영업망을 이용하는 것이 가장 쉽기 때문에 금융 기관에서 이 채권들을 매입하여 판매하게 된다.
채권을 매입하는 사람들 또한 채권을 매입하고 추후 되돌려 받을 때 거래 금융 기관을 이용하는 것이 용이하기 때문에 금융 기관에서 CP 매입/매도가 가장 활발히 일어나고 있다.

부채 상환의 마지막 번호표, 후순위 채권

2009년 세계 경제 위기 전 국내 시중 은행들은 유행처럼 후순위 채권을 발행하여 유동성을 확보했다. 당시 금리보다 훨씬 많은 7~8%

의 금리를 만기 기간까지 보장해주는 상품이었다.
후순위 채권은 말 그대로 후순위 채권을 발행한 회사가 망했을 때 다른 부채들을 먼저 다 상환해 주고 가장 나중에서야 상환 받을 수 있는 채권이라는 뜻이다.
단어의 뜻만 보면 굉장히 위험해 보이지만 실제로는 시중 은행들이 자신들의 후순위 채권을 발행했기 때문에 사실상 망할 위험이 거의 없고 기준 금리보다 훨씬 높은 금리를 보장해 주어 당시 많은 사람들이 이 후순위 채권을 사들였고 수익을 내고 있다.
하지만 시중 은행의 후순위 채권 외에도 일반 회사들의 후순위 채권을 파는 경우도 있다.
시중 은행(1금융권)의 후순위 채권이 출시된다면 과감하게 베팅하는 것이 좋지만 일반 회사의 후순위 채권이 판매되고 있다면 그 기업의 장기적인 미래 가치를 보고 사들이는 것이 좋다. 후순위 채권의 만기는 보통 5년 이상이기 때문에 길게 내다볼 필요가 있다.

후순위 중의 후순위, 신종 자본 증권

신종 자본 증권은 시장에서 개인이 살 수 있게 된지 얼마 되지 않은 신상품이다. 이 장에서 설명하는 CP, 회사채, 후순위 채권과 비슷한 상품으로 신종 자본 증권 또한 은행이나 기업에서 현금 유동성이 부족할 때 내놓는 채권(빚)이라고 할 수 있다.
기본적인 성격은 비슷하지만 채권 중에서 가장 나중에 받을 수 있는 후순위 채권보다도 더 나중에 받을 수 있는 채권이다. 상품의 특성이 후순위 채권과 비슷하기 때문에 독자들의 이해를 편하게 하기 위해서 '후후순위 채권'이라고 봐도 무방한 상품이다.
다만 이 채권들은 주식 보유자(우선주, 보통주)의 주식보다는 먼저 받을 수 있다. 그래봤자 우리나라에서는 기업이 망하면 채권이나 주식 모두 똑같이 휴지조각이 된다는 사실을 명심해야 한다.
신종 자본 증권은 주식과 채권의 중간적인 성격을 가지고 있어서 하이브리드 채권(Hybrid bond)이라고도 불린다. 일반 채권처럼 확정 금리가 보장되지만 일반 주식처럼 만기가 정해져 있지 않아 은행 측면에서는 상환 부담이 없기 때문이다.
또한 금융 당국도 일정 수준 이상의 자본 안정성 요건이 충족하는 은행에서만 발행할 수 있게 허가를 해 주기 때문에 투자자들에게도 비교적 주식보다는 안정적인 상품으로 다가올 수밖에 없다.
후순위 채권과 마찬가지로 신종 자본 증권 또한 출시가 된다면 은행이 망하지 않는 한 예금의 몇 배 정도 되는 고수익을 노릴 만하니 참고하기 바란다.

공기업을 믿고 투자한다, 지방 공사 채권

지방 공사 채권은 지방 자치 단체에 속한 공기업이 발행한 채권을 의미한다. 아무래도 일반 회사가 아닌 공적 자금이 들어간 공기업이기 때문에 쉽게 망할 확률이 적다. 지금까지 가장 대중화되고 많이 풀린 것이 인천도시공사 채권이다. 이러한 지방 공사 채권들은 만기 1년짜리의 금리가 기준 금리의 약 1.5배 정도 하기 때문에 안정적이면서 비교적 고수익을 내는 채권이라고 할 수 있다.
앞서 이야기 했던 후순위 채권이나 지방 공사 채권 모두 만기 이전

해지시 채권 가격이 낮으면 손해를 볼 수 있기 때문에 만기까지는 꼭 가지고 갈 생각으로 가입하는 것이 옳다.

자산을 담보로 현금 흐름을 만들다,
ABCP(자산 담보부 기업 어음)

요즘 정기예금 금리가 하도 낮다 보니 이런 파생 상품들까지도 민간 일반 투자자들에게 판매가 되고 있는데 ABCP(자산 담보부 기업 어음, Asset backed Commercial paper)는 이 장에서 소개하는 상품 가운데 가장 복잡한 상품이다. AB(Asset Backed)라는 글자가 들어가는 파생 상품들은 아직 발생하지 않은 현재 자산을 담보로 투자회사가 미래의 수익을 평가해 현금 흐름을 극대화하는 상품이다.

AB라는 글자가 들어가는 대표적인 상품이 ABS와 ABCP이다. ABS의 S는 Security의 머리글자로 채권(증권), ABCP의 CP는 Commercial Paper의 머리글자로 기업 어음을 의미한다.

즉, ABS(Asset backed Securities)는 기업이나 은행이 돈이 없을 때 자금 확보를 위해서 자신들이 가지고 있는 자산(부동산, 증권, 채권 등)을 수백 수천만 개의 작은 단위로 잘게 잘라서 그 각각을 채권화한 것이고 ABCP는 그 자산을 기업 어음화 한 것이라고 보면 된다.

예를 들어 회사가 1백억 원짜리 빌딩을 가지고 있다면 그것을 1백만 원 단위 1천 장으로 나눠 각각의 채권으로 만들어 판다. 이것이 ABS다. 그리고 이것을 기업 어음화 한 것이 바로 ABCP이다. 사실 기업이 이 정도 수준까지 온다는 것은 아주 특별한 경우를 제외하고는 현금 확보할 곳이 너무 없어서 마지막 발악을 하고 있다고 볼 수도 있다.

게다가 이런 채권을 담보가 있긴 하지만 은행이나 증권사에서 사들여서 신용 보강을 해주고 불특정 다수에게 파는데 한번에 1백억 원을 주고 빌딩을 살 사람은 없지만 1백만 원씩 나누어 살 사람은 많기 때문에 발행자는 자산을 쉽게 팔수 있고 투자자는 일반 정기 예금보다 훨씬 높은 수익률을 얻을 수 있다. 은행이 망하지 않는 한 보장까지 해주기 때문에 거래가 활발하게 일어나는 것이다.

ABS의 경우 과거에는 자산 측정이 명확한 자산들, 즉 부동산이나 분양 대금, 유가 증권, 실물 자산 등을 기초로 발행되는 것이 일반적이었지만 지금은 스마트폰 단말기 할부금, 주택 담보 대출금, 카드 채권, 지적 재산권, 매출 채권 등 자산 가치를 따지기 어려운 것까지 기초자산으로 이용하여 ABS 상품을 만들고 있어 금융 기관에서 보장해준다고는 해도 상당히 위험하다고 할 수 있다. 결국 ABCP의 성격도 앞서 이야기 한 CP성격과 비슷하지만 독자들에게는 조금 더 복잡해지고 위험해진 상품이라고 봐도 무방하겠다.

독자들은 2008년의 세계 경제 위기를 기억할 것이다. 세계 경제 위기는 쉽게 말하면 바로 이런 부실한 파생 상품들이 물리고 물려 일어난 사태였다. 당시 이런 ABS와 유사한 MBO, CDO, CDS같은 파생 상품들이 맞물려 지급 보증처인 세계 최대 금융회사 중 하나인 리먼 브라더스가 파산해버린 탓에 연쇄적인 부도가 일어났기 때문이다.

이처럼 파생 상품 시장이 곪고 곪아 결국 이런 부실 채권들을 매입한 은행도 망하게 되면 ABCP도 분명히 위험해질 수 있다는 사실을 명심하고 눈앞에 이익만 쫓기 보다는 내실이 튼튼한 상품을 찾아보라고 말하고 싶다.

5 제대로 알고 빌리자 대출

대출,
안 받을 수 없다면 똑똑하게 받자

과거 예대마진이 은행의 주 수입원이던 시절에는 대출을 가장 잘 다뤄야 뛰어난 은행원 대접을 받았다. 대출을 받기 어려웠기 때문에 대출을 해주면 고객으로부터 공공연히 '커미션'을 받거나 접대를 받았던 적도 있다고 한다.

하지만 지금은 전산망을 통해 대출 한도와 금리가 명시되어 있는 데다 관행처럼 이루어지던 지점장 고유 권한 대출도 거의 사라져 대출 환경도 과거와는 많이 달라졌다.

지금은 상품을 가장 잘 판매하는 직원이 인정을 받고 있다. 대출은 아무리 많이 해봤자 인정도 못 받고 혹여나 대출이 부실나면 책임을 져야하기 때문에 무리하게 나설 수 없는 것이 현실이다.

게다가 이제는 고객들이 은행을 여기저기 다니며 대출 금리를 비교해보고 대출을 받는 시대가 됐기 때문에 더 이상 은행이 '갑' 노릇을 하기도 어렵다.

은행에서 상담을 하다보면 상품 가입보다 대출을 받으려는 사람들이 훨씬 많다. 특히 최근 기준 금리가 많이 떨어진 상태이기 때문에 저축을 하는 사람들은 불리하지만 대출을 받는 사람들은 그만큼 이득을 보고 있다.

대출은 가급적이면 받지 않는 것이 최선이지만 세상을 살다보면 대출을 아예 받지 않기도 힘든 것이 현실이다. 알면 알수록 대출도 더 현명하게 받을 수 있다. 대출의 A~Z까지 꼼꼼하게 알아보도록 하자.

신용 대출 vs 담보 대출

나를 맡길 것인가 담보를 맡길 것인가

대출에는 크게 신용 대출과 담보 대출이 있다. 신용 대출은 담보 없이 그 사람의 신용으로만 대출을 해 주는 것이고 담보 대출은 은행에 담보로 내놓을 자산이 있을 때 그 자산을 맡기고 대출을 받는 것이다.

신용 등급만 좋다고 신용 대출 잘 받을까?

먼저 신용 대출에 대해 알아보자. 신용 대출을 위해서는 신용을 분석하기 위한 여러 가지 심사가 필요하다. 상담을 하다보면 단순히 신용 등급만 좋다고 돈을 빌려줄 수 있다고 생각하는 사람들이 많은데 그렇지 않다. 대출이 그렇게 쉬운 거라면 은행에서 돈 빌리기 어렵다는 이야기가 괜히 나오지는 않았을 것이다.

신용 대출을 받으려면 기본적으로 다음과 같은 조건들이 갖춰져야 한다.

첫째, 일정한 소득이 있어야 한다. 가령 신용 등급 1등급의 무직자가 대출을 신청한다면 은행원들은 대출 심사를 해보지도 않고 바로 거절 판정을 내린다. 과외 선생님이나 학원 선생님 혹은 소득 신고를 따로 하지 않는 프리랜서들 또한 신용 등급이 아무리 높아도 대출을 받기 힘들다.

신용 대출은 기본적으로 국세청에 일정 금액 이상 소득 신고를 하는 사람들을 대상으로 하며 아무리 돈을 많이 벌어도 소득 신고를 하지 않는 사람들은 제1금융권 신용 대출 대상에서 제외된다.
예전에는 지점장 예외 승인으로도 가능한 경우가 있었고 심지어 소득이 없는 주부들에게도 일정 금액의 소액 대출이 가능했으나 최근 이런 관행들이 모두 사라진 상태이다.
은행도 이익을 추구하는 기업이기 때문에 생존을 위해서는 오랜 경험을 토대로 시스템화된 대출 심사를 진행할 수밖에 없다. 방글라데시의 그라민은행은 역발상으로 오히려 가난한 사람에게만 돈을 빌려주는 미소 금융을 정책을 펼쳐 성공했고 현재는 안정적인 시스템으로 완전히 정착했다고 한다. 개인적으로는 우리나라도 우리나라만의 이런 사회적 기업이 정착하여 뿌리를 내렸으면 하는 바람이 있다.
둘째는 국민연금이나 건강보험 등 4대 보험 가입 여부다. 최근에는 국가의 서민 금융 정책과 맞물려 소득이 없어도 국민연금이나 건강보험료로 소득 금액을 산출하여 대출을 해주기도 한다. 건강보험 가입 내역서는 회사에 재직한 날짜와 기간 등을 알 수 있어 사기 대출 예방에 이용되기도 하기 때문에 신용 대출에서 중요하게 보는 서류이기도 하다.
셋째는 신용 등급이다. 신용 등급은 주로 외부 신용 등급(KCB, NICE 등) 기관에서 산출한 신용 등급과 은행이 자체적으로 산출하는 신용 등급을 합산하여 평가한다.
고기의 등급을 매기는 것처럼 사람의 신용 등급을 매긴다는 점에서 기분 나쁠 수도 있지만 은행과 신용 평가 기관에서 1백년 가까운 세월 동안 대출을 진행하면서 쌓은 노하우와 패턴을 가지고 기술적으로 만든 것이기 때문에 신뢰 수준이 높다. 신용 등급에 관해서는 다음에 다시 자세히 설명하겠지만 평소 자신의 신용 등급을 항상 체크하고 꼼꼼히 관리하는 것이 매우 중요하다.

넷째는 소득 금액의 크기다. 당연히 소득이 많은 사람일수록 대출을 많이 해줄 수 있고 소득이 적을수록 대출이 적게 나갈 수밖에 없다.

다섯째는 재직 업체의 건전성이나 사업장의 유명세다. 아무래도 중소기업에 다니는 사람들과 대기업에 다니는 사람들은 은행에서 다른 잣대가 적용될 수밖에 없다. 중소기업이어도 내실이 튼튼하고 오래가는 회사가 있는 반면 대기업이어도 부실할 수 있지만 치사해도 은행에서는 이렇게 볼 수밖에 없는 것이 현실이다.

여섯째는 재직 기간 혹은 사업장의 업력이다. 재직 기간이 짧을수록 다른 직장으로 이직할 확률이 높고 재직 기간이 길수록 오랫동안 안정적으로 회사를 다닐 확률이 높다고 판단한다. 사업자의 경우도 사업장의 업력이 오래 될수록 더 높게 쳐주고 사업장을 개설한 기간이 짧을수록 더 낮은 평가를 하고 있다.

일곱째는 직종 구분이다. 직업에는 귀천이 없다. 필자도 직업이 어떤 것이든 자신이 원하는 일을 하는 사람이 가장 행복한 사람이라고 생각한다. 하지만 은행에서는 이 말이 통하지가 않는다.

자격증을 취득한 전문직 종사자나 공무원, 대기업 정규직종에 근무하는 사람일수록 대출 조건이 더 좋게 나온다. 반면 영업직이나 비정규직, 중소기업에 일하는 사람일수록 대출 조건이 좋지 않은 경우가 많다. 너무 치사하지만 자본주의 국가에서 살고 있는 우리들이 은행에서 겪어야 할 숙명이다.

부동산과 보증서, 담보 대출의 두 기둥

지금까지 신용 대출에 대해 알아보았다. 그렇다면 담보 대출에는 어떤 기준이 적용될까? 담보 대출은 신용 대출과는 달리 조건이 그렇게 까다로운 편은 아니다. 담보 대출은 대출이 부도가 나도 회수할 수 있는 담보가 있기 때문이다.

은행이 담보로 잡을 수 있는 것은 크게 부동산과 보증서가 있다. 그 외 동산, 즉 지적 재산권, 자동차, 고가의 물건 등 물적 자산도 담보로 잡으려면 잡을 수 있지만 이런 것들은 감가상각(자산 가치가 지속적으로 떨어지는 것)되고 쉽게 들고 도망갈 수도 있기 때문에 은행에서는 담보로 인정을 하지 않는다.

물론 기업 대출의 경우 견질담보로 기계 설비 장비나 원자재 등을 잡기도 하지만 극히 예외이기 때문에 여기서는 다루지 않기로 한다. 견질담보는 은행 규정상 정식으로 담보 취득을 할 수 없을 때 보완적인 의미에서 형식적으로 잡아놓는 담보를 뜻한다. 은행이 담보로 잡지 않는 이러한 것들도 할부 금융사나 기타 제2금융권에서는 담보로 인정해주는 경우가 있기 때문에 참고하도록 하자. 부동산이나 보증서 같은 것들은 담보가 확실한 것들이므로 크게 문제가 되지 않는 한 대출이 가능하다.

부동산 중에서도 아파트의 경우에는 모든 은행들이 공통으로 사용하는 KB시세표(예전 주택은행 시절 전국의 아파트를 대상으로 만들어진 시스템)를 이용해서 대출이 나가는데 내 아파트가 KB시세표상 얼마 정도의 가격인지 인터넷(http://nland.kbstar.com/quics?page=rstar)에서 쉽게 확인이 가능하다.

KB시세표는 아파트 담보 대출을 할 때 모든 시중 은행이 공통으로 참고하는 자료이기 때문에 반드시 확인할 필요가 있다. KB시세표는 실제 시세와 비슷하나 약간 보수적으로 측정하기 때문에 실제 매매가 보다 싼 값에 나와 있는 경우가 많다.
시중 은행에서는 1층을 제외한 나머지 층들은 모두 이 시세표상 나와 있는 매매 일반가의 최대 70%까지 대출이 가능하며 지역별, 방수에 따라 소액 보증금을 차감하게 된다(소액 보증금 다음 페이지 참고).
빌라나 일반 주택의 경우는 은행에서 따로 감정을 진행하게 된다. 아파트 외의 주택에 대한 담보 대출을 문의할 때 공시 지가를 많이 언급하지만 실제로 은행에서는 자체적인 감정 평가를 통해 부동산 가격을 측정하기 때문에 공시 지가와는 큰 관계는 없다고 보면 된다.
은행에서 진행하는 감정 평가는 크게 탁상 감정과 정식 감정 두 가지로 나뉜다. 탁상 감정의 경우 말 그대로 실제 부동산을 보고 측정하는 것이 아니라 탁상에 앉아서 과거부터 지금까지의 매매 현황, 주변 시세, 매매가 등을 고려하여 수치들로만 환산하여 감정을 매기는 것이라 감정가액이 상당히 적게 나오는 편이다.
정식 감정은 외부 감정 평가 기관에 의뢰하여 소속 감정 평가 기관 직원이 직접 부동산에 방문하여 사진도 찍고 주변 환경 및 입점 시설들을 다양하게 평가해 감정하기 때문에 탁상 감정보다는 높은 감정가가 나오게 된다.
은행원들은 아파트 외의 부동산 담보 대출을 접수받을 경우 금액에 따라 신청 금액이 적으면 탁상 감정을 의뢰하고 신청 금액이 많으면 정식 감정을 의뢰하게 된다. 정식 감정은 어마어마한 비용이 은행 비용에서 빠져나가기 때문에 대출 금액이 크지 않으면 어지간해서는 잘 진행하지 않는 편이다.

참고로 탁상 감정이나 정식 감정 모두 제1금융권 시중 은행의 경우 실제 매매가에 비해 작게 평가하고 있지만 제2금융권에 감정을 의뢰하면 거의 100% 가까이 나오는 경우도 많으니 참고하자.

아파트 살 때 꼭 알아야 할 대출 상식

모든 채무의 최우선 순위 '방 빼기'

주택임대차보호법 소액 보증금 최우선 변제 금액이란 일정 금액 이하의 전·월세 보증금으로 저소득층 세입자가 살고 있는 주택이 경매되면 먼저 설정된 은행 대출금보다 먼저 일정 금액을 배당받을 수 있는 제도다.

소액의 전·월세 세입자가 보증금을 모두 날리면 생활 기반이 무너지기 때문에 최소한의 금액을 다른 모든 채무에 우선하여 최우선 순위로 배당해 주는 것으로 속칭 '방 빼기'라고 불린다.

물론 자신이 현재 살고 있다고 해도 은행 대출을 받은 후 추후 전세를 놓을 수도 있고 방 한 두 칸을 월세로 줄 수도 있기 때문에 이런 임차인의 권리를 최대한 보호해 주기 위해 현행법상 소액 임차 보증금 최우선 변제 금액이라는 조항을 만들었다.

만약 부동산 소유자가 이미 은행에서 전월세 대출 한도를 채워서 받고 있는 상태에서 전월세 계약을 해서 살고 있다고 가정해보자. 부동산 소유자가 더 이상 돈이 없어서 대출 이자를 내지 못하고 파산해버리면 모든 부동산을 담보로 제공했던 은행이나 금융 기관에 압류당하고 경매에 넘어가 다른 사람에게 팔리게 된다. 이런 경우 은행의 저당권 설정 금액보다도 최우선으로 임차인에게 먼저 보장해주는 금액을 말한다.

물론 이런 경우를 방지하고 전세 금액을 온전히 다 받으려면 은행보다 전세권 설정을 더 먼저 하면 본인의 전세 보증금을 전부 회수할 수 있다. 예전에는 지역별 그리고 방의 개수로 소액 보증금을 계산했지만 현재는 법 개정이 되어 방 수에 상관없이 지역별 소액 보증금이 적용되고 있으므로 아래 표를 참고하도록 하자.

소액 임차인의 최우선 보증금의 범위(주택임대차 보호법)

(단위 만 원)

지역 구분	보호 대상 보증금의 범위	우선 변제 보증금의 범위
서울특별시	9,500	3,200
수도권 과밀 억제 권역	8,000	2,700
광역시 등	6,000	2,000
그밖의 지역	4,500	1,500

이렇게 소액 보증금을 차감하게 되면 실제로 나갈 수 있는 대출 금액은 아파트 가격의 70%가 채 되지 않는다. 하지만 은행에서는 이런 점을 보완하기 위해 MCI(모기지 신용 보험, Mortgage credit insurance)을 이용해서 소액 보증금만큼의 금액을 차감시키지 않고도 70% 전액 담보 대출을 가능하게 할 수도 있다.
모기지 신용 보험이란 서울보증보험에서 발급해주는 일종의 보증서로 담보 대출이 부실이 나도 소액 보증금 최우선 변제 금액만큼을

서울보증보험에서 대신 돌려주기 때문에 은행에서는 온전한 대출이 가능하다. 서울보증보험을 직접 방문하지 않아도 은행에서 담보 대출을 진행하면서 한 번에 가입이 가능하다.
다만 MCI에 가입하기 위해서는 신용 등급이 좋아야 하고 일정 부분 발급 수수료를 부담할 수도 있다는 사실을 명심하자.

내 아파트 대출은 얼마나 가능할까? LTV

이 외에도 담보대출시 가장 중요하게 보는 것은 LTV(주택 담보 대출 비율, Loan To Value Ratio)이다. 내 아파트(혹은 부동산)의 가격 대비 대출이 얼마만큼 나오는지, 즉 대출 한도는 LTV에서 거의 판가름 나는데 아파트는 위에서 언급했던 것처럼 제1금융권인 시중 은행에서는 거의 70%선까지 가능하다(예전에는 서초, 강남, 송파 등 강남 3구의 경우 투기 과열을 막기 위해 최대 50%까지만 가능했던 적도 있었다).
이자율이 높기는 하지만 제2금융권의 경우 보험사 70%, 할부 금융사 80%, 저축 은행 90%로 한도가 늘어난다. 대출금을 많이 받아야 하는 상황에 있는 사람들은 제2금융권을 더 많이 이용하기도 한다.

대출 갚을 능력 꼼꼼하게 살핀다, DTI

부동산 담보 대출에서 마지막으로 봐야할 것은 DTI(총부채 상환 비율, Debt to Income)이다. 대출을 갚을 수 있는 능력을 보겠다는 이야기이다. 신용 대출도 아니고 담보 대출에서 대출 상환 능력을 본다는 것이 조금 이상하게 보일 수도 있다. 대출을 갚지 못하면 담보를 회수하면 되기 때문이다. DTI는 개인 부채를 줄이기 위해 국가에서 정책적으로 만들어 놓은 제도로 1억 이상의 대출을 받을 경우 확인하도록 하고 있다.
2004~2005년 부동산 시장이 과열됐을 때 쉽게 대출을 받아 투기 목적으로 집을 사는 행위를 방지하기 위해 만들어진 것으로 일반적으로 40%~60% 범위 이내에서 움직이고 있다. 한때 강남3구(송파구, 서초구, 강남구)의 DTI 비율이 40%까지 내려간 적도 있다.
DTI 비율이 높으면 대출 이자가 꽤 커지게 되고 추후 대출금을 갚기 어려운 상황이 올 수 도 있기 때문에 대출의 부실화를 방지하는 차원에서 담보 대출이지만 대출 금액 대비 소득 능력을 보게 되는 것이다.
계산 방법은 한 달에 본인이 내는 원금+이자와 본인의 소득 금액과 다른 대출금(부채)간의 비율을 계산하여 따지는 것이기 때문에 궁금한 사람들은 가까운 은행에 방문하여 계산해달라고 요청해보자.
DTI 비율을 총족시키는 것은 크게 어렵지는 않다. DTI는 신용 대출과 달리 실제 국세청에 소득 신고하는 금액뿐만 아니라 연간 카드 사용액, 국민건강보험료 납부액 등으로도 소득 증빙이 가능하고 대출 기간을 20년, 30년으로 늘려버리면 그만큼 매달 상환해야 할 원리금이 줄어들어 DTI 비율이 낮아지기 때문에 맞추려면 억지로라도 맞출 수 있다.
은행 차원에서 한 번 더 주의를 기울이는 의무도 있고 손님들 차원에서도 소득이 적은데 대출을 무리하게 받는 것을 억제할 수 있으므로 순기능이 더 많은 정책이라고 볼 수 있다.
부동산 담보 대출 이외에도 보증서 담보 대출이 있는데, 보증서 담보 대출은 신용보증기금이나 국민행복기금 등 특정 기관에서 일정 요건이 갖춰진 사람들을 대상으로 보증서를 발급하고 은행에 추천해준다.

보증서마다 보장해주는 비율, 이자 등이 다르지만 은행에서는 만약 대출이 부실이 나도 추후 보증서 발급 기관에 대위 변제(대신 갚아주는 것)를 요청할 수 있기 때문에 리스크가 크게 없어 보증서를 발급해오거나 발급이 되면 신용 등급이 크게 나쁘지는 않은 한 웬만하면 해주고 있는 편이다.

지금까지 담보 대출의 기본에 대해 알아보았다. 보증서 대출에 대한 자세한 사항, 그리고 앞서 내내 다루었던 부동산 대출에 대한 자세한 사항과 상품들은 뒤에서 다시 자세히 설명하도록 하겠다.

기업 대출

회사 이름 걸고 개인 용도로 쓰려면 거절

이 부분은 일반 독자들에게는 해당되지 않을 것이다. 하지만 은행에서 상담을 하다 보면 최근 자영업자가 많이 늘어난 것을 피부로 느낄 수 있다.

그럼에도 불구하고 자영업자들이 놓치는 부분이 많은 것을 보았기 때문에 간략하게라도 짚고 넘어가려고 한다.

기업 대출은 개인 대출과는 판이하게 다르다. 큰 맥락에서 보면 자금의 운용 용도에 따라서 크게 시설 대출과 운전 자금 대출로 나눌 수 있고 그중에서도 담보의 유무에 따라 신용 대출과 담보 대출로 나눌 수 있다.

시설 대출은 사업을 하기 위한 부동산 구입이나 시설의 신축이나 확충에 소요되는 자금으로 담보가 존재하는 경우가 대부분이어서 금리도 싼 편이고 대출 기간도 비교적 길다.

운전 자금 대출은 사업을 운영하면서 순수하게 들어가는 비용, 즉 인건비, 공과금, 세금, 재료 구입비 등에 쓰이게 되며 때에 따라서는 자금 운용에 관련된 서류도 제출해야 한다.

기업 대출의 목적에 맞지 않는 개인적인 용도로 이용하는 경우라면 은행에서는 대출을 거절할 수 있다는 점을 명심하자. 가끔 개인 사업자들이 와서 마이너스 통장을 요구하는 경우가 많은데 이런 경우에도 개인 대출처럼 쉽게 하기 어렵고 기업 대출로 진행을 해야 한다. 때문에 개인과는 다르게 기업 대출의 경우에는 많은 서류를 준비해야 하고 굉장히 까다로운 절차를 거쳐 진행하게 되는데 기본적으로 준비해야 하는 서류는 다음과 같다.

1. 사업자 등록증
2. 소득 금액 증명원 혹은 사업자 원천 징수 영수증
3. 국세 납입 증명서
4. 지방세 납입 증명서
5. 최근 3개년 간 재무제표
6. 부가가치세 표준 증명원

대출을 신청하러 갈 때는 사업자 등록증과 재무제표, 부가가치세 표준 증명원, 소득 금액 증명원 정도는 꼭 챙겨가야 상담이 가능하다. 개업을 한지 최소한 3~6개월은 지나야 신용 대출이 가능한데 은행에서도 개인 가계 대출과는 달리 기업 신용 대출은 엄격한 기준으로 평가하기 때문에 생각보다 한도가 적게 나오는 경우가 대부분이다.
기업 대출의 경우에는 굉장히 다양한 요소로 평가하는데 사업자의 업력이나 부동산 소유 여부, 업종 형태에 따라 대출 결과가 판이하게 달라질 수도 있으니 참고하자.
안정적으로 월급을 받는 샐러리맨들보다 사업자들이 부실이 나는 경우가 더 많기 때문에 가계 대출보다 기업 대출이 더 까다로운 것이 사실이다.
다만 국가에서 정책적으로 자영업자들의 부흥을 위해 여러 가지 다양한 정책 자금을 운영하고 있고 기타 공공기관에서도 자영업자나 법인을 위한 보증서 발급을 다양하게 해 주고 있기 때문에 이런 자금들을 이용하는 것이 현명하다.

업종에 따라 조금 다르기는 하지만 국가 정책의 일환으로 신용보증기금이나 기술보증기금 등의 공기업에서 주로 사업자들의 보증서를 발급해주고 있다. 또한 국가에서 직접 소상공인들을 위해 은행 이자 차액을 지원하여 초저금리 대출을 받을 수 있도록 이차 보전 대출을 정기적으로 운영하고 있기도 하다.

이런 자금들을 잘 활용하면 대출 한도도 꽤 많이 받을 수 있고 금리도 오히려 가계 대출보다 훨씬 싼 경우가 부지기수이기 때문에 항상 출시되어 있는 상품은 아니지만, 평소 은행의 기업 담당자들과 친해 놓으면 이런 정보를 쉽게 얻을 수 있다.

대출 방식

'맛통' 좋아하다 '깡통'된다

"맛통(마이너스통장) 뚫으러 왔어요."

"통장 만들 건데요, 마이너스 통장으로 해주세요."

대출을 담당하는 시중 은행의 은행원이라면 공통적으로 겪는 당황스러운 사례 중 하나다. 사람들이 편의상 쉽게 부르는 '맛통', 즉 마이너스 통장의 정식 명칭은 유동성 한도 대출이다.

상식적으로 마이너스 통장은 통장에 잔고가 없어도 아무 때나 약정한 한도만큼 빼 쓸 수 있게 만들어 놓은 것이기 때문에 언젠가는 갚아야 하는 대출이지만 그만큼 사람들이 마이너스 통장을 쉽게 생각하고 있다는 반증이기도 하다.

일반인들을 위한 세 가지 대출

일반인들이 이용할 수 있는 대출은 세 가지 방식이 있다. 건별 대출, 한도 대출, 분할 상환 대출이 바로 그것이다. 예를 들어 1천만 원을 빌린다고 가정해보자. 건별 대출은 한 번에 1천만 원을 통장에 입금해 주는 대출로 약정기간 동안 이자만 내다가 대출만기날 원금을 한 번에 갚는 방식이다.

한도 대출은 통장을 지정해 해당 통장에서 마이너스 1천만 원까지 빼서 쓸 수 있는 대출이다. 마이너스 1천만 원 한도 내에서 자유롭게 쓰다가 대출 만기 날 통장 잔액을 0원 이상으로 만들어야 하는 대출 방식이다.

분할 상환 대출은 1천만 원을 한 번에 받고 일정 기간 동안 나누어서 갚아나가는 대출로 크게 원금 분할 상환과 원리금 분할 상환 방식 두 가지가 있다. 원금 분할 상환은 원금과 이자를 일정 기간 동안 계속 갚아나가서 대출 만기 때 자연스럽게 대출 잔액이 0원이 되며 대출 기간 종료 시 대출 금액까지 갚을 수 있게 되는 방식이다. 원금 분할 상환의 특징은 원금을 계속 갚기 때문에 원금이 줄고 이자까지 함께 줄어들어 상환하는 금액이 점점 줄어든다는 장점이 있다.

1백20만 원 1년 원금 분할 상환 방식

대출금의 상환 금액과 일정 계산 결과

대출 금액	대출 기간	대출 금리	상환 주기	상환 방법	납입 원금	총이자
1,200,000원	12개월	5%	1개월	원금 균등 상환	100,000원	32,500원

회	상환일	상환금	납입 원금	이자	납입 원금 합계	잔금
1	2013-09-19	105,000원	100,000원	5,000원	100,000원	1,100,000원
2	2013-10-19	104,583원	100,000원	4,583원	200,000원	1,000,000원
3	2013-11-19	104,167원	100,000원	4,267원	300,000원	900,000원
4	2013-12-19	103,750원	100,000원	3,750원	400,000원	800,000원
5	2014-01-19	103,333원	100,000원	3,333원	500,000원	700,000원
6	2014-02-19	102,917원	100,000원	2,917원	600,000원	600,000원
7	2014-03-19	102,500원	100,000원	2,500원	700,000원	500,000원
8	2014-04-19	102,083원	100,000원	2,083원	800,000원	400,000원
9	2014-05-19	101,667원	100,000원	1,667원	900,000원	300,000원
10	2014-06-19	101,250원	100,000원	1,250원	1,000,000원	200,000원
11	2014-07-19	100,833원	100,000원	833원	1,100,000원	100,000원
12	2014-08-19	100,417원	100,000원	417원	1,200,000원	0원

*출처 : 신용회복위원회 공식 블로그-KB국민은행 금융계산기

원리금 분할 상환 대출은 원금 분할 상환과 비슷한 방식이지만 차이점은 원금과 이자를 맞추어 처음 상환할 때와 마지막 상환할 때의 금액이 똑같다. 즉 매달 상환 금액이 대출 만기 시까지 계속 똑 같은 대출 방식이다. 매달 납입하는 금액이 같기 때문에 편리하지만 원금 분할 상환 방식보다 같은 기간이라도 이자를 더 많이 내야하는 것이 단점이다.

1백20만 원 1년 원리금 분할 상환 방식시 계산

대출금의 상환 금액과 일정 계산 결과

대출 금액	대출 기간	대출 금리	상환 주기	상환 방법	상환금	총이자
1,200,000원	12개월	5%	1개월	원리금 균등 상환	102,729원	32,748원

회	상환일	상환금	납입 원금	이자	납입 원금 합계	잔금
1	2013-09-19	102,729원	97,729원	5,000원	97,729원	1,102,271원
2	2013-10-19	102,729원	98,136원	4,593원	195,865원	1,004,135원
3	2013-11-19	102,729원	98,545원	4,184원	294,410원	905,590원
4	2013-12-19	102,729원	98,956원	3,773원	393,366원	806,634원
5	2014-01-19	102,729원	99,368원	3,361원	492,734원	707,266원
6	2014-02-19	102,729원	99,782원	2,947원	592,516원	607,484원
7	2014-03-19	102,729원	100,198원	2,531원	692,714원	507,286원
8	2014-04-19	102,729원	100,615원	2,114원	793,329원	406,671원
9	2014-05-19	102,729원	101,035원	1,694원	894,364원	305,636원
10	2014-06-19	102,729원	101,455원	1,273원	995,819원	204,181원
11	2014-07-19	102,729원	101,878원	851원	1,097,697원	102,303원
12	2014-08-19	102,729원	102,303원	426원	1,200,000원	0원

*출처 : 신용회복위원회 공식 블로그-KB국민은행 금융계산기

개인 가계 신용 대출의 경우 건별 대출과 한도 대출의 만기는 대부분 12개월(1년)에 맞춰져 있다. 1년 동안 대출을 사용하는 행태를 보고 이자를 잘 갚는지 신용상 문제가 없는지 평가하여 1년 뒤 만기가 됐을 때 연장을 원하면 직장을 다니고 신용 상 문제가 없으면 또다시 1년 단위로 연장을 해주는 형태다. 이렇게 최장 10년까지 연장이 가능하기 때문에 평소에 신용을 잘 관리하는 것이 중요하다.
단, 개별 대출의 경우가 한도 대출보다 0.5%정도 더 싼 편인데 이유는 마이너스 통장이 편리하긴 하지만 한 번에 받는 개별 대출보다 리스크가 크고 중도 상환 수수료가 면제되기 때문에 이 가산 금리 0.5% 안에 포함되어 있다고 볼 수 있다.
분할 상환 대출의 경우에는 최소 12개월부터 최대 60개월까지도 가능한 상품이 있으며 상품별로 다르기 때문에 뒷부분 대출 상품 편에서 자세히 알아보도록 한다.

은행 직원도 못 피해가는, 중도 상환 수수료

대출을 약정한 기간 이전에 대출을 상환하게 되면 중도 상환 수수료가 발생한다. 중도 상환 수수료를 받는 이유는 여러 가지가 있지만 사실 가장 큰 이유는 은행이 정해진 기간 동안 대출을 해주고 대출 이자를 받으면서 운용하려고 했던 계획에 차질이 생겨 손실이 나는 부분을 충당하는 것이 가장 큰 이유다.
또한 담보 대출의 경우에는 최근 법 개정으로 은행에서 설정비 등 부대 비용을 전부 부담하기 때문에 이런 부대 비용을 감수하고 대출이 나갔는데 몇 개월 안 돼서 갚게 되면 은행에 엄청난 손실이 발생한다.

이런 저런 이유로 은행에서는 중도 상환 수수료를 징구하고 있고 은행마다 다르지만 보통 잔여기간 × 1.5% 를 징구하고 있다. 예전에는 중도 상환 수수료가 면제되는 경우도 있었으나 이제는 면제가 아예 어렵다고 보면 된다. 심지어 은행 직원의 중도 상환 수수료도 본점 심사역이 승인을 해주지 않아 그대로 다 내고 있는 판국이다. 모든 대출이 그렇지는 않기 때문에 중간에 갚을 생각이 있다면 대출을 받을 때 중도 상환 수수료 여부를 확인해 보아야 한다.

신용 등급과 관리

개인의 신용을 한우 육질처럼 평가한다

언젠가 고기를 사려고 마장동 우시장에 갔다가 한우의 육질을 평가해서 1등급, 2등급 혹은 A등급, B등급으로 매기는 것을 참 인상 깊게 본 적이 있다.

은행에 있으면서 대출 심사를 하면 신용 등급을 볼 수밖에 없게 되고 자꾸 고기의 육질과 비교하게 된다. 어떻게 보면 개인 신용 등급이라고 하는 것은 참 비인간적인 행위가 아닐 수 없다.

하지만 금융 기관도 어쩔 수 없이 이익을 추구하는 기업이고 자꾸 연체하고 부실을 내어 손실을 입히는 사람들을 색출하기 위해서는 어쩔 수 없는 행위일 것이다.

대출 상담을 하다보면 의외로 신용 등급에 대해 대수롭지 않게 생각하는 사람들이 많은 것 같다. 신용 등급이 얼마나 중요한지 그리고 신용 등급을 어떻게 관리하는지 간단하게 살펴보기로 하자.

내 신용등급 어디서 평가하나?

내 신용 등급은 도대체 어디서 평가를 할까? 신용 평가 기관은 몇 군데가 있지만 가장 대중적이고 은행에서도 많이 사용하는 기관이 바로 코리아크레딧뷰(KCB, KOREA Credit Bureau)와 NICE평가정보회사 두 곳이다.

KCB와 NICE는 시중은행, 카드사, 보험사 등 거의 모든 금융사에서 제공한 금융 거래 정보와 공공 기관이 제공하는 신용 거래 내역들을 수집해 개인의 신용 평가 등급을 산출한다.
만약 국민은행에서 대출이 연체가 되어 돌려막기를 하기 위해 다른 은행은 모르겠지 하고 신한은행에 와서 대출을 받는다면 바로 알 수 있는 것도 바로 이 때문이다.
이 두 평가 기관의 평가 방식은 조금씩 다르기 때문에 같은 사람이라고 해도 KCB 등급과 NICE 등급은 약간 차이가 날 수 있다.
필자의 경험상 NICE가 KCB보다는 조금 더 높게 산출되는 경우를 종종 보았지만 사실상 신용등급은 KCB 등급이나 NICE 등급이나 거의 동일하게 나온다고 생각하면 된다.

대출 한 번 안 받아도 5등급?

그렇다면 이런 평가기관에서는 내 신용등급을 어떤 방식으로 평가하는 것일까? KCB나 NICE 모두 1~10등급까지 나눈다. 1등급이 가장 좋은 등급이고 10등급은 가장 나쁜 등급이다. 은행에서는 실질적으로 7~8등급이 넘어가게 되면 대출이 힘들다.
"나는 지금까지 대출을 단 한 번도 받아본 적도 없고 신용카드도 단 한 번도 쓰지도 않았고 은행에 예금을 많이 했으니 신용 등급이 최고일 겁니다."
은행에서 대출 상담을 해주면서 신용 등급 이야기가 나오면 사람들은 항상 이런 말을 한다. 하지만 실제로 이런 분들을 보면 대부분이 5등급에 머물러 있다.
왜 그럴까? 5등급은 대표적인 그레이(GREY) 등급이다. 대학생이 학교를 졸업하고 처음 취업을 하여 드디어 신용카드를 만들게 됐다고 치자. 이 대학생은 지금까지 단 한 번도 대출을 받아본 적도 없고 신용카드도 만들어본 적이 없고 휴대전화 요금이나 각종 공과금도 밀려본 적이 없다. 이 사회초년생에게 적용되는 신용 등급은 십중팔구 5등급이다. 신용 거래가 그동안 전혀 없었던 사람들은 신용도를 측정할 방법이 없어 그냥 5등급이 나오는 것이다. 그레이 등급이라고 불리는 이 5등급은 좋지도 않고 나쁘지도 않은 그냥 보통 등급이라고 할 수 있다. 신용 등급은 오히려 신용카드도 적당히 많이 쓰고 단 한 번도 연체 없이 잘 갚고 제1금융권에서 대출을 받아서 연체 없이 잘 갚는 사람들이 오히려 1등급에 가까운 등급이 나온다.

하지만 제2금융권 대출을 쓰게 되면 제1금융권에서 대출이 안 되어 제2금융권 대출로 진행된 것으로 보고 자연스럽게 신용 등급이 떨어지게 되고 제2금융권에서는 대출 조회만 해도 신용 등급이 일순간에 뚝뚝 떨어지게 된다.

이제 막 사회 생활을 시작하는 대학생들이 제대로 인지하지 못하고 있는 것이 바로 학자금 대출과 휴대전화 요금 등의 공과금 연체다. 힘들게 학자금을 내면서 학교를 다니는 학생들에게는 정말 매정한 말이지만 학자금 대출도 엄연한 대출이기 때문에 연체가 되면 신용 등급이 뚝뚝 떨어지게 된다. 어떻게든 돈을 모아서 최소한 이자는 연체가 되지 않도록 항상 최대의 노력을 기울여야 한다.

휴대전화 요금 연체도 신용 등급에 치명적

더불어 휴대전화 요금도 대수롭지 않게 생각하는 사람들이 많다. 항상 며칠이나 몇 달 밀렸다가 내는 사람들도 있고 통화가 끊기면 그제야 요금 납부를 하는 사람들도 많은데 이런 행위 또한 본인의 신용 등급을 갉아먹는 아주 나쁜 습관이다.

신용 등급이 떨어지는 것은 물론 이동통신 회사에서도 신용 평가 기관에 이런 행위들을 그대로 '보고'하기 때문에 추후 금융 회사에서 신용 평가 기관의 자료를 받을 경우 상습 연체범으로 낙인찍고 대출이 거절될 확률이 매우 높아지기 때문이다.

공과금이나 건강보험료는 소액이라도 지속적으로 미납시키게 되면 세금 탈루로 본인이 거래하는 모든 금융 기관으로 압류가 들어오기 때문에 특히 주의를 기울여야 한다.

압류까지 걸린 이력이 있으면 신용 등급상 본인에게 '빨간줄(전과)'이 하나 그어진 것과 똑같다고 보면 된다.

대출을 할 때 갈아타기를 종용하는 것도 신용 등급에는 좋지 않은 영향을 미친다. 대출 금액이 크지 않다면 사실 시중 은행에서는 금리 차이가 크게 나지 않는다. 고작 1~2%가 더 낮다고 대출을 여기저기 갈아타게 되면 여기저기 금융 기관에 조회 이력이 남게 되고 바로 신용 등급 하락이라는 결과를 가져온다.

게다가 대출을 사용하고 있는 금융 기관의 수가 세 군데가 넘게 되면 신용 등급상 주의 정보에 빨간불이 들어오기 시작한다. 대출은 웬만하면 세 군데를 넘지 않는 것을 원칙으로 해야 한다.

덧붙여 앞서 이야기했던 제2금융권의 범위를 잘 인지하지 못하는 사람들이 많아 제2금융권을 단지 저축은행으로 생각하는 사람들이 많은데 자동차를 사면서 캐피탈에서 할부를 받는 것, 신용카드를 쓰면서 카드론이나 현금 서비스를 사용하는 것, 지역농협이나 새마을금고 등의 기관에서 대출 받는 것, 보험사에서 약관 대출을 받는 것 모두 신용등급 상 제2금융권 대출로 취급되기 때문에 이런 사례에 특히 주의를 요한다.
특히 현금 서비스는 정말 신용 등급에 얼마나 안 좋은 영향을 미치는지 모르고 수시로 쓰는 사람들이 많은데 현금 서비스를 쓸 바에는 은행에서 마이너스 통장을 개설해서 쓰는 것을 추천한다.

신용 등급 잘 받으려면 신용카드 세 장 써라

마지막으로 신용카드의 개수다. 신용카드는 정말 주변에서 많이들 권한다. 백화점을 가도 할인마트를 가도 은행을 가도 심지어 아파트 분양 모델하우스를 가도 카드 모집인들이 진을 치면서 여기저기서 카드를 권하게 되고 얼떨결에 신용카드를 수 십장씩 가지고 있는 경우가 많다. 신용카드를 수십 장씩 가지고 있게 되면 신용 등급에는 당연히 좋지 않은 결과를 초래한다.
시중에 출시되어 있는 책이나 칼럼들을 보면 신용카드에 대한 이야기를 많이 한다. 신용카드는 만들지 말라, 혹은 신용카드는 1개만 만들어라, 여러 개를 만들어 각 사용처에 맞게 혜택을 최대한 활용해라…. 정말 많은 소리들이 있지만 필자는 신용 등급을 관리하려면 3개가 적당하다고 말한다.
앞서 이야기 했던 것처럼 신용카드를 적절하게 사용해야 등급이 좋아지게 된다. 대출 업무를 보게 되면서 알게 된 사실이지만 카드를 1개만 몰아서 사용해도 신용 등급 상향에는 크게 도움이 안 된다.

오히려 각각 다른 기관의 신용카드를 3개 정도 적절히 사용했을 때 가장 우량한 신용 등급이 산출되기 때문에 앞선 신용카드 편에서 언급했던 것처럼 사용처에 맞게 3개로 나누어서 사용하면 신용 등급 향상에는 큰 도움이 된다. 물론 연체나 현금 서비스 없이 말이다.

지금까지는 KCB나 NICE 등급에 대해서 알아보았다. 은행에서는 KCB와 NICE에서 끌어오는 이런 보편적인 신용 등급 외에도 당행 거래 실적, 은행연합회 기록 등을 포함하여 은행 자체적인 신용 등급을 산출한다.

은행 자체 등급은 보통 1~15등급까지 산출하게 된다. KCB, NICE 등급과 달리 은행 거래 실적이 없다면 신용 등급이 현저하게 낮게 나올 수도 있고 반면 KCB나 NICE 등급이 평균이어도 은행 거래 실적이 많다면 신용 등급이 다소 높게 산출될 수 있다.

은행 자체 신용 등급은 이런 외부 평가 기관의 신용등급 이외에도 수십 가지의 다양한 변수로 산출되고 은행의 대외비기 때문에 자세히 공개할 수는 없지만 한 은행을 주거래로 사용하면 그만큼 은행 자체 신용 등급도 높아지게 된다.

KCB 등급이나 NICE 등급은 일정 등급 안으로 들어와도 은행 자체 등급 상 일정 등급이 넘어가게 되면 대출 자체가 아예 불가능하기 때문에 한 개 은행 정도는 주거래로 관리해 주는 것이 유리하다.

고정 금리와 변동 금리

미래는 생각 말자, 현재 낮은 금리가 최고!

은행에서 대출 상담을 하면서 보면 고객들이 가장 선택하기 어려워하는 항목은 뭐니 뭐니 해도 금리물의 결정이다. 대부분의 사람들은 은행원이 불러주는 대로 대출 약정서에 그대로 옮겨 적거나 잘 모르니까 은행원이 추천해주는 금리물을 작성한다. 그나마 좀 금리에 대해서 아는 고객들 중에는 변동 금리 말고 고정 금리로 해달라고 요청하는 경우도 있다.

금리 선택에 있어서 정답은 없지만 그래도 나중에 가서 좀 더 안정적으로 나은 것은 은행원이 추천해 주는 금리를 기재하는 것이다. 은행원이 추천해주는 금리는 사람들이 많이 선택하기도 하고 그 시점에서 최고 낮은 금리이기도 하다. 필자가 꽤 오랜 시간 동안 대부계 현장에서 일하면서 급변하는 금리를 매일 체감하고 있다.

고정 금리와 변동 금리는 각각 장단점이 있다. 금리 상승기에는 고정 금리가 유리하고 금리 하락기에는 변동 금리가 유리하다고 이론적으로 말한다. 실제로 고정 금리는 지금까지 변동 금리보다 낮았던 적이 거의 없었다(국가 정책에 의해서 특수하게 일괄적으로 나가는 일부 고정 금리 담보 대출 등은 제외).

고정 금리에는 구조적으로 손해를 보지 않으려는 은행이 온갖 리스크를 다 갖다 붙이기 때문에 실질적으로 변동 금리보다 더 낮을 확률이 거의 없다. 그렇다면 금리 변동에 따라 시시각각 바뀌는 변동 금리는 어떤 종류들이 있을까? 은행에서 가장 많이 사용하는 변동 금리는 크게 네 가지가 있다.

변동 금리의 터줏대감, 'CD 91일물 금리'

CD 금리는 예전부터 지금까지 가장 많이 사용하는 변동 금리의 종류다. 3개월(91일물)이 있고 6개월(181일물)이 있는데 개인 가계 대출에서는 거의 91일물을 주로 사용한다.

CD는 양도성 예금 증서로 7개의 시중 은행에서 발행하는 상품인데 금융투자협회에서는 평소 거래 실적이 많은 10개 증권사로부터 이 CD의 평균 금리 결과를 받아 취합하여 평균치를 산출하여 매일 고시하는 변동금리이다.

예전에는 은행들에서 CD를 많이 발행했으나 요즘에는 CD 발행이 급격하게 줄어들면서 시장 지표를 잘 반영하지 못한다는 문제점과 금융 기관의 담합 의혹이 끊임없이 제기되고 있다.

그 어떤 은행도 CD 금리가 곧 대출 금리라는 공식이 성립되지는 않는다. 여기에 가산 금리가 붙어서 최종 결정 금리가 된다. 중요한 것은 가산 금리가 얼마나 붙느냐 하는 것이다. 고정 금리의 경우는 명확하게 대출 이자가 몇 프로인지 딱 떨어지게 약정서에 기재하지만 변동 금리의 경우에는 '변동 금리+가산 금리'식으로 작성하기 때문에 오늘자로 CD 금리가 얼마고 나의 가산 금리가 얼마인지 정확하게 적어야 한다.

예를 들어 오늘자 CD 금리가 3%이고 나의 가산 금리가 4%라면 나의 대출금리는 7%가 되는 것이고 CD 91일물이기 때문에 3개월마다 한 번씩 대출 금리가 변동된다는 점 염두에 둬야 하겠다(단, 마이너스 통장만큼은 모두 매일 바뀌는 금리가 적용된다).

변동 작은 변동 금리 '금융채 6개월물 금리'

금융채는 금융 기관이 자금 조달을 위해 발행하는 채권을 말하는데 이 금융채의 금리도 변동 금리의 지표로서 많이 사용되는 대표적인 금리다. 금융채는 상환 기간에 따라 6개월, 1년, 5년으로 다양한데 가계 대출에서는 주로 6개월물 금리를 많이 사용한다.

필자는 은행에 입행해서 지금까지 매일 하루도 까먹지 않고 하는 습관이 있다. 아침에 출근하자마자 수신 금리(예금 금리)와 대출 금리(변동 금리)를 항상 다이어리에 기재하는 것이다. 이렇게 수년을 하다 보니 금리의 흐름에 대해서 어느 정도 자신감을 갖게 됐다.

금융채 금리는 CD 금리와 비교하면 항상 비슷하거나 약간 높은 편이다. 하지만 CD 금리보다 변동 폭이 적고 안정적이기 때문에 급격하게 변동하는 CD 금리의 변화가 싫은 사람들에게 보통 금융채 금리를 소개한다.

떠오르는 변동 금리의 새 기준, '코픽스 금리'

코픽스(자금 조달 비용 지수, COFIX) 금리의 종류는 크게 2가지가 있는데 잔액 기준 코픽스 금리는 은행에서 조달해오는 자금의 잔액에 적용된 금리의 가중 평균이고 신규 취급액 코픽스 금리는 신규로 조달한 자금에 적용된 금리의 가중 평균이다. 즉 은행연합회에서 각 시중 은행들의 자금 조달 비용을 끌고와서 평균을 내는 것이 바로 코픽스 금리인데 쉽게 설명하자면 코픽스 금리는 변동성이 심한 CD 금리를 보완하기 위해서 만들어진 금리다.

기본적으로 CD 금리는 대부분 1년 이내의 신용 대출에 적용하기 때문에 3개월마다 금리가 변동해도 크게 무리가 없지만 코픽스 금리는 담보 대출, 특히 주로 주택 담보 대출에 많이 사용한다. 담보 대출은 기본 5년 이상 30년 이하의 장기 상품이어서 금리가 3개월마다 수시로 바뀌면 은행이나 고객이나 손실이 크기 때문에 이런 점을 보완하기 위해 코픽스 금리가 만들어졌다.

기본적으로 가계 대출에서는 대부분 6개월물, 1년물 코픽스 금리가 사용되는데 시장 상황에 영향을 받기는 하지만 그 변동 폭은 작은 편이다.

최근 코픽스 금리 중에서도 잔액 기준 코픽스가 항상 신규 취급액 코픽스보다 높은 편인데 지금과 같은 금리 하락기에는 구조적으로 당연할 수밖에 없다.

다만 장기적인 측면에서 금리가 다시 서서히 올라갈 것이라고 예측하면 장기 대출 상품의 경우에는 잔액 기준 코픽스 금리가 더 유리하기 때문에 참고하도록 하자.

득이 있으면 실도 있는 법, 이 코픽스 금리의 단점은 CD 금리처럼 금리 하락기에 떨어지는 금리를 바로 반영하지 못하여 상황에 따라 불리할 수 있다는 것이다.

고정 금리와 변동 금리의 핵심

지금까지 대표적인 변동 금리의 종류에 대해서 알아보았다. 모든 대출 상품이 변동 금리를 사용하는 것은 아니다. 예를 들어 일반 신용 대출은 CD 금리와 금융채 금리 중에서 선택할 수 있고 담보 대출은 거의 코픽스 금리 중에서만 결정할 수 있기 때문에 선택의 폭은 좀 더 좁아진다. 또한 각각의 변동 금리마다 적용되는 가산 금리 체계 자체가 다르기 때문에 앞서 언급했던 가산 금리를 항상 체크해 보아야 한다.

복잡해 보이지만 실은 간단하다. 사실상 신용 대출의 경우 원금 분할 상환이 아닌 이상 가계 대출은 1년 이상 되는 상품이 없다.

국가 부도 위기가 나거나 세계적인 큰 경제적 이슈가 없는 한 국내 금리가 심하게 요동치지는 않기 때문에 대출 시점에서 가장 낮은 금리를 은행원에게 골라달라고 하면 그게 정답이다.

담보 대출의 경우에는 5년 이상 되는 장기 상품이라 금리 선택에 신중해야 하겠지만 요즘에는 정부의 지원 정책 등으로 담보 대출에 한하여 대부분 변동 금리보다도 낮은 고정 금리를 3년에서 5년간 적용해주고 있고 담보 대출 자체가 3년이 지나면 중도 상환 수수료 면제이기 때문에 그 시점의 금리 상황에 맞춰서 금리가 낮은 다른 대출로 갈아탈 수도 있다.

고정 금리와 변동 금리의 핵심은 미래의 일을 걱정하지 말고 일단 현재 시점에서 가장 낮은 금리를 선택하는 게 최선이라는 것이다.

내 신용으로 대출,
얼마나 가능할까?

평소 은행 거래를 많이 하는 사람이라도 대출을 한 번도 신청해 보지 않은 사람은 막상 은행에서 어떻게 대출을 신청해야 하는지 막막할 것이다. 필자는 은행에서 일하면서 사회초년생이나 생애 첫 대출을 신청해보는 사람들이 정말 아무것도 몰라서 은행에서 쩔쩔매는 모습을 너무나 많이 봐 왔다.

사실 대출도 심사하는 은행원들이나 어렵지 고객의 입장에서는 알고 보면 무척 쉽다. 특히 개인 신용 대출은 기본적인 틀과 상품 내에서 결정되는 것이기 때문에 더욱 쉽게 진행할 수 있다. 대출에 대해 기본적인 흐름만 알아도 은행원을 충분히 컨트롤할 수 있고 대출 받을 때도 은행에 질질 끌려 다니는 일은 더 이상 없을 것이다.

일반적인 신용 대출

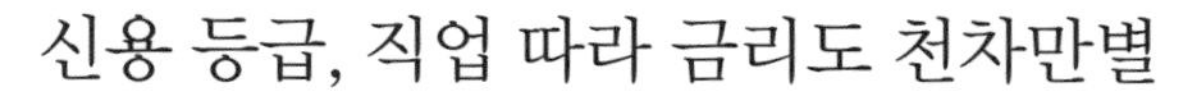

신용 등급, 직업 따라 금리도 천차만별

어떠한 이유에서든 돈이 필요해서 대출을 신청하려고 마음먹으면 가장 먼저 해야 할 일은 무엇일까? 바로 은행에서 기본적으로 요구하는 서류를 준비하는 일이다. 신용 대출을 받을 때 가장 기본적인 서류는 다음과 같다.

1. 재직 증명서 원본
2. 1년 이상 근무한 자는 직전년도 원천징수 영수증
   (혹은 소득 금액 증명원) 원본
3. 1년 미만 근무한자는 입사 때부터 지금까지의 급여 명세서 원본

대출 상품에 따라 이 서류 외에도 추가 서류가 필요한 경우가 있지만 기본적으로 이 두 가지 서류만 준비하면 대출 금액과 금리 등 기본적인 조회는 가능하기 때문에 은행을 여러 번 가기 싫으면 미리 준비하자. 서류 준비를 모두 마쳤으면 이제 은행에서 어떤 대출 상품이 가능한지 문의할 차례다. 본인에게 맞는 대출을 미리 알아본 후 은행에 가면 은행원과 대출 금액, 대출 금리를 협상하기 훨씬 수월할 것이다.

신용 대출 기본 중의 기본, 일반 자금 대출(CSS)

신용 대출 가운데 가장 기본이 되는 대출이 가계 일반 자금 대출, CSS이다. CSS(Credit Scoring System)는 우리말로 하면 개인 신용 평가

시스템이다. 개인의 신상, 직장, 자산, 신용, 금융 기관 거래 정보 등 수십 개의 항목들을 가지고 종합 평가하여 대출 여부를 결정해주는 자동 전산 시스템이다.

대출 신청 시 신청서에 작성하는 인적 사항과 직장, 소득 현황, 개인 재무 상태 등 신용과 관련된 모든 사항을 항목별로 점수화해 이 점수에 따라 대출 가능 여부와 대출 금액을 산출하게 된다.

KCB 등급이나 NICE 등급 등 단순 신용 등급만 가지고 하던 대출 방식을 한 단계 발전시킨 것으로 현재 거의 모든 시중 은행이 일반 가계 대출을 심사할 때 보편적으로 적용하고 있는 시스템이기도 하다.

최근 인터넷을 통해 외부 신용 등급 조회를 쉽게 할 수 있어 자신의 신용 등급을 조회해 와서 은행에서 신용 대출을 하면 쉽게 나오는 줄 알고 있는 고객들도 있지만 은행 가계 대출 신청 시 은행 자체 내부 신용 등급이 외부 신용 등급과 판이하게 다르게 나오는 경우가 많다.

은행에서는 단순한 신용등급이나 거래 실적보다 돈을 제대로 갚을 수 있는 사람인지 파악하는 것이 훨씬 중요하기 때문에 외부 신용 등급이 좋아도 대출과는 다소 연관성이 없다는 사실을 꼭 기억하고 있어야 한다.

이 대출은 개인 신용 대출의 기본인 데다 대출 신청자의 인적 사항상 특이 사항이 없을 경우 광범위하게 적용할 수 있는 상품으로 자동차로 이야기하면 '깡통차(옵션이 전혀 없는 차)'와 같은 상품이라고 보면 된다.

기본적인 대출이기 때문에 금리가 꽤 높은 편이었고 금리의 폭도 많이 차이가 났지만 최근 금감원의 지시 사항과 기준 금리의 하락으로 일반 자금 대출로 굉장히 저금리로 취급하고 있는 실정이다. 대출 한도는 연봉과 부채 현황에 따라 다르며 금리는 신용 등급이나 은행 거래 실적 등 기타 항목에 따라 4% 중반에서 10%까지(2015년 4월 현재)이다.

소득 신고 없어도 가능한, 은행 등급 신용 대출

시중 은행에서 대출을 받으려면 사업자는 사업 소득, 근로자는 근로 소득, 프리랜서는 신고한 소득 금액 등 국가에 최소한 신고된 소득 금액이 있어야 한다. 무직자나 퇴직자, 주부, 학생 또는 일은 해도 소득 신고를 따로 하지 않는 사람들에게는 아무리 소득이 많아도 대출이 불가능한 것이 현실이다.

제1금융권에서 소득 신고를 하지 않아도 대출 가능한 상품이 딱 1개 있는데 바로 은행 등급에 따른 신용 대출이다. 시중 은행마다 우수고객을 위해 무보증으로 신용 대출이 가능한 상품이 있는데 조건은 거래 기간이 1년 이상 경과한 수신 실적(예금, 적금 등)이 있는 고객들을 대상으로 하는 상품이다. 대출을 많이 받은 사람들도 은행 우수 등급이 주어지지만 이러한 대출 상품에서는 대출 점수는 빼고 그 외 나머지 점수(예금, 적금, 카드, 외환 등)로 계산하기 때문에 이미 대출을 사용하고 있다면 이 상품을 이용하기 어렵다.

대출 한도는 은행 실적 등급에 따라 차등 적용되며(5백만 원에서 최대 2천만 원까지) 대출기간은 1년 이내(최장 10년까지 1년 이내 기간 단위로 연장 가능)로 가능하다.

월급만 이체해도 큰 혜택, 급여 이체 우대 신용 대출

급여 이체 우대 신용 대출부터는 모든 은행들이 일반 신용 대출에 비해 큰 우대 혜택을 제공한다. 일반 대출에 비해 대출 한도를 더 많이 주거나 대출 금리를 우대해준다. 이 때문에 신용 대출을 받고자 한다면 급여 이체를 하는 은행을 중심으로 대출을 풀어나가는 것이 좋다. 꼭 급여 이체 우대 신용 대출을 받지 않더라도 급여 이체를 한다면 다른 대출에서도 대출 한도나 금리에서 우대를 받을 수 있기 때문에 신용 대출을 받기 위한 가장 중요한 항목 중 하나가 급여 이체라는 사실을 명심하자.

만약 대출을 사용하다가 급여 이체를 다른 은행으로 하게 되면 대출 금리가 올라가거나 심한 경우 대출을 상환해야 하는 불가피한 상황이 올 수도 있다. 회사를 중도에 퇴사하여 급여 이체가 더 이상 안 되게 되면 은행에서는 상환을 요구하는 경우가 많기 때문에 항상 대출 만기에 유의해야 한다.

회사 간판만 봐도 OK!, 우량 업체 신용 대출

중소기업을 다녀도 대기업보다 연봉이 많고 전문 지식이 뛰어난 경우가 많지만 일반적인 사람들의 시선은 아무래도 대기업에 다니는 사람들의 전문 지식 수준이나 연봉 수준을 높이 평가하는 경향이 있다.

은행 대출 상품에서도 이런 점을 반영하여 우량 업체 직원들을 대상으로 하는 신용 대출이 존재한다. 국내 모든 시중 은행이 이런 종류의 대출 상품을 취급하고 있다.

이런 류의 대출은 보통 삼성, 현대, LG, 롯데 같은 대기업에 재직 중인 정직원이나 정부 투자 기관(공기업), 학교 기관, 준공무원 등 비교적 안정적인 직장에 재직하는 정직원들을 대상으로 대출금 및 금리를 특별한 수준으로 우대해 주고 있다.

자신이 재직 중인 회사가 이름 있고 유명한 곳이라면 은행에 대출 신청하러 갈 때 자신이 다니고 있는 회사를 은행원에게 밝히면 대출 취급에 있어서 굉장한 혜택을 받을 수 있다.

급여는 적어도 신뢰는 높다, 공무원 대출

우량업체 재직자와 마찬가지로 공무원들 또한 비슷한 수준으로 대출 신청 시 다양한 혜택을 받을 수 있다. 급여 수준은 우량업체 재직자들에 비해 적은 편이지만 정년이 보장되어 있고 퇴직금이 많기 때문에 대출 한도나 금리가 일반 대출에 비해 훨씬 유리하다.

대출 한도는 급수에 따라 일괄적으로 정해져서 나가고 금리는 신용등급이나 거래 실적에 따라 조정되지만 일반적으로 일반 대출의 이자에 비해 2배, 3배 이상 낮다.

신한은행의 경우 경찰청, 소방청, 국세청과 MOU를 체결하여 경찰 공무원이나 소방 공무원, 세무 공무원은 일반 공무원은 물론 전문직 우대론보다도 파격적인 대출 금리를 적용하고 있다.

금융인들을 위한, 금융인들에 의한, 금융인 대출

금융권에 재직 중인 사람들은 평균적으로 다른 업종에 비해서 연봉이 높은 편이다. 더군다나 금융권에 재직 중인 사람들은 정보에 밝고 실제로 금융을 잘 알기 때문에 각 시중 은행들은 금융권 재직자들을 우대해 주는 금융인 대출이 따로 존재한다.

은행, 보험사, 전업 카드사, 금융 공기업, 금융 지주 회사, 금융 기관 각종 협회 등에 재직 중인 직원들을 대상으로 하고 있으며 증권사 직원과 보험 설계사, 카드 모집인 등은 제외하고 있다.

증권사 직원의 경우 아무래도 주식 거래를 많이 하기 때문에 대출 자금이 주식 투자에 들어갈 소지가 있다고 판단하여 은행 차원에서 원천적으로 봉쇄한 것이고 보험 설계사나 카드 모집인 등은 회사 재직자가 아니라 위촉된 사업자로 등록되어 있기 때문이다. 이 외에도 계약직원이나 비정규직 직원들의 경우 안타깝게도 해당사항이 없다.

하나은행에서는 '뱅커론'이라고 아예 시중 은행원들을 대상으로 은행원들에게만 대출해주는 대출 상품을 따로 만들 정도이다.

자신이 다니는 은행에서 대출을 안 받고 왜 굳이 다른 은행 상품을 이용하는 것일까? 금융업법상 재직 중인 은행에서는 최대 2천만 원까지밖에 융자가 되지 않기 때문에 어쩔 수 없이 다른 금융 기관에서 대출을 받고 있다.

의사, 판검사는 대출도 우대, 전문직 대출

전통적으로 전문직들은 고소득자들로 알려져 있다. 각 시중 은행들에서는 이런 고소득 전문직들을 잡기 위해서 다양한 마케팅을 하고 있는데 가장 대표적인 것이 전문직 우대 대출이다. 전문직은 크게 의료계, 법조계 그리고 기타 전문직으로 나눌 수 있다.

의료계 : 의사, 치과의사, 한의사, 수의사, 약사, 군의관
법조계 : 판사, 검사, 변호사, 사법연수생, 변리사, 법무관
기타 전문직 : 감정평가사, 기술사, 건축사, 도선사, 법무사, 행정서사, 공인노무사, 손해사정인, 회계사, 항공조종사, 보험계리사

이런 자격증을 보유하고 있으면서 사업을 해서 사업 소득이 있거나 재직 중이어서 급여 소득이 있는 경우 대출 한도와 금리 면에서 굉장히 큰 폭의 우대가 주어진다. 하지만 예전에 비해서 전문직 우대 대출의 혜택이 많이 줄어든 것도 사실이다. 이제는 일반 우량 대기업 재직자의 대출이나 공무원 대출과 큰 차이가 없다.
최근 전문직 자격증 보유자가 급증하고 있으며 기존 전문직종 종사자들의 부도, 미취업 등 상황이 많이 악화된 영향이 크다. 하지만 여전히 다른 대출에 비해 가장 좋은 상품임은 틀림없다.

기타 신용 대출

자동차 구입부터 고금리 갈아타기까지 특별한 신용 대출들

최근 은행에서는 급변하는 사회 환경 속에서 대출 니즈를 발굴하고 개발하여 신상품으로 내놓고 있다. 전통적인 신용 대출과 담보대출 외에도 다양한 정부 지원 상품이나 자동차 대출 등 예전에는 은행에서 생각치도 못했던 대출들이 속속 등장하고 있다.

자동차 살 때도 은행으로, 자동차 금융 대출

자동차를 살 때는 카드사나 할부 금융사를 이용한다는 공식은 신한은행에서 자동차 대출 신상품을 은행권 처음으로 출시하면서 완전히 깨지게 됐다. 과거 카드사와 캐피탈 회사들이 자동차 금융을 독점하다시피 했기 때문에 대출을 이용하는 고객들에게 많은 이익을 편취한 것이 사실이다.

하지만 은행에서 자동차 대출을 취급하게 되면서 자동차 금융 분야도 은행, 카드사, 할부 금융사의 무한 경쟁 시대로 들어섰으며 예전에 비해 금리도 많이 낮아지고 각종 수수료도 사라지는 긍정적인 효과가 나타나고 있다.

신한은행의 성공 이후 국민은행, 우리은행, 농협 등 여러 시중 은행들이 자동차 금융 상품을 잇달아 선보였으나 크게 선방하지 못하고 있는 상태이며 은행권에서는 신한은행이 독보적인 위치를 점하고 있다.

현재 신한은행에서는 신차 대출과 중고차 대출을 모두 취급하고 있으며 기존 할부 금융사나 카드사에서 고금리로 사용하고 있던 자동차 할부 대출을 은행권 저금리 자동차 대출로 전환해주는 신차 대환 대출, 중고차 대환 대출까지 포함, 총 4가지 상품을 선보이고 있다. 이밖에도 자동차 종합 금융 상품이라고 해서 개인택시 운전자 대출, 화물자동차 대출 등도 있다.
은행권 자동차 대출은 받을 수만 있다면 모든 면에서 카드사나 할부 금융사의 대출에 비해 이익이다. 대표적인 장점들은 다음과 같다.

1. 할부 금융사·카드사에 비해 현저히 낮은 금리

할부 금융사나 카드사는 아무래도 업종 차이 때문에 은행과 금리 면에서 비교가 될 수 없다. 이 점이 가장 큰 장점이라고도 볼 수 있다. 우리나라 자동차의 대부분을 차지하고 있는 현대기아차의 경우 계열사인 현대캐피탈을 보유하고 있기 때문에 가끔 프로모션을 진행하여 은행권만큼 싼 금리의 대출상품을 출시하기도 하지만 한시적이며 전통적으로 금리는 은행권 자동차 대출이 낮을 수밖에 없다.

2. 무담보

할부 금융사나 카드사에서 대출을 받을 경우 자신의 자동차에 담보가 잡히게 된다. 자동차 등록 원부를 떼어 보면 할부 금융사나 카드사로부터 근저당권 설정이 되어 있는 것을 볼 수 있다. 하지만 은행에서는 차량에 담보를 잡지 않기 때문에 자동차 등록 원부상 부채 현황이 없는 것으로 나오는 것도 장점이다.

3. 현금 캐시백

신한은행 자동차 대출의 경우 신한카드와 신한은행이 연계해서 진행하는 대출 상품이기 때문에 신차 구입 시 결제는 신용카드로 하게 된다. 이때 차량 가격 1천만 원당 대략 10만 원 정도의 포인트가 신한은행 포인트 통장으로 캐시백 되며 이 돈은 통장에 입금되는 즉시 현금화해 사용할 수 있다.

4. 할부 수수료 없음

은행권 자동차 대출이 등장하고 난 이후 카드사와 할부 금융사에서도 할부 수수료가 없어지는 추세이긴 하지만 불과 1~2년 전만 하더라도 카드사와 할부 금융사에서 대출을 받을 경우 60만 원 가량의 취급 할부 수수료를 내야 대출이 가능했다. 하지만 은행 대출에는 이런 수수료가 없다.

5. 신용 대출 한도 차감 안됨

기존에 대출을 사용하고 있는 사람이라면 솔깃할만한 정보다. 카드사나 할부 금융사에서 자동차 대출을 받은 경우 대부분 시중 은행에서는 이 대출을 담보 대출로 인정하지 않고 신용 대출로 보게 된다. 은행에서는 자동차를 담보삼지 않고 '서울보증보험'이라는 보증 전문 기관으로부터 100% 전액 담보 보증서를 받게 된다. 이 보증서는 신용 등급이 1~6등급 이내의 우량 신용자들만 가능하다. 보증 보험사에서는 이 사람들은 부도낼 확률이 적다고 판단하고 보증서를 발급해 주는 것이다. 은행으로부터 얼마간의 수수료를 받는 대신 부실이 나면 이 대출을 100% 사주겠다는 약속을 한다. 은행에서는 이 대출이 부실이 나더라도 보증 보험사에서 100% 지원을 해주기 때문에 부실을 크게 우려하지 않고 대출을 취급할 수 있다.
대출 받는 고객의 입장에서는 신용 대출이지만, 은행에서는 100% 보증서 담보 대출로 취급이 되며 이는 다른 은행에서도 '금융 거래 확인서'를 발급하면 100% 담보 대출로 인정받아 신용 대출 한도에 전혀 영향을 미치지 않게 된다.
만약 자동차 할부 대출로 카드사나 할부 금융사에서 대출을 많이 받았다면 그만큼 신용 대출 한도를 차감하기 때문에 나중에 은행에서 신용 대출이 필요한 경우 한도가 거의 나오지 않게 된다. 이처럼 은행에서 받는 자동차 대출은 담보 대출로 인정하기 때문에 추후 은행권 신용 대출을 받을 경우 한도에 영향이 가지 않는다.

6. 신용 등급 상승 효과

카드사나 할부 금융사 같은 제2금융권에서 대출을 받을 경우 신용 등급이 하락하며 대출을 받고 있는 기간 내내 신용 등급에 그리 좋은 영향을 주지는 못한다. 하지만 시중 은행에서 자동차 대출을 받을 경우 오히려 신용 등급 상승 효과가 있다.
앞서 신용 등급 관리 부분에서도 언급했듯이 제1금융권 대출은 연체 없이 사용하면 오히려 신용 등급이 올라가기 때문이다.
이처럼 모든 면에서 제2금융권 자동차 할부 대출보다 시중 은행의 자동차 대출이 훨씬 유리한데 왜 여전히 카드사나 할부 금융사를 찾는 사람들이 있는 것일까?

가장 큰 문제는 신용 등급이다. 은행권 자동차 대출은 신용 등급이 최소 KCB 등급 기준으로 1~6등급 이내여야 한다. 모든 조건들이 된다고 해도 신용 등급이 안 좋으면 이 대출을 이용하기 어렵다.

두 번째는 자동차 딜러들의 반대다. 자동차 딜러들은 은행권 대출을 굉장히 싫어하는 경향이 있다. 중고차 딜러들의 경우에는 그나마 좀 낫지만 신차 딜러의 경우 어떻게 해서든 은행권의 자동차 대출을 받지 않도록 유도한다.

여러 가지 이유가 있지만 첫째는 딜러에 대한 수수료 문제다. 딜러들이 카드사나 할부 금융사 직원에게 대출을 한 건 소개할 때마다 소정의 수수료를 지급하는데 은행에서는 이런 수수료가 아예 없다. 또 어떤 국내 자동차 회사에서는 계열사 카드사나 할부 금융사를 통하지 않은 다른 대출 상품으로 차를 구입하는 경우 사유서를 써서 제출해야 한다는 이야기도 들었다. 게다가 자동차 대출을 카드로 결제하게 되면 독자들에게는 현금 캐시백에 돌아와 이득이지만 딜러들은 신고를 그대로 다 해야 하기 때문에 손해라고 한다.

필자가 직접 신한은행 마이카대출을 소개하기 위해 국산차 및 외제차 딜러들을 만나보면서 알게 된 사실들이다. 자동차를 구입하기 위해 자동차 딜러를 만나보면 그들이 은행권 자동차 대출에 대해서 언급하길 꺼려하는 것을 아마 느낄 수 있을 것이다.

결국 이런 수수료들은 모두 자동차를 구매하는 소비자가 지불하는 돈에서 빠져나가는 것들이다. 똑똑한 소비자는 가장 많이 아는 소비자이다. '호갱'이 되지 않으려면 스스로 많이 알아보고 현명하게 차를 구입하는 방법을 검토해 보자.

금융권의 새 화두,
서민 금융 대출 (새희망홀씨대출 / 햇살론)

최근 금융권 최고의 화두는 서민 금융 지원이다. 방글라데시의 그라민은행을 필두로 은행의 사회적 책임은 이제 전 세계적인 화두가 되었다. 새 정부 출범 이후 서민 금융 정책을 활발하게 장려하여 은행에서도 매년 일정 규모 이상의 금액을 배정하여 서민 금융 상품으로 지원하고 있다.

제1금융권 16개 시중 은행이 서민 지원 대출 자금으로 출시한 상품이 '새희망홀씨' 이며 제2금융권 중 저축은행이나 상호협동조합에서 서민지원 대출자금으로 출시한 상품이 '햇살론'이다.

그 밖에 창업을 하거나 작은 사업을 운영하고 있지만 제도권 금융기관 이용이 어려운 사람들을 위해 미소금융중앙재단에서 창업 및 운영 자금으로 소액을 대출해 주고 있다. 이들 상품은 모두 소득이 적거나 신용이 낮아 은행에서 대출받기 어려운 계층을 위해 금융 기관과 정부에서 특별 지원하는 대출 상품으로 금융 기관의 따뜻한 금융 정책의 일환이라고 볼 수 있다. 은행마다 기준은 조금씩 다르지만 저신용자나 저소득자도 신청이 가능하고 기초 생활 수급자, 한부모 가정, 다자녀 가정, 다문화 가정, 만 60세 이상 부모 부양자 등에 해당하는 사람들은 우대 금리도 가능하다.

고금리 대출 갈아타자, 바꿔드림대출

급하거나 자격 조건이 안되어 연 20% 이상의 대부 업체나 할부 금융사 등 고금리 대출을 사용하고 있는 사람들이 생각보다 굉장히 많다. 실제 은행 대출이 생각보다 복잡하고 그 문턱도 높은 편이라 금리가 비싸고 신용 등급이 하락하는 걸 알면서도 제2금융권에서 대출을 받는 사람들이 많다는 것을 창구에서 고객들과 상담을 하면서 알게 됐다.

대출을 받아 일단 급한 불을 끄고 나면 매달 돌아오는 이자 납입 일에 허리가 휠 지경인 사람들이 한두 명이 아니다. 게다가 제2금융권에서 한번 대출을 받기 시작하면 신용 등급이 계속적으로 하락하여 시중 은행에서는 제2금융권 대출을 빌미로 대출을 거절하게 되고 하나둘씩 제2금융권 대출을 받아 돌려막게 되면 악순환의 고리를 끊기 힘들어진다. 이런 사람들을 위하여 정부에서 직접 지원하는 전환 대출 '바꿔드림론(환승론)' 이 탄생하게 됐다. 현재 국민은행, 기업은행, 농협중앙회, 신한은행, 우리은행, 하나은행 총 6개 금융기관에서 수탁 받아 진행하고 있으며 국민행복기금(구 신용회복기금)에서 먼저 상담을 받은 후 허가가 떨어져 보증서를 발행해 주면 은행에서는 이 보증서를 담보로 상대적으로 저금리인 시중 은행 대출로 바꾸어 주는 대표적인 서민 금융 지원 프로그램이다.

이 상품은 은행에서 운영하는 것이 아니라 정부기관인 '국민행복기금'에서 운영하는 상품이고 은행은 단순히 국민행복기금에서 100% 보증하는 전액 담보 보증서를 가지고 대출을 취급만 하는 것이기 때문에 보증서가 발급만 된다면 큰 결격 사유가 없는 한 대출 실행이 가능하다. 대출 상담을 하다 보면 이 프로그램을 정부에서 지원하고 있는지 조차 모르는 사람들이 많다. 2~3개 이상의 제2금융권 고금리 대출을 이용 중이라면 지금 당장 신청해 보도록 하자. 먼저 국민행복기금 지점에 가서 상담해 보는 것도 좋고 시간이 없다면 은행 창구에서 대리 접수도 가능하니 참고하자. 단, 신용 등급이 6~10등급이어야 하고 소득이 있어야 하며(대학생 고금리 전환 대출은 소득이 없어도 가능) 대출 신청 현재 기준 연체가 없어야 하고 6개월 이상 경과된 고금리 대출만 포함이 되니 이 점 유의하도록 한다.

예금·펀드 해지하지 말고 빌려 쓰자, 예금 담보 대출 / 펀드 담보 대출

지금 당장 돈이 필요한 일이 생겼는데 입출금 통장에 잔액은 없고 가입 중인 예금이나 펀드가 있다면 당신은 어떻게 하겠는가? 십중팔구 은행에 가서 예금이나 적금, 펀드를 해지할 것이다.
가입한 지 얼마 되지 않았다면 모르겠지만 예·적금 만기가 얼마 남지 않았거나 펀드가 현재 손실이 나 있는 상태라면 아마 무척 속이 쓰릴 것이다. 이런 경우를 유용한 한 가지 팁을 소개할까 한다. 바로 예금 담보 대출과 펀드 담보 대출이다.
예금 담보 대출은 예금을 해지하지 않고 예금한 돈의 일부를 잠깐 빌려 썼다가 바로 갚을 수 있는 상품이다. 금리 또한 수신 금리(예금/적금 금리) + 1.25% 밖에 되지 않는 싼 이자에 중도 상환 수수료도 없기 때문에 아주 유용한 선택이다. 펀드 담보 대출 역시 최고 펀드 불입 금액의 90%까지 대출이 가능하다.
은행에 가서 예·적금이나 펀드를 해지하고자 할 때 은행원들이 이런 상품들에 대한 설명을 잘 안 해준다. 이유는 간단하다. 고객이 아무

설명 없이 그냥 해지해달라고 하거나 아니면 은행원이 예금, 펀드 담보 대출을 해주는 것을 귀찮아하기 때문이다. 은행원 입장에서 봤을 때 시간은 많이 걸리고 노력도 많이 해야 하지만 실적 인정이 안 되는 대표적인 상품이다. 이런 과정이 까다로워 그냥 해지하는 사람들도 많지만 요즘은 인터넷 뱅킹이나 스마트폰 뱅킹으로도 가능하다.

TIP 구속성이란?

예전에 은행에서 유행하던 비속어 중 '꺾기'라는 단어가 있다. 대출을 해주면서 은행원들이 일정 금액의 커미션을 받거나 여러 가지 은행 상품들을 끼워 파는 행위를 말한다. 요즘에는 금감원 차원에서 '구속성'에 대한 정의를 명확히 내리고 철저하게 관리하고 있기 때문에 이런 행태의 영업도 현저히 줄어든 상태다.

총 대출 금액의 1% 이상은 원천적으로 예금, 적금 등의 가입이 금지되어 있고 대출일을 기준으로 전후 한 달간은 아예 상품 가입이 불가능하도록 전산으로 막아놓은 상태다. 심지어 최근에는 기업 대출의 경우 아예 상품 가입 자체가 금지되어 있고 신용등급이 열악한 사람들은 전후 한 달에서 두 달로 바뀐 상태다. 이 때문에 대출 받을지 모르고 두 달 전에 적금에 가입했다면 대출을 받기 위해 적금을 해지해야 하는 해프닝도 생기게 됐다.

이런 행위는 당연히 금지되는 것이 맞다. 하지만 다르게 생각해 보면 금융 기관에서 대출을 해주면서 기존에 거래가 하나도 없거나 작은 예금이나 적금 하나 들고 있지 않고 달랑 대출 하나만 가입 중이라면 채무 상환 능력에 의문을 가질 수밖에 없고 실제로도 문제가 된다. 또한 대출 금리 우대 조건에도 실질적으로 예금이나 적금이 있어야 감면된다.

은행에서 대출을 받으면서 가끔 은행원들이 예금이나 적금을 가입하라고 말할 때가 있다. 그런 경우에는 대출금액 1% 미만의 구속성에 해당하지 않는 경우이다. 크게 무리가 되지 않거나 부담스러운 상품이 아니라면 한두 개쯤은 본인의 채무 상환이나 금리 감면을 위해서라도 눈 감고 들어주는 편이 더 나을 수도 있다.

대출거래약정서 (가계용)

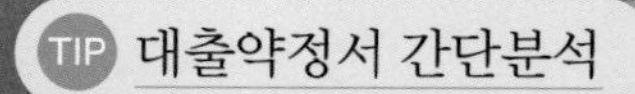

은 행 용

은행은 본인 및 담보제공자에게 이 약정서상의 중요한 내용을 설명하여야 하며, 은행여신거래기본약관(가계용)과 이 약정서의 사본을 교부하여야 합니다.

고객번호 : 20 년 월 일

•본 인 (겸 담보제공자) (인) •담보제공자
주 소 주 소

주식회사 신한은행 앞

본인 및 담보제공자는 주식회사 신한은행 (이하 "은행"이라 합니다)과 아래의 조건에 따라 대출거래를 함에 있어 "은행여신거래기본약관(가계용)"이 적용됨을 승인하고, 다음 각 조항을 확약합

제 1 조 거래조건 : 거래조건은 다음과 같습니다. (거래방식이 수 개로 되어있는 경우 은행직원의 설명을 듣고 해당되는 "□" 내에 "V" 표시 합니다.)

대 출 과 목	대출의 종류 기재 예) 일반자금대출 / 거래 구분 □ 개별거래 □ 유동성 한도거래 □ 한도거 (한 번에 받는 방식 / 마이너스 통장방식)
대출(한도)금액	금 원 (₩
대출기간 시작되는 날	20 년 월 일 / 대출기간 끝나는 날 20 년 월 일 (고정금리 / 변동금리 선택)
대 출 이 자 율 등	□ **고정금리** (은행여신거래기본약관(가계용) 제3조 제2항 제1호 선택) □ **대출기간 끝나는 날까지 연 ( )%** ※((가산 금리 기재) □ **변동금리** (은행여신거래기본약관(가계용) 제3조 제2항 제2호 선택) □ **시장금리부변동여신 또는 (신)기준금리부여신 : ( ) + ( )%** 금리변동 주 분할취급대출은 건별로 각기 매 대출실행일의 금리를 적용함 □ **수신금리부변동여신 : 수신금리 + ( )%** □ **단일금리부변동여신 : 단일금리 ( )%** (□ 기타 ((금리물 선택 / 금리변동 주기 기재)
이자및지연배상금 계 산 방 법	**1. 1년을 365일(윤년은 366일)로 보고 1일 단위로 계산합니다.** **2. 지연배상금률은 제1조의 대출이자율에 연체가산금리를 더하여 최고 연 ( )% 이내로 적용합니다. 단, 대출이자율이 최고 지연배상금률 이상인 경우에는 대출이자율에 2%를 더하여 적용합니다.** **3. 연체가산금리는 연체기간이 1개월 이내에는 ( )%, 1개월 초과 3개월 이내에는 ( )%, 3개월을 초과하는 경우에는 ( )%를 적용합니다.** (연체될 시 연체이자기재)
중도상환수수료	□ **중도상환대출금 × ( )% × (대출잔여일수/대출기간)** 단, 대출기간이 3년을 초과하는 경우 대출기간은 3년으로 산정하며 대출잔여일수는 3년에서 대출경과일수를 차감한 일수로 산정 □ **기타 : (** (중도 상환 수수료 방식 선택)
여신한도약정수수료	□ **수수료 : 한도금액 × 연 ( )% 를 한도약정일에 자동인출방식으로 지급합니다.** (마이너스 통장 방식)
대 출 실 행 방 법	□ 대출기간 시작되는 날에 전액 실행합니다. (한번에 받는 방식) □ 일정한 요건을 갖춘 본인의 지급 요구가 있는 대로 실행합니다. □ 대출기간 시작되는 날로부터 ( )년 ( )(개)월 이내에 증빙서류나 현물 등에 의하여 은행이 자금용도와 필요금액을 확인하고 분할 실행합니다.
상 환 방 법	□ 대출기간 끝나는 날에 전액 상환합니다. □ 자유로이 상환하되 대출기간 끝나는 날에 전액 상환합니다. □ 대출기간 시작되는 날로부터 ( )년 ( )개월 동안 거치하고, ( )년 ( )월 ( )일부터 매 ( )개월마다 (□ 원금 □ 원금과 이자)을 균등 분할상환합니다. □ 대출금 중 금 원은 대출기간 끝나는 날에 상환하며, 나머지 대출금액은 ( )년 ( )개월 동안 거치하고, ( )년 ( )월 ( )일부터 매 ( )개월마다 (□ 원금 □ 원금과 이자)을 균등 분할상환합니다. □ 대출실행 후 매월 대출개시 해당일에 (□ 원금 □ 원금과 이자)를 분할 상환합니다. □ 최종대출실행후 거치기간없이 ( )년 ( )월 ( )일부터 매 ( )개월마다 (□ 원금 □ 원금과 이자)를 분할 상환합니다. ※ 시장금리부변동 원금과 이자균등분할상환대출은 금리변동 주기에 따라 원금과 이자분할상환금액이 변경될 수 있습니다. (분할상환 방식)
이 자 지 급 시 기 및 방 법	□ 최초이자는 대출기간 시작되는 날로부터 ( )개월 이내에, 그 후의 이자는 지급한 이자의 계산최종일 다음날 부터 ( )개월 이내에 지급합니다. □ 분할상환금, 원금 상환일 또는 월적립금 납입일에 지급합니다. □ 대출기간 끝나는 날에 지급합니다. □ 은행이 정한 매월 결산일 [(□ 매월 첫째주 금요일, □ 매월 셋째주 금요일), 공휴일인 경우 직전 영업일]의 익일에 지급합니다.
계 좌 번 호	대출금 입금 계좌번호 : 자동이체 계좌번호 :
대 출 기 간 자 동 연 기	**대출기간이 끝날 때 은행이 정한 기준에 따라 기한연기 여부를 심사하여 승인을 득한 경우, 은행은 "기한연기 및 금리변경"에 관하여 별도의 약정서를 받지 아니하고 은행이 정하는 단위로 상환기일의 연기 및 금리변경 처리하기로 하며, 은행은 연기된 대출금의 이자율과 새로운 상환기일 등을 연기 후 10일 이내에 유선 또는 서면으로 통지하기로 합니다.**

※ 은행영업시간 마감 이후 자동화기기 등 전자적 장치를 통한 계좌입금 당일 중 상환이 처리되지 않을 있음을 유의 하시기 바랍니다.

COFIX 확약서 (COFIX의 주요내용)	- COFIX는 잔액기준과 신규취급액기준으로 구분하여 은행연합회에서 산출합니다. '잔액기준 COFIX'는 정보제공 은행의 월말 지수산출대상 조달자금잔액에 적용된 금리의 가중평균이고, '신규취급액기준 COFIX'는 정보제공은행들의 월중 신규로 조달한 지수 산출대상 자금에 적용된 금리의 가중평균입니다. (* 정보제공은행 : 신한, 우리, 하나, 국민, 한국외환, 한국씨티, 한국스탠다드차타드, 기업, 농협은행) - COFIX는 은행연합회 홈페이지를 통해 매월15일(공휴일인 경우 다음 영업일) 15시 이후에 공시되며, 은행은 대출실행일과 그 날로부터 매 6개월(또는 매3개월, 매1년) 되는 날에 직전일 은행연합회에 최종 공시된 COFIX를 적용하여 대출금리를 산출합니다. - COFIX연동대출은 취급후 매6개월(또는 매3개월, 매1년)마다 대출금리가 변경되므로 CD연동대출보다 낮은 변동성으로 유리한 측면이 있으나, 시장상황에 따라 불리할 수도 있습니다. - '잔액기준 COFIX'는 변동성이 낮기 때문에 시장금리가 상승할 때 상대적으로 유리하지만, 하락할 때에는 불리할 수 있습니다. - '신규취급액기준 COFIX'는 조달금리를 신속히 반영할 수 있어서 금리하락기에는 상대적으로 유리하지만, 금리상승기에는 대출이자부담이 증가할 수 있습니다. 시장상황에 따라 COFIX 연동대출로 신규후 이자부담이 증가할 수도 있습니다. (코픽스 금리물 선택 시 추가 기재 사항)	COFIX의 주요 내용에 대하여 충분한 설명을 듣고 (본인의 의사에 따라 COFIX 연동대출로 취급함을 확약합니다 (

대출이자 납입일 및 금리변동 내역 안내서비스 신청 (SMS / e-mail)			
서비스 신청 여부	서비스 신청 원하실 경우 작성	신 청 서 비 스	□ SMS 통지서비스 □ e-mail 통지서비스 □ 기타 ( )
□ 원함		사전고지예정일	□ 5일전 □ 10일전 □ 15일전 □ 20일전 □ 1개월전
□ 원하지 않음		휴 대 폰 번 호	e-mail 주소

- 대출이자납입일과 금리변동내역이 안내됩니다. • 등록된 휴대폰번호 또는 e-mail 주소가 신청하신 내용과 일치하는지 반드시 확인하시기 바랍니다.
- 고객님의 부주의로 인한 잘못된 휴대폰번호 또는 e-mail 주소로 대출관련정보가 통지되어 발생되는 문제에 대하여 은행은 책임을 지지 않습니다.
- 이자납입일 SMS는 이자납입일과 사전에 고객님이 원하시는 날짜에 전송됩니다. (단, 유동성한도대출은 사전고지일에만 전송됩니다.)
- 금리변동내역 안내는 금리변동 당일 발송됩니다. (유동성한도대출은 결산일 다음 영업일에 발송됩니다.)

본인은 귀행의 대출 SM e-mail 통지서비스 신청함에 있어 전자 서비스 이용약관에 합니다.
본인 :

담당자	책임자	결재권자

대출거래약정서 (가계용)

은행용

예금 등을 담보로 한 대출 시 기재

질권의 목적인 예금 등의 표시 (단위 : 원)

종별		
증서(기)번호 또는 계좌번호		
명의인(또는 위탁자) 수익자		
예금잔액		
담보한도액 (예금잔액×120%)		
신규일자		
지급기일		

조 담보 · 보험

인은 은행의 다른 의사표시가 없는 한, 이 약정에 의해 실행된 대출로 부동산을 매입 또 건축 후 담보로 제공하기로 약정한 경우 매입 또는 건축한 해당 부동산을 은행에 담보 제공하기로 하며, 은행이 요청하는 경우 은행이 동의하는 종류와 금액의 보험에 가입하 그 보험금 청구권에 은행을 위하여 질권을 설정하기로 합니다.

조 대출채권의 양도 · 신탁 승낙 및 피담보채권의 확정 특약 사항

본인은 은행이 국내 또는 해외에서 채권 유동화를 위해 이 약정에 따른 대출채권 및 근저당권의 전부 및 일부를 은행의 승계인 또는 수탁인 등 제 3자에게 양도(신탁 포함)가 능함을 이해합니다. 또한, 본인에 대한 서면통지를 통해 채권 양수인이 본인에 대하여 대출채권 및 근저당권을 행사할 수 있기로 하되, 대출채권 및 근저당권의 양도통지를 실제로 받을 시점까지 은행에 대하여 가지는 항변사유로 채권 양수인에게 대항할 수 있기로 합니다.

본인은 제1항의 양도와 관련하여 본인에 대한 서면통지와 이에 대항하지 않는 경우 근저당권의 피담보채권은 은행이 약정에 의한 대출채권을 양도하는 시점에서 확정됨에 동의하며, 본인은 피담보채권의 확정에 따라 은행으로부터 추가대출 등을 위하여 이 약정에 의한 대출채권을 담보하기 위하여 설정된 근저당권을 더 이상 활용할 수 없음을 이해하며 이에 이의를 제기하지 않을 것임을 확인합니다.

본인은 제1항의 양도와 관련하여 매매, 상속, 증여 등에 의하여 담보부동산의 소유권을 제3자에게 이전하는 경우 제3자 앞 채무인수가 불가능하다는 점을 이해하며 이에 이의를 제기하지 않을 것임을 확인합니다.

본인은 제1항의 양도와 관련하여 대출조건 변경이 제한된다는 점과 대출채권 등의 양도일까지 후순위 대출이 제한된다는 점을 이해하며 이에 이의를 제기하지 않을 것임을 확인합니다.

제1항 및 제2항에 대하여 은행이 채권양도통지 또는 근저당권의 피담보채권 확정통지를 서면으로 하여 이 약정에 따른 대출채권 양도사실을 안경우에는 본인은 이 약정에 의한 대출을 해지할 수 있으며, 이 약정을 해지할 경우 양도의 사실을 안날로부터 10일 이내에 이를 은행에 알리기로 합니다.

거래 실적에 따른 감면 금리 항목들

0 조 금리우대 적용

제1조의 약정이자율은 아래 항목의 우대율이 적용되었음을 확인합니다.

※ 은행직원의 설명을 들으시고 해당항목의 "□" 내에 "√" 표시하시고, 우대율을 기입합니다.

구 분	우대율
□ 관리비, 공과금(지로) 자동이체 관련	연 ( )%
□ 신용(또는 체크)카드 관련	연 ( )%
□ 신용카드 결제계좌 관련	연 ( )%
□ 급여이체(배우자 포함) 관련	연 ( )%
□ 예금 · 적금 · 연금신탁 · 청약저축 등 관련	연 ( )%
□ 퇴직연금 가입	연 ( )%
□ VM뱅킹 가입(S뱅크 서비스 포함)	연 ( )%
□ 우량고객 감면금리	연 ( )%

구 분	우대율
□ My Shop Care 서비스 가입	연 ( )%
□ 외환실적 USD 1,000 이상일 경우 우대	연 ( )%
□ 점주권 감면금리	연 ( )%
□ 특화상권 부동산 담보 제공	연 ( )%
□ 준주택 담보제공	연 ( )%
□ 플랜형 가입(캠퍼스, 김대리 등)	연 ( )%
□ 그린자동차 구입	연 ( )%
□ 에너지 절약 스티커 수령	연 ( )%
□ 수해 침수피해 차량 확인	연 ( )%
□ My Car 대출 신규(보유)	연 ( )%
□ 당행 주택담보대출 신규(보유)	연 ( )%
□ 유동성 3개월 평잔 100만원	연 ( )%
□ 만기 3년 이내의 DTI 60% 이내	연 ( )%
□ Smail 가입(인터넷)	연 ( )%
□ 론센터 신청금리(인터넷)	연 ( )%
□ 론센터 추천금리(인터넷)	연 ( )%
□ 기초생활수급권자	연 ( )%
□ 다자녀 가정	연 ( )%
□ 다문화 가정	연 ( )%
□ 만 60세 부모 부양자	연 ( )%
□ 분할상환 대출 감면	연 ( )%
□ 근로장려금 수급자	연 ( )%
□ Tops Club 또는 S20 클럽 우대	연 ( )%
□ 즉시분할상환대출	연 ( )%
□ 기타 영업점장 우대금리	연 ( )%
□ 본부승인 우대 금리	연 ( )%
□ 성실상환자에 대한 금리감면 □ 매분기 ( )% □ 매년 ( )%	최대감면금리 ( )%
□	연 ( )%
□	연 ( )%
□	연 ( )%
□	연 ( )%
□	연 ( )%

② 제1항의 우대금리적용은 대출실행일(기한연장 또는 조건변경일 포함)에 금리우대 조건을 충족하지 못하거나, 금리우대제도의 변경 등의 사유로 변동될 수 있습니다.

③ 제1항의 금리우대 적용 항목 및 우대율은 상품별로 다르게 적용됩니다.

제 11 조 금리우대 적용기간 및 금리우대 조건 미충족할 경우 금리적용

① 제10조의 금리우대 적용기간은 다음 금리 재산정일(기한연장, 조건변경 등)까지로 하되, 다음 금리 재산정일에 금리우대 조건 충족 여부를 재산정 하여 우대금리를 결정하기로 합니다.

② 다음 금리 재산정일에 이미 적용중인 금리우대 조건이 미충족할 경우 해당 우대율만큼 금리가 상승합니다.

기타 특약사항이 있는 대출일 때 기재

제 12 조 기타 특약사항

변동금리대출 금리상승위험 및 핵심설명서 관련

- 변동금리대출은 상환을 완료할 때까지 이자율이 인상될 수 있으며, 대출이자율이 인상될 경우 재무적 부담이 증가할 수 있음을 충분히 설명듣고 이해하였습니다.
- 핵심설명서를 제공받았으며, 내용에 대해 충분히 설명 듣고 이해하였습니다.

본 인 겸 담보제공자	인	전화번호	
담보제공자	인	전화번호	

고객불만, 애로사항 상담 (고객만족센터) · 인터넷 : www.shinhan.com → 고객센터 → 전자민원 · 전화 : 080-023-0182 · 팩스 : 02-6263-8399 · 우편 : (100-102) 서울특별시 중구 태평로2가 120

본인 및 자서 확인	소 속		직 위		성 명 : 인

소상공인들의 힘, 기업 대출!

책을 집필하면서 기업 대출에 대한 내용을 넣을까 말까 많이 망설였다. 기업 대출은 굉장히 복잡하고 경우의 수도 다양할 뿐더러 정부나 기관에서 지원하는 프로그램들이 너무 많아 모두 다루기도 힘들다. 이 책을 읽는 대부분의 독자들은 기업이나 사업을 하는 사람들보다는 일반 급여 소득자나 학생일 텐데 불필요한 것은 아닌가 하는 의구심도 들었다.
하지만 은행에서 다양한 사람들을 만나면서 우리 주변에 생각보다 많은 개인 사업자들이 존재하고 또 개인 사업을 하기 위해 준비하는 사람들이 많다는 것을 깨달았기 때문에 간단하게라도 짚고 넘어가자는 생각에 펜을 들게 됐다.

기업 대출

가계 대출과 어떻게 다를까?

급여 소득자들은 상대적으로 은행에서 대출을 받기 쉬운 편이다. 특별한 일이 없으면 안정적으로 직장을 계속 다닐 것이고 만약 회사를 그만두더라도 부채가 급격하게 늘어난다든가 개인 파산이 일어나는 일은 상대적으로 많지 않을 것으로 판단하기 때문이다. 이들에 대해서는 급여 수준에 걸맞게 대출을 해준다.

반면 개인 사업자들은 일반 급여 소득자들에 비해 돈을 더 많이 번다고 해도 은행에서 대출 받기가 무척 힘들고 까다롭다. 사업을 하다가 잘 안 돼서 폐업을 하게 되면 재기한다는 것이 쉽지 않기 때문에 부실이 날 확률도 상대적으로 높다.

특히 사업자들은 세금 문제 때문에 10명 중 9명이 소득을 실제 번 것보다 적게 신고한다. 은행에서는 정식으로 신고된 소득을 바탕으로 대출을 진행하기 때문에 소상공인들은 대출 한도 면에서도 급여 소득자에 비해 턱없이 적게 나오는 문제가 있다.

필자의 생각에도 급여 소득자들은 버는 소득에서 모든 것을 해결하는 것이 맞지만 사업자들은 끊임없는 변화와 규모나 영역 확장을 통해서 돈을 창출해 내야 하기 때문에 대출이 필요할 때가 더 많다고 생각한다.

지금부터 사업자들은 어떤 식으로 대출을 받을 수 있는지 방법을 간단하게 살펴보자. 단 자세한 사항은 반드시 주거래 은행의 기업 담당자와 따로 상담을 해봐야 한다.

공장 부지나 사옥 구입 위한 시설 자금 대출

기업 대출은 크게 시설 자금 대출과 운전 자금 대출로 나뉜다. 시설 자금 대출은 말 그대로 시설 자금에 필요한 대출이다. 개인 사업자의 대부분은 공장이나 사무실을 임차하여 사용한다. 매달 고정적으로 빠져나가는 월세나 목돈이 들어가는 전세 등 임대료 및 각종 부대 비용은 사업자 입장에서는 분명 부담이다.

상담을 하다보면 업체 사장님들은 여러 가지 이유로 자신만의 사무실이나 공장을 갖기 위해 노력한다. 시설 자금 대출은 공장이나 사옥을 건축하기 위한 토지나 공장(사옥) 건물을 매입하기 위한 자금을 지원해주는 대출이다. 공장 생산 기계나 설비, 원자재 등 구입 비용도 시설 자금 대출에 해당한다.

최근에는 시중 은행에서도 동산 담보 대출이 활성화되어 있어 부동산뿐만 아니라 공장 물건, 집기, 기계 등에 대한 담보 대출도 활발히 이루어지고 있는 실정이고 견질 담보라고 해서 은행에서 정식 담보로 잡을 수 없는 재산들을 담보로 잡는 경우도 있다.

시설 자금 대출은 기본적으로 담보가 있기 때문에 대출 금액이 크며 기간도 비교적 길게 가져갈 수 있는 편이다.

시설 자금 대출은 부동산과 동산 모두 근저당/근질권 설정을 하면서 담보 한도가 나오지 않는 경우 업체의 신용 등급에 따라 원하는 금액만큼 신용 한도를 포함해서 대출을 해주기도 한다.

최근 저금리 기조가 계속되면서 시설 자금 대출 이자가 매달 나가는 임대료나 부대 비용보다 더 싼 경우가 많고 세제 혜택 등 면에서도 유리한 점이 많다. 시설 자금 대출은 종류도 너무 다양하고 여러 가지 요소들로 평가하기 때문에 다음과 같은 서류를 준비하여 주거래 은행을 찾아가보자. 다음과 같은 서류들이 기본적으로 필요하고 상황에 따라서 추가로 다른 서류들이 필요할 수도 있다.

- 사업자 등록증
  (법인인 경우 법인 등기부 등본, 인감 도장, 인감 증명서 등 지참)
- 대표자 신분증
- 재무제표(최근 3개년) : 없을 시 생략 가능
- 부가가치세 과세 표준 증명원
- 소득 금액 증명원 (혹은 원천징수영수증)
- 국세 납입 증명서
- 지방세 납입 증명서
- 사업 계획서, 임대차 계약서등 기타 신청에 필요한 제반 서류

원활한 경영 활동 위한 운전 자금 대출

운전 자금은 경영 자금이라고도 하며 기업을 운영하는 데 필요한 대출 중 시설 자금 대상이 아닌 대출을 뜻한다. 가령 직원의 급여 지불 금액이 부족하다든가 사업의 확장으로 인한 원자재 구입, 공과금 및 세금 납부 등 시설 대출처럼 설비에 필요한 대출이 아닌 경영 활동에 필요한 자금에 대한 대출이다. 시설 자금 대출은 담보 대출이지만 운전 자금은 기업의 신용 대출이다.
시설대는 담보가 있어 자금 회수가 고정적이고 대출 기간도 비교적 길지만 운전대는 경영 활동을 통한 수익금으로 회수되기 때문에 유동적이고 기간도 짧다.

운전자금 대출이 일반 개인의 신용 대출보다 더 중요하게 보는 것은 신용 등급이다. 개인의 신용 등급을 외부 신용 평가 회사의 등급과 은행자체적인 기준으로 1~15등급까지 매기지만 기업 대출의 경우는 법인의 경우, 법인 자체의 신용 등급도 중요하고 대표자의 신용 등급도 함께 본다.
운전대의 경우 AAA / AA / A / BBB / BB / B / CCC / CC / C / D / R 의 등급으로 구분하며 등급 내에서의 상대적 위치에 따라 플러스(+) 또는 마이너스(-) 부호를 부가하고 있다.
단순히 외부 신용 평가 등급만 좋아서는 안되고 거래 은행의 실적 및 거래 현황도 신용 평가에 중요한 요소이므로 기업 대출의 경우는 평소 거래하는 주거래 은행을 통해 신청하는 것이 유리하다.
사업자들의 경우 금융 기관에서 가장 중요하게 보는 것이 신용 등급이고 이 신용 등급에 따라 대출 금리와 한도 금액이 천차만별로 달라지기 때문에 신용 등급 관리에 만전을 기하도록 하자.
운전 자금 조달 방법은 크게 2가지가 있다. 첫째, 정책에 따른 보증기관의 보증서 발급 담보 대출, 둘째, 은행의 자체 기업 여신 심사를 통한 신용 대출이다. 사업자 등록증 하나로도 대출이 가능한 줄 알고 가져오시는 분들이 종종 있는데 사실상 불가능하다.
보증 기관의 보증서 담보 대출을 받으려면 최소 3개월 이상 영업을 해야 하고 은행의 자체 기업여신 심사를 통과하려면 최소 1년 이상은 사업을 영위해야 한다.
보증 기관의 보증서 발급 대출이 가능하다면 은행의 자체 기업여신 심사를 통한 신용 대출보다 훨씬 유리하다. 은행에서는 신용이 아닌 보증서 담보 대출로 인식하기 때문에 은행 자체 신용 대출보다 금리도 훨씬 낮고 대출 금액도 더 많이 나온다. 부실이 나도 보증 기관에서 보증을 해 주기 때문이다.

보증 기관은 업종과 업태, 지역에 따라 다양한데 통상적으로 많이 이용하는 곳으로는 신용보증재단, 기술신용보증재단이 있다.

또한 국가나 시에서 자체적으로 지원해주는 대출들도 있는데 그 중 이차 보전 소상공인 대출 상품은 현존하는 기업 운전 자금 대출 중에 가장 저렴한 금리이다.

이런 류의 대출은 신청자가 하도 많아서 온라인 추첨제로 하거나 오프라인 선착순으로 접수받아 새벽부터 줄을 서서 대기하는 진풍경도 볼 수 있다.

만약 보증 기관의 보증서 담보 대출이 어려운 경우라면 은행 자체 기업 여신 상품이 가능한데 최근에는 은행 지점 주변에 사업장이 있을 경우 특화 상권 대출, 가맹점 거래를 일정기간 이상 한 사업자들 대상으로 한 가맹점 우대 대출 등이 대표적이고 기타 업종/업태에 따라 다양한 상품들이 있으니 실제 관심 있는 사업자들은 직접 은행에 방문하여 기업 담당자와 확인해 보도록 하자.

내 집 마련의 실현

최근 부동산 시장의 침체로 정부 차원에서도 주택 마련 대출 상품에 대한 수요를 늘려 부동산의 활성화를 꾀하고자 다양한 정책을 많이 내놓고 있다. 정부와 은행에서 진행하는 주택 마련 대출 상품을 잘 이용한다면 내 집 마련, 혹은 전세집 마련의 길이 보다 빨라질 것이다.
필자의 아버지 세대만 해도 열심히 일해서 내 집을 마련하는 것이 인생 최고의 목표이자 행복이었다고 한다. 하지만 지금 세대는 아무리 모아도 살 수 없는 너무나도 높은 집값과 취미, 여가생활 등에 대한 다양한 소비 활동으로 내 집을 산다는 목표는 이미 버린 지 오래인 것 같다.
필자는 처음 은행에 들어왔을 때부터 국민 주택 기금 대출 담당자로 신혼부부들과 담보 대출 및 전세 자금 대출 상담을 많이 했다. 다양한 소득 수준의 사람들과 상담을 하면서 공통적으로 느낀 것은 소득 수준에 관계없이 내 집 마련은 누구에게나 정말 어렵다는 것이었다.

은행에서 만나는 수많은 사람들 중에서 특히 20대, 30대와 상담해보면 집을 사는 일은 곧 '미친 짓'이라는 생각을 갖고 있는 사람들이 의외로 많았다. 지금의 소득 수준으로는 집은커녕 자녀들 교육, 공과금, 생활비 지출로도 빠듯하기 때문에 집 살 돈을 모으는 것은 꿈도 꾸지 못할 일로 여기고 있다.

그나마 기혼부부들은 사정이 나은 편이다. 요즘 신혼부부들은 전세, 월세로 집을 구하기 막막해 대학생들의 전유물이었던 원룸을 돌아다니며 신혼집을 알아본다.

필자의 고향인 대전에 내려와서 신혼부부들과 상담을 하면서 전세 보증금 때문에 해외 신혼여행은 고사하고 제주도 가는 것도 힘겨워하고 예물도 좌판에서 파는 몇 만 원짜리 시계나 반지를 겨우 사서 해주는 사람들도 많이 봤다. 경제적으로 특별히 어려운 사람들이 아니라 아주 평범한 가정의 일상적인 모습이다. 은행에 입행하기 전까지만 해도 모든 사람들이 결혼하면 아파트에 살고 해외로 신혼여행을 떠나고 몇 백, 몇 천만 원짜리 예물을 주고받는 줄 알고 있었다.

이 지면을 빌어 많은 신혼부부들의 행복을 빌어주고 싶다. 비록 처음엔 어렵게 시작하지만 곧 창창한 미래가 펼쳐질 것이라고 믿는다.

이런 생활로부터 하루빨리 벗어나려면 첫째는 무절제한 소비 습관을 조절해야 하고 둘째는 젊을 때부터 내 집 마련에 대한 목표의식을 가지고 도전해야 한다. 마지막으로는 당연히 부동산 지식이나 내 집 마련 금융 상품에 대한 지식을 많이 알고 있어야 한다. 2년 계약이 끝날 때마다 여기저기 철새처럼 옮겨 다니는 생활에서 벗어나기 위해서 주택 담보 대출에 대해 철저하게 파헤쳐보도록 하자.

주택 담보 대출

집 사기 전 한도, 금리부터 확인하자

담보 대출이 필요한 경우는 크게 두 가지다. 집을 사면서 돈이 부족해 대출을 받으면서 들어가는 경우와 대출 없이 집을 사고 난 후 생활 자금이 부족해 집을 담보로 대출을 받는 경우이다.

집을 사면서 대출을 받는 경우라면 집을 계약하기 전 자신이 대출받을 수 있는 한도가 얼마인지, 금리는 얼마인지 반드시 알아봐야 한다. 은행원 입장에서는 덜컥 집 계약부터 하고 와서 대출을 얼마까지 해달라고 할 때가 가장 난감하다. 고객이 원하는 만큼 대출을 해줄 수 없을 때가 종종 발생하기 때문이다. 잔금을 치르기 최소 2주일 전까지는 은행에 방문해야 여유 있는 준비가 가능하다.

대출 없이 집을 산 후 집을 담보로 대출은 받는 방법은 여러 가지 변수가 있지만 집을 매매하면서 대출을 받는 것에 비해 비교적 간단하기 때문에 대출이 필요한 날로부터 최소 1주일 전에 은행을 방문하며 쉽게 대출이 가능하다.

주택 담보 대출은 크게 두 가지 종류가 있다. 하나는 정부의 지원 자금으로 나가는 한국주택금융공사의 '디딤돌대출'이고 다른 하나는 각 은행의 재원으로 나가는 주택 담보 대출이다.

디딤돌대출은 그 어떤 시중 은행의 대출보다도 이자가 훨씬 저렴하다. 서민들을 대상으로 한 대출인데 자신이 대상 조건에 해당된다면 무조건 디딤돌대출로 진행하는 것이 옳다.

은행 자체 상품 대출은 신용 등급, 소득 수준, 은행 거래 실적 등에 따라 대출 한도와 금리가 바뀌게 되지만 디딤돌대출의 경우 한도, 금리 수준, 우대 금리 조건이 명확하게 제시되어 있기 때문에 그 어떤 시중 은행에서 진행을 하던 대출 한도와 금리는 똑같다.

조건 좋을 때 줄 서 보자, 정부 지원 디딤돌대출

근로자·서민주택구입자금, U보금자리론, 생애최초구입자금대출, 유동화적격대출…. 이름은 다르지만 공통점이 하나 있다. 모두 정부가 지원하는 서민 주택 구입 자금으로 진행되는 대출이라는 점이다. 이렇게 여러 가지 이름으로 진행되던 정부 지원 주택 구입 자금 대출이 2014년 1월부터 '내집마련 디딤돌대출'(통칭 디딤돌대출)로 통합됐다. 이용자들도 이해하기 쉽고 취급하는 은행원들도 간단해지면서 통합 후 1년여 만에 벌써 정착 단계에 들어서고 있다. 디딤돌대출은 엄청나게 이자가 싼 대신 까다로운 관문을 통과해야한다.

첫째는 무주택 세대주다. 세대원이 있는 만 19세 이상 세대주 및 세대주로 인정되는 사람(단독 세대주는 만 30세 이상만 가능)이어야 하고 세대주 및 세대원 전원이 전부 무주택자여야 한다. 대출 신청자는 물론 신청자 가족 모두가 집이 없어야 가능하다.

둘째는 소득. 부부 합산 연소득이 6천만 원 이하여야 한다. 이 관문을 통과하는 것이 생각보다 쉽지 않다. 소득에는 상여금 및 수당 모두 포함된다. 가끔 한쪽은 소득 금액이 없다고 우기는 사람도 있는데 은행에서는 '소득 금액 없음' 증명서를 발급해오라고 요구하기 때문에 이 요건을 피해갈 수 없다. 부부 합산 연소득이 6천만 원보다 단돈 1원이라도 많을 경우는 안타깝게도 거절이 되기 때문에 디딤돌대출을 생각하고 있다면 이 부분부터 확인해보는 것이 좋다. 단, 생애 최초 주택 구입자일 경우에는 부부 합산 연소득이 7천만 원 이하도 인정된다.
셋째는 주택 가격이다. 구입하려는 주택 가격이 6억 원 이하여야 한다(KB 시세표 및 감정 평가에서 필터링 가능). 지방은 6억 원이 넘는 집이 드물기 때문에 해당사항이 없겠지만 서울은 6억 원이 넘는 곳이 수두룩하기 때문에 이 부분도 염두에 두어야 한다.
넷째는 주거 전용 면적이다. 주거 전용 면적이 85평방미터 이하여야 한다(읍이나 면 지역은 100평방미터 이하도 가능). 85평방미터는 국민 주택 규모라고 하여 일반적으로 대부분의 서민이 살 수 있는 크기의 마지노선으로 본다. 디딤돌대출뿐만 아니라 국민 주택 전세 자금 대출이나 아파트 청약 때도 중요한 기준이 된다. 아직도 옛날 사람들은 평방미터와 평의 개념을 헷갈려 해서 85평방미터를 85평으로 착각하는 경우도 종종 있다. 예전에는 '평'으로 아파트 크기를 구분했지만 요즘에는 모든 아파트가 평방미터로 표현한다.
환산법은 간단하다. 1평에 대략 3.3평방미터이므로 85평방미터는 약 25평이 된다. 전용면적이 25평이므로 실제 평수는 31~36평 정도까지 나오기 때문에 30평대 초중반 아파트까지 디딤돌대출이 가능하다. 구입하려는 주택의 등기부 등본을 열람해보면 전용 면적이 몇 평방미터인지 정확하게 나와 있다.
금리는 2.8~3.6% 사이이며 부부 합산 소득이 많고 대출 기간이 길어질수록 조금씩 늘어난다. 고정 금리와 5년 단위 변동 금리 두 가지 중에서 선택이 가능하다. 요즘 금리가 워낙 낮아서 고정 금리로 진행하는 경우가 대부분이다.
여기서 중요한 것은 우대 금리 적용도 가능하다는 점이다. 다자녀 가구(3명 이상)의 경우 연 0.5%나 감면을 해주고 생애 최초, 다문화, 장애인 가구일 때는 연 0.2% 금리 우대가 가능하다. 단, 중복 적용은 불가능하다.
디딤돌대출이 워낙 복잡하고 심사하는데 시간이 많이 걸리기 때문에 은행원들이 이런 부분들을 빠뜨릴 수 있다. 꼭 챙겨서 자신의 권리는 스스로 찾을 수 있도록 하자.
대출 한도는 어떻게 나올까? 디딤돌대출의 최대 한도는 최고 2억 원이다. 여기서 LTV와 DTI, 소액 보증금을 계산하면 실제 대출받을 수 있는 한도가 나온다. 디딤돌 대출은 은행 계정 담보 대출과 달라 주택 가격의 최고 70%까지 대출이 가능하고 소액 보증금을 차감한다.
DTI비율이 40% 이내로 들어오면 대출이 70%까지 가능하지만 40%가 넘으면 최대 60%까지 가능하기 때문에 본인의 소득 대비 부채 비율이 얼마정도 되는지 따져봐야 한다. DTI 비율은 대출 기간을 늘릴수록 더 낮아지기 때문에 만약 대출 한도를 70%로 늘리려면 금리가 다소 올라가더라도 대출 기간을 늘려야 한다.
예를 들어 1억 원짜리 아파트를 구입하고 소득 대비 부채 비율이 양호하다면 대출 최대 금액은 7천만 원이지만 방수를 차감하기 때문에 서울에 있는 아파트의 경우 3천2백만 원을 차감하면 실제 대출 가능한 금액은 3천8백만 원이 된다.
디딤돌대출에 있어서 유의해야 할 것 중 하나는 신청 시기이다. 소유권 이전 등기 접수일로부터 3개월 이내에 반드시 신청해야한다. 집에 대한 잔금까지 치른 후 법적으로 내 집이 된 3개월 이내에 신청해야 한다는 이야기이다. 3개월이 지나면 이 디딤돌대출로는 절대로 신청할 수 없으니 반드시 명심해야 한다.

또 디딤돌대출은 분할 상환을 해야 하는데 처음부터 원금과 이자를 갚기 어렵다면 1년 동안은 이자만 낼 수도 있다. 1년 거치를 한다고 해서 이율에 변화가 생기는 것은 아니기 때문에 중장기적인 재정 계획을 잘 세워서 거치 기간을 정할 수 있도록 하자.

디딤돌대출이 일반 은행 담보 대출보다 유리한 것은 금리뿐만 아니라 중도 상환 수수료도 있다. 대부분 시중 은행은 3년 이내에 상환 시 기간 × 1.5%의 중도 상환 수수료를 받고 있다. 하지만 디딤돌대출은 중도 상환 수수료가 1.2%로 낮고 근저당권 설정 또한 은행이 120%로 받는 반면 디딤돌대출은 110%로 받기 때문에 추후 전세를 주거나 2순위 근저당권 설정할 때 약간이나마 유리한 면이 있다.

디딤돌대출은 언제나 가능한 것이 아니라 정부에서 지원해주는 규모가 정해져 있고 정책에 따라 얼마든지 변경 가능하기 때문에 조건이 좋을 때 줄을 잘 서는 것도 방법이다. 현재 우리은행, KB국민은행, IBK기업은행, NH농협은행, 신한은행, 하나은행 이 6개 은행에서 방문 신청이 가능하다.

고객 상황에 맞는 맞춤 대출, 은행 재원 주택 담보 대출

1. 플러스 모기지론

지금부터는 은행에서 취급하는 담보 대출에 대해서 알아보자. 같은 주택 담보 대출이라 하더라도 조금씩 변형된 상품들이 존재하는데 은행원들은 고객과의 장시간 상담 후 가장 알맞은 대출상품을 골라 추천하게 된다. 이 중 가장 획기적인 상품은 플러스 모기지론이다. 은행에서는 나중에 부실이 날 경우를 우려해 담보 대출을 해줄 때 대출 한도에서 최우선 변제 금액인 소액 보증금을 반드시 빼준다고 앞서 설명했다. 이 소액 보증금을 빼지 않아도 되는 대출이 바로 플러스 모기지론이다. 이 때문에 일반적인 담보 대출보다 대출 한도가 더 나올 수 있다.
디딤돌대출이나 일반적인 담보 대출의 경우 1억 원 짜리 아파트를 대출해줄 때 70%까지 가능하기 때문에 7천만 원까지 대출이 가능하지만 소액 보증금(서울의 경우 3천2백만 원)을 차감하면 최대 가능한 금액은 3천8백만 원이다. 하지만 플러스 모기지론에서는 이 소액 보증금을 빼지 않기 때문에 7천만 원이 온전히 다 나갈 수 있다.
정확하게 이야기 하면 소액 보증금을 빼지 않는다기보다 신용 등급이 좋은 사람에 한해 보험료를 지급하고 보증보험사의 모기지 보험에 가입, 소액 보증금만큼 보험을 가입하는 것이다. 대신 임대차 없이 본인이 직접 거주해야 하며 개인별 최대 2개의 물건지까지 대출이 가능하다.

2. 고정 금리 담보 대출(금리 안전 모기지론)

디딤돌대출의 경우 고정 금리가 가능하지만 그 외 대부분의 은행 계정 담보 대출은 변동 금리다. 고정 금리와 변동 금리는 전문가들 간에도 어떤 것이 더 유리한지 이견이 있다. 금리가 높을 때에는 당연히 고정 금리가 유리하고 금리가 낮을 때에는 당연히 변동 금리가 유리하다. 마치 닭이 먼저냐 달걀이 먼저냐 같은 물음이다. 필자의 생각으로는 '정답은 없다'가 정답이다.
대출을 신청하는 시점에 따라서 고정 금리가 유리할 수도 있고 변동 금리가 유리할 수도 있기 때문에 정답은 대출을 신청하는 시점 당시 유리한 금리물을 고르면 된다.
대체적으로 고정 금리는 은행에서 모든 리스크를 다 갖다 붙이기 때문에 같은 상품이라면 변동 금리보다 기본적으로 금리가 높다. 하지만 현재 정부에서 서민들의 가계부채 비중을 줄이고자 고정 금리 및 분할 상환 대출 비율을 늘리라고 각 시중 은행들에 주문해 놓은 상태다. 그렇기 때문에 각 시중 은행들에서는 정부 정책에 맞춰 담보대출에서 만큼은 고정 금리 대출 금리를 낮게 설정 해 놓게 되었고 이런 점을 개선시킨 상품이 바로 고정 금리 담보 대출이다.
은행도 금리 변동에 따른 리스크를 감안해야 하는 회사다 보니 디딤돌대출처럼 대출 기간 내내 고정 금리로 해주기는 어려운 면이 있으나 보통 3년에서 5년 단위로 고정 금리 대출이 가능하다.
3년이 지나면 사실상 중도 상환 수수료가 나오지 않기 때문에 그때 가서 금리가 내려가거나 더 유리한 상품이 있다면 대환(대출 바꿔타기) 할 수도 있고 그때 가서 금리가 더 높다면 그대로 유지도 가능하기 때문에 유연하게 운용할 수 있는 상품이다. 은행마다 약간의 차이는 있지만 거의 비슷하다.
대출 금리는 2014년 기준 연 3.35%~4.5%까지 가능하며 기간별, 거치 기간 설정 여부에 따라 차등 적용된다. 마찬가지로 아파트, 단독주택, 연립 또는 다세대, 다가구 주택 등 공부상 주택만 가능하며 상가 등은 해당 사항이 없다.

고정 금리 담보 대출은 기본형과 혼합형으로 나뉘는데 기본형은 대출 기간 내내 고정 금리로 사용 가능하고 혼합형은 일정 기간은 고정 금리로, 일정 기간은 변동 금리로 변경하여 진행할 수 있는 상품이다. 은행별로 대동소이하지만 기본적으로 기본형은 5년~15년까지 가능하고 혼합형은 5년~30년까지 가능(거치 기간 최대 5년)하다.

3. 장기 고정 금리 적격 전환 대출(유동화 적격 대출)

담보 대출 중 이름이 가장 긴 '장기 고정 금리 적격 전환 대출'은 최근 시중 은행에서 가장 적극적으로 취급하는 담보 대출이다. 이 대출은 일반 주택 담보 대출과는 조금 다른 특이한 구조를 갖고 있다.

은행에서 먼저 주택 담보 대출을 취급 한 후 정부(한국주택금융공사)에 곧바로 대출을 넘겨 현금화하는 구조로 이루어져 있다. 은행 계정 대출과 정부 지원 대출의 혼합형이라고 생각하면 이해가 빠를 것이다.

은행은 최장 30년까지 가능한 유동화 적격 대출을 곧바로 한국주택금융공사에 팔아서 현금화함으로써 대출이 부실 날 가능성을 없애고 정부에서는 단기 대출, 변동 금리 등의 대출 비중이 감소해 중장기적으로 서민의 가계 대출을 안정시킬 수 있기 때문에 최근 많이 취급하고 있다.

유동화 적격 대출 대상 주택은 상가 등 건물을 제외한 아파트, 단독 주택, 연립 주택, 다세대 주택 등 주택만 가능하다. 주택 가격은 9억 원 이하여야 하고 9억 원 초과 시 해당 사항이 없다. 대출 한도는 주택 가격의 최대 70%까지 가능하지만 소액 보증금을 차감해야 하고 최대 5억 원을 초과할 수 없다.

대출 금리는 2014년 기준 금융채 5년물+연 0.95%~1.35% 수준까지 가능하며 기간별, 거치 기간 설정 여부에 따라 차등 적용된다. 대출 기간은 최소 10년 이상 30년 이내이며 거치 기간은 1년에서 최대 2년까지 가능하다.

담보 대출 간단 비교표

구분	플러스 모기지론	고정 금리 담보 대출	유동화 적격 대출	디딤돌대출
상품 특징	대출 한도 산정 시 공제되는 소액 보증금을 보증 보험 모기지 보험 가입하여 대출 한도를 확대	시중 금리가 변동해도 만기 시 또는 일정 기간까지 금리를 고정	최장 30년 만기까지 고정 금리 적용.금리 리스크가 없는 장기 고정 금리 상품	정부 지원 정책으로 현존하는 담보 대출 금리 중 가장 저렴하고 은행 계정 대출 대비 근저당권 설정 및 중도 상환 수수료 유리
대출 대상자	주택을 담보로 대출을 받고자 하는 개인 (단, 서울보증보험 부적격자가 아니어야 함)	주택을 담보로 대출을 받고자 하는 개인	주택을 담보로 대출을 받고자 하는 개인 & 외부 신용 등급이 1~8등급 & 은행 심사를 통과한자	-무주택 세대주 -부부 합산 연소득 6천만 원 이하 (담보 대출 상품 중 가장 까다로움)
대상 주택	아파트(주상복합), 단독 주택, 연립 및 다세대 주택(임대차 없어야 함)	아파트, 단독 주택, 연립 또는 다세대, 다가구 주택	아파트, 단독 주택, 연립, 다세대 주택 (주택 가격 9억 원 이하)	-주택 가격 6억 원 이하 -주거 전용 면적 85평방미터 이하
대출 한도	LTV 70% 적용	LTV 70%적용	최대 5억 원 이내 (LTV 60%/조건 충족 시 최대 LTV 70%) (소액 보증금 차감)	최대 2억 원 이내 (LTV 60% / DTI 조건 충족시 최대 LTV 70%) (소액 보증금 차감)
대출 금리	연 최저 3.16~최고 6.15% (3개월 또는 6개월 변동 금리) *은행별 대동소이함	연 3.35%~4.5% (기간별 또는 거치 기간 설정 여부에 따라 차등 적용) *은행별 대동소이함	금융채 5년물 +연 0.95% ~1.35% (기간별 또는 거치기간 설정 여부에 따라 차등 적용) *은행별 대동소이함	최저 2.8%~3.6%
대출 기간	1년~30년 이내 (거치 기간 대출 기간 1/3 내 최장 10년 이내 지정 가능)	-기본형 :5년~10년 -혼합형:5년~30년 (거치 기간 최대 5년)	10년 이상 30년 이내 (거치 기간 1년~최대 2년)	10년 이상 30년 이내 (거치 기간 1년 이내)

4. 기타 - 다가구 주택 담보 대출, 상가 대출, 기타 주택이 아닌 담보 대출

은행에서 담보로 잡을 수 있는 것들은 여러 가지가 있지만 가장 좋아하는 것은 바로 부동산이다. 담보 대출을 정확히 알려면 동산과 부동산의 차이를 알아야 한다. 쉽게 말해 동산은 자동차, 재고, 부품, 공장 설비처럼 움직일 수 있는 재산이고 부동산은 토지, 건물, 논, 밭처럼 움직일 수 없는 재산을 말한다. 동산은 사람이 마음만 먹으면 가지고 도망갈 수 있지만, 부동산은 그렇게 할 수 없기 때문에 담보로써 가치가 높은 것이다.

은행은 전당포와 달리 동산을 정식 담보물로 잘 인정하지 않아 대출을 잘 해주지 않는다. 물론 동산 담보 대출도 있고 견질 담보로 기계, 재고 등을 잡기도 한다. 부동산이라면 웬만한 것들은 모두 은행에서 대출이 가능하다고 보면 된다.

디딤돌대출이나 은행 계정 대출 모두 주택 담보 대출은 은행에 가서 상담 받기 전에 서류를 먼저 지참해서 가는 것이 현명한 방법이다. 서류가 없으면 자세한 설명을 듣기 어렵기 때문에 은행을 여러 번 방문해야 하는 번거로움이 생긴다.

집을 사면서 들어가는 사람이라면

- 신분증
- 소득 서류
- 주민 등록 등본,가족 관계 증명서
- 사려는 주택의 주소(혹은 등기부등본)

이 4가지 정도는 챙겨서 가는 것이 좋다. 물론 대출을 실제로 받기 위해서는 계약서, 초본, 인감 도장, 인감 증명서, 전입 세대 열람원 등 다양한 서류를 추가로 준비해야 하지만 계약하기 전에 대출 한도와 금리를 반드시 파악해야 나중에 재정적인 문제가 생기지 않기 때문에 계약하기 전 반드시 은행에 이 4가지 서류를 들고 가서 확인하도록 한다.

이미 본인이 구입한 집(자가 담보)을 가지고 대출을 문의하려면

자가 담보를 가지고 대출을 받는 사람이면 사실 신분증과 소득 서류 2가지만 들고 가도 상담은 가능하다. 단 한번에 준비하려면 다음과 같은 서류가 필요하다.

- 신분증
- 등기 권리증 원본(집문서)
- 인감 도장
- 인감 증명서 2통
- 주민 등록 등본, 가족 관계 증명서
- 주민 등록 초본(과거주소 이력 포함 발급요망)
- 전입 세대 열람원
- 소득 서류(소득이 없을 시 등본이나 직전년도 카드 사용 내역서로 대체 가능)

소득 서류를 제외한 모든 서류는 관할 동사무소에서 발급 가능하며 대출 취급 시 금감원의 지침에 따라 모든 서류는 1개월 이내 발급분이어야 하기 때문에 참고하도록 한다.

TIP 주택 담보 대출 수수료부터 알아두자

1. 인지세

인지세는 국가에 내는 세금이다. 국내에서 재산에 관한 권리를 창설, 이전, 변경에 따른 계약서나 기타 이를 증빙하는 문서를 작성할 때 부과하는 세금이다. 예전에는 고객이 인지세를 전부 부담했지만 최근 법 개정으로 이제는 고객 반, 은행 반 씩 부담하고 있다. 주택 담보 대출뿐만 아니라 인지세는 신용 대출 등 모든 대출에 동일하게 적용되는데 다음과 같다.

대출 금액 4천만 원 - 비과세
대출 금액 4천만 원 초과 5천만 원 이하 - 인지세 4만 원(고객 2만 원 부담)
대출 금액 5천만 원 초과 1억 원 이하 - 인지세 7만 원(고객 3만5천 원 부담)
대출 금액 1억 원 초과 10억 원 이하 - 인지세 15만원(고객 7만5천 원 부담)
대출 금액 10억 원 초과 - 인지세 35만 원(고객 17만5천 원 부담)

2. 채권 매입비

그날 그날의 채권 할인율과 금액에 따라 비용이 달라진다. 채권 매입비 계산 공식은 까다롭기 때문에 추후 담보 대출시 담당 법무사 직원에게 확인하도록 한다.

3. 한도 유지 수수료

담보 대출로 마이너스 통장을 만들 때 발생하는 수수료다. 시중 은행에서는 한도 유지 수수료라는 명목으로 수수료를 징수하는 곳이 하나은행 외에는 거의 없지만 현재 제2금융권(특히 보험 회사)에서는 한도 유지 수수료를 대부분 받고 있는 것이 관행이다.

4. 설정비

설정비는 이제 더 이상 고객이 부담하지 않아도 되는 수수료이지만 중도 상환 수수료 면제가 안 되는 이유와 밀접하기 때문에 짚고 넘어가도록 한다.

얼마 전 은행의 근저당 설정 비용을 고객에게 전가하는 것이 불공정하다는 판결이 나와서 크게 이슈가 된 적이 있다. 근저당권 설정은 담보 대출 등을 받을 때 등기부 등본상 은행이 1순위 근저당 설정자로 되어 있는 경우가 많은데 여기서 설정하는 비용을 뜻한다.

금액에 따라 설정비가 달라지고 기타 수수료와 달라서 법무사 보수이기 때문에 작게는 몇 십만 원, 크게는 몇 백만 원까지 설정 비용이 발생하고 있는데 몇 년 전만 하더라도 이 금액들을 고객들이 전부 부담했다. 현재는 은행에서 모두 부담하고 있는데 대신에 주택 담보 대출의 경우 설정비 등 제반 비용을 회수하기 위해 3년 이내에 상환을 하게 되면 1.5%의 중도 상환 수수료가 발생하는 것으로 대체하고 있다. 중도 상환 수수료는 면제가 전혀 없다.

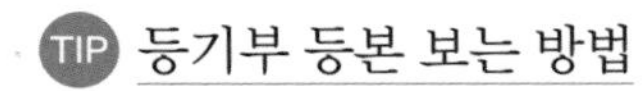

이 책의 358~360쪽 부록2 참고

전세 자금 대출

최악의 전세난 탈출 위한 '비상구'

전셋집 구하기가 점점 어려워지고 있다. 특히 서울, 수도권 아파트의 경우 전셋값이 점점 치솟으면서 유례없는 최악의 전세난이 시작됐다. 부동산을 조금만 자세히 들여다봐도 알겠지만 최근 전셋값이 일반 매매가에 비등할 만큼 미친 듯이 높아졌고 임대인들도 전세보다는 매달 돈을 받을 수 있는 월세를 선호하기 때문에 전세의 비율이 점점 낮아지고 있는 실정이다.

왜 이런 현상이 발생하는 것일까? 여러 가지 이유가 있겠지만 임대인 입장에서는 실질적으로 목돈을 받아봤자 너무 낮아진 금리로 인해 마땅히 투자할 곳이 없고 보증금이 다소 적더라도 은행 이자보다는 훨씬 높은 월세를 선호할 수밖에 없다.

상담을 하다보면 전세를 내놓는 사람들은 주택에 융자가 많이 들어가 있는 것을 알 수 있는데 실제로 그 주택을 구입하면서 돈이 부족해서 할 수 없이 전세로 일정 부분을 충당하는 사람들이 많다. 융자가 많이 포함되어 있는 주택은 그만큼 부실이 날 확률이 높아지기 때문에 전세로 들어가는 사람들 입장에서도 별로 좋을 것이 없다.

이런 상황을 정부나 금융 기관에서도 인식하고 있어서 최근에는 다방면에서 전·월세를 지원해주는 금융 상품이 많이 출시됐다. 주택 담보 대출과 마찬가지로 전세 자금 대출 또한 국가에서 지원하는 국민 주택 기금 대출이 있고 은행 자체 계정인 전세 자금 대출이 있다.

까다롭고 복잡하지만 조건은 최고, 정부 지원 '버팀목대출'

국민 주택 기금 전세 대출은 일반 개인 가계 대출 중에서 조건도 아주 까다롭고 종류도 다양하며 써야 할 서류도 엄청나게 많고 챙겨야 할 항목이 많다. 이 때문에 사실 은행원들이 가장 기피하는 대출 중 하나다.

고객들도 은행에 오기 전 여러 가지로 알아보고 오는 편이지만 내용이 너무 어렵기 때문에 안내장이나 인터넷을 봐도 정확하게 이해하지 못하는 사람들이 대부분이다.

국민 주택 기금 대출은 '근로자 전세 자금 대출', '서민 전세 자금 대출', '저소득 전세 자금 대출' 등 세 가지로 나뉘어서 꽤 오랜 기간 운용돼 왔으나 2015년 1월부터 '버팀목대출'로 이름이 통일됐다.

버팀목대출은 국가에서 서민으로 판단하는 사람들에게만 지원해주는 대출이기 때문에 조건이 매우 까다롭다. 앞서 설명했던 디딤돌대출만큼 까다로운 조건을 가지고 있는 상품이다.

하지만 은행에서 자체적으로 나가는 전세 자금 대출보다 훨씬 낮은 금리가 적용되기 때문에 대상자가 된다면 무조건 버팀목대출로 진행하는 것이 맞다. 게다가 버팀목대출은 은행 계정 전세 자금 대출과 달리 주택에 융자가 다소 많이 끼어 있어도 대출이 가능하다.

은행 계정 전세 자금 대출은 전세로 들어가는 집에 융자가 많이 있으면 대출이 거절되지만 버팀목대출은 융자 과다 여부 확인은 하지만 대출 한도에 크게 영향을 미치진 않는다.

또한 은행 계정 전세 자금 대출은 대출 금액만큼 임대인(집주인)에게 배달 증명 등의 방법을 통해 질권 설정을 하여 집주인이 허락을 하지 않을 시 전세 대출이 힘들어지지만 버팀목대출은 질권 설정 절차가 없기 때문에 비교적 쉽게 대출이 가능하다. 신용 정보사 등의 하청 업체를 통해 임대차 계약 사실 확인, 다가구 주택의 경우 임차 목적물 확인 등의 절차는 진행한다.

TIP 버팀목대출이 은행 계정 전세 자금 대출에 비해 좋은 점

1. 차별적인 낮은 금리
2. 전세 물건지에 근저당권 설정이 다소 과다해도 대출 가능
3. 전세 자금 대출 금액에 대한 질권 설정 없음

상품 내용을 살펴보기 전에 이 대출이 가능한 대상자인지 여부를 판단하는 것이 중요하다. 버팀목대출을 받기 위해서는 다섯 가지 조건을 통과해야 한다.

① 전용면적이 85㎡ 이하인 주택

디딤돌대출처럼 버팀목대출 또한 국민 주택 규모인 전용 면적 85평방미터 이하여야 가능하다. 등기부 등본이나 공인 중개사를 통해 전용 면적을 반드시 확인해야 하며 공부상 주택이어야 한다. 간혹 근린시설, 다중 주택 등의 물건지를 대상으로 기금 전세 자금 대출을 받고자 하는 사람들도 있는데 이런 물건지는 대출이 불가능하다.

공부상이란 등기부 등본이나 건축물 관리 대장을 말하며 이곳에 '주택(주거용 오피스텔은 가능)'으로 등재되어 있어야 가능하다. 원룸이나 투룸 등 다가구 주택의 경우에도 가능은 하지만 은행에서 하청 업체를 통해 현장 실사를 해야하기 때문에 미리 집주인의 동의를 구해놔야 수월하다는 점도 알아두자.

② 신청 시기의 적정성

전세 계약 후 잔금을 치르고 등본상 전입을 하게 되는데 잔금일이나 전입일로부터 3개월 이내에 반드시 대출을 신청해야 한다. 즉 임대차 계약서상의 입주일(잔금일)과 주민 등록 등본상의 전입일 중 빠른 날짜로부터 3개월 이내 신청해야 대출 대상이 된다.

다만 기존 살던 곳의 갱신 계약인 경우 주민 등록 전입일로부터 1년 이상 거주한 경우에만 인정된다. 갱신 계약일로부터 다시 3개월 이내 신청이 가능하기 때문에 대출을 위해서 계약서를 허위로 작성할 우려가 있기 때문이다.

③ 세대주 여부

버팀목대출은 세대원이 있는 세대주여야 가능하다. 여기서 세대원이란 신청인의 배우자와 직계존비속을 뜻한다(형제, 자매, 친인척은 세대원 아님). 다만 세대주의 배우자나 본인 및 배우자의 직계존속(만 60세 이상)이 세대주로 등재되어 있고 사실상 부양하고 있는 경우는 인정된다. 가장 중요한 것은 임대차 계약서상 임차인이 반드시 대출을 받아야 한다는 것이다.

단독 세대주의 경우에도 가능하다. 싱글족 증가와 결혼 시기가 늦어지는 최근 트렌드를 반영하여 35세 이상 단독 세대주만 가능했던 조건이 만 25세 이상으로 변경되어 보다 많은 사람들이 기금 대출의 혜택을 받게 되었다. 다만 단독 세대주로 산지 1년 이상 되어야 한다.

④ 세대주 및 세대원 전원 무주택 여부

디딤돌대출과 마찬가지로 버팀목대출은 세대주 및 세대원 전부가 무주택자여야 한다. 간혹 주택이 있으면서도 없다고 허위로 진술하고 대출 신청을 하시는 분들도 많은데 대출이 나가기 전에 한국주택금융공사에 요청해서 무주택자인지 판별 후 나가기 때문에 모두 필터링 된다.

⑤ 부부 합산 연소득

디딤돌대출처럼 버팀목대출 또한 부부 합산 연소득을 따진다. 버팀목 대출의 경우 부부 합산하여 연소득이 5천만 원 이하여야 가능하다. 단, 신혼부부의 경우에는 5천5백만 원 이하면 가능하다. 결혼한 지 5년 이내인 경우 신혼부부로 인정된다.

TIP 신혼부부 전세 자금 대출, 있다? 없다?

전세 자금 대출을 상담하다 보면 신혼부부 전세 자금 대출을 받으러 왔다고 당당하게 말하러 오는 사람들이 꽤 많이 있다. 정확하게 말하자면 신혼부부 전세 자금 대출은 시중 은행 및 기타 금융사 모두 어디에도 없다.

버팀목대출 시 신혼부부의 경우 부부 합산 연소득을 5천5백만 원까지 인정해 주고 지금은 없어졌지만 예전에 신혼부부인 경우 대출 한도를 조금 더 해줬기 때문에 아예 별개의 상품인 줄 알고 신혼부부 전제 자금 대출이라고 하는 것 같다. 인터넷이나 검색사이트에서도 신혼부부 전세 자금 대출이라고 이름이 붙어 있으나 이는 잘못된 명칭이며 은행에 전세 자금 대출을 신청하러 갈 때 '버팀목대출' 받으러 왔다고 이야기하고 신혼부부임을 어필하도록 한다.

까다로운 다섯 가지 항목을 모두 통과하고 나면 당신은 드디어 버팀목 대출을 받을 수 있게 된다. 이런 까다로운 조건을 통과해서라도 이 대출을 받으려는 가장 큰 이유는 무엇보다도 금리이다. 대출 금리가 2.7%~3.3%%이기 때문에 시중의 그 어떤 전세 자금 대출보다도 금리가 단연코 싸다.
시중에서 반전세로 월세를 내는 것보다 훨씬 저렴한 금리이기 때문에 아주 매력적인 상품이다. 게다가 다자녀 가구라면 0.5%, 장애인·다문화·노인 부양·고령자 가구인 경우 0.2% 금리 우대까지 가능하며 부부 합산 소득 4천만 원 이하로 기초 생활 수급권자/차상위 계층/한부모 가족임이 확인되는 경우 무려 1.0%나 우대 금리가 적용되기 때문에 금리가 최저 1.7%까지도 가능한 상품이다. 자신이 이 조건에 해당된다면 반드시 은행원에게 알려주도록 하자.
또한 버팀목대출에서는 임차 보증금도 중요하다. 보증금이 5천만 원 이하 / 5천만 원 초과~1억 원 이하/ 1억 원 초과 시에 각각 금리가 다르며 부부 합산 연소득과 함께 금리가 결정되는데 아래 표를 참고하도록 하자.

버팀목대출 금리표

부부 합산 연소득 \ 임차 보증금	5천만 원 이하	5천만 원 초과~ 1억 원 이하	1억 원 초과
2천만 원 이하	2.7(1.7)	2.8(1.8)	2.9(1.9)
2천만 원 초과~4천만 원 이하	2.9(1.9)	3.0(2.0)	3.1(2.1)
4천만 원 초과~5천만 원 이하	3.1	3.2	3.3

대출 기간도 임대차 계약에 맞춰 2년이지만 이사를 간다거나 대출금액을 증액하는 등 조건이 변경되지 않는 한 4회까지 연장이 가능하며 최장 10년까지 사용할 수 있다.

대출 한도는 일반적으로 최대 1억 원. 서울, 수도권을 제외한 지방은 최대 8천만 원이다(다자녀 가구의 경우 수도권 1억2천만 원, 지방 1억 원). 전세 금액의 70% 이내까지만 가능하기 때문에 나머지 30%는 본인이 마련해야 한다.

대출 한도는 세 가지만 알면 쉽다. 첫째는 최대 한도 1억 원 이내(지방은 8천만 원), 둘째는 전세 금액의 최대 70%, 셋째는 대출 심사 시 본인의 보증서 한도다. 이것은 소득 금액과 부채 현황에 따라 달라진다. 이 세 가지 중 가장 작은 금액으로 대출을 받을 수 있다. 최대 금액인 1억 원까지 대출을 받으려면 전세 보증금이 최소 1억4천만 원 이상 되어야 하고 소득도 어느 정도 따라줘야 한다는 뜻이다.

금리 높지만 한도 많아, 은행 재원 전세 자금 대출

버팀목대출금 대상자 요건이 안 된다고 너무 아쉬워하진 말자. 은행 자체 전세 자금 대출로도 충분히 대출이 가능하다. 은행 재원 전세자금 대출은 버팀목대출에 비해 금리는 다소 높지만 소득만 받쳐준다면 버팀목대출의 단점인 대출 최대 한도(1억 원)보다 더 많은 금액을 대출 받을 수 있다. 또 주택 전용 면적이 아무리 커도 상관없고 세대주나 세대원이 주택을 보유하고 있어도 상관없다는 점이 장점이다.
은행마다 상품 종류가 다양하지만 신한은행 상품을 중심으로 사람들이 가장 많이 이용하는 네 가지 종류의 전세 자금 상품을 소개한다.

1. 주택 전세 자금 대출

전세 자금 대출은 모든 주택을 대상으로 하며 일부 월세도 가능하다. 버팀목대출과 마찬가지로 임차보증금(전세금)의 5% 이상 지급한 만 20세 이상의 세대주가 대상이며 버팀목대출과는 달리 집주인으로부터 대출 금액에 대해 배달 증명 등을 통해 질권 설정을 하게 된다.
이는 임대인이 대출금을 은행으로부터 직접 송금 받고 대출 종료 시점(임대차 계약 종료 시점)에 전세 금액 중 대출 금액만큼을 임차인에게 주지 말고 은행으로 다시 직접 송금해 달라는 내용이다.
사실상 전세 금액만 임차인에게 주지 않고 은행으로 주면 되는 것이고 등기부 등본상에 전세권 설정 등의 표시 나는 행위를 하는 것은 아니지만 많은 임대인들이 배달 증명 등 질권 설정이라는 행위를 찝찝하게 여겨 전세 계약 시 허락을 안 해주어 전세집을 구하지 못하는 경우를 꽤 많이 봐왔다. 때문에 전세 계약을 하면서 은행을 통해 은행 계정 전세 자금 대출을 받을 계획이라면 사전에 집주인에게 이러한 사실을 꼭 고지하고 이해시킬 필요가 있음을 명심하자.

대출 한도는 버팀목대출은 전세금의 70%인 반면 은행 대출은 최대 2억 원을 넘지 않는 선에서 최고 80%까지 가능하다.

단, 은행 계정 전세 자금 대출도 버팀목대출과 마찬가지로 위탁 주택 신용 보증서를 발급하여 진행되기 때문에 보증서 한도와 임차 보증금 80% 이내 중 적은 금액으로 한도가 결정된다(보증서 한도가 임차 보증금의 80%까지 나온다면, 전세 금액의 80% 전액 취급 가능).

버팀목대출은 부부 합산 총소득 5천만 원이라는 제한이 있지만 은행 대출은 이러한 제한이 없어 소득 금액이 많을수록 보증서 한도는 더 많이 나오기 때문에 상대적으로 소득 금액이 많은 사람일수록 유리하다.

하지만 전세로 들어가려는 주택에 융자가 많이 끼었다면 주택 가격에 융자받은 금액을 뺀 나머지 금액만큼만 대출이 가능하기 때문에 실질적으로 대출받기 어려울 수 있다는 점 명심하자.

대출 기간은 임대차 계약에 따라 2년 단위로 최장 10년까지도 가능하며 금리는 코픽스 금리(잔액 기준)+2.4%, 혹은 코픽스 금리(신규 취급액 기준)+2.5% 선에서 가능한데 은행 거래 실적 등에 따라 감면 금리가 가능하다. 2015년 4월 기준으로 최종금리는 3% 초반에서 4%대 초반 정도가 되는 셈이다.

단, 버팀목대출과 마찬가지로 은행 전세 자금 대출도 대출 금액에 따른 보증서 발급 비용이 추가되는데 이 금액은 대출 실행 시 미리 준비해야 한다. 버팀목대출과 달리 중도 상환 수수료가 발생하고 인지

세 및 임대인에게 발송하는 질권 설정 통지 비용이 3만 원 추가되는 데 이 또한 고객 부담이므로 미리 준비해둬야 한다.

TIP 전세 자금 대출, 질권 설정 안 해도 된다고?

은행 전세 자금 대출 중 질권 생략 방식도 가능한데 쉽게 이야기 하면 임대인에게 배달 증명 등의 질권 설정 통지를 하지 않아도 가능한 은행 전세 자금 대출이다. 하지만 은행에서는 아무래도 전세 보증금을 반환받지 못할 위험이 있기 때문에 보편적으로 많이 해주는 편은 아니며 거래가 많거나 신원이 확실하다고 판단되는 자들에게 취급해주는 편이기 때문에 은행에서 질권 설정 통지를 운운할 때 밑져야 본전이니 이 이야기를 꼭 해보도록 하자.

2. 전세 보증 대출

일반적인 은행 전세 자금 대출 외에 신한은행에서는 신한 전세 보증 대출이라는 것이 있다. 일반 은행 전세 자금과 가장 큰 차이점은 보증료를 은행에서 부담해준다는 것이다. 작게는 몇 십만 원, 크게는 1백만 원이 넘는 보증료를 부담하지 않아도 되는 점이 장점이다. 전세 보증 대출은 서울보증보험증권을 담보로 전세 자금을 지원하기 때문에 한도가 최대 3억 원으로 전세 자금 대출 상품 중 한도가 가장 많다. 전세가(KB시세표), 임차 보증금(전세금) 중 적은 금액으로 최대 80% 내까지 대출이 가능하다.

또한 다른 전세 자금 대출의 경우 잔금일이나 입주일로부터 3개월 이내에 신청을 해야 가능했지만 전세 보증 대출의 경우에는 이미 살고 있는 경우라도 임대차 계약이 1년 이상만 남아있으면 생활 안전 자금 용도로 대출이 가능한 장점이 있다.

기존 전세 자금 대출을 보완한 틈새상품이지만 단점도 있다. 우선 일반 은행 전세 자금 대출에 비해 금리가 높다. 다만 보증료 부담이 없으므로 대출 금액이 많다면 실질적으로 유리할 수도 있다. 또 전세 보증 대출의 경우 반드시 질권 설정을 해야 하기 때문에 집주인의 반대가 있을 수 있다.

또한 일반적인 은행 전세 자금 대출과 마찬가지로 전세로 들어가려는 주택에 융자가 많이 들어가 있다면 실질적으로 대출이 어려울 수 있다는 점은 마찬가지이다. 상품 자체는 연립 주택, 다세대 주택, 주거용 오피스텔 모두 가능하다고 되어 있으나 실제로는 은행 차원에서 감정 평가 비용이나 융자 비율 때문에 아파트 외에는 취급이 힘들 수 있다.

대출 금리는 코픽스 6개월(잔액 기준)+2.4%, 코픽스 6개월(신규 취급 기준)+2.5% 정도이고 은행 거래 실적 등에 따라 금리 인하가 가능하다. 2015년 4월 기준으로 3% 중후반에서 4% 중반 사이의 금리가 나온다. 일반적인 은행 전세 자금 대출처럼 중도 상환 수수료가 발생하고 인지세 및 임대인에게 발송하는 질권 설정 통지 비용이 3만 원 추가되는데 이 또한 고객 부담이다.

한눈에 보는 전세 대출 상품 비교표

구분	주택 전세 자금 대출	전세 보증 대출	버팀목 대출
대상	모든 주택	모든 주택	전용 면적 85m2 이하 모든 주택
차주	임차 보증금의 5% 이상 지급한 만 20세 이상의 세대주	임차 보증금의 5% 이상 지급한 만 20세 이상의 세대주	임차 보증금의 5% 이상 지급한 만 20세 이상으로 부부 합산 소득 5천만 원 이하인 무주택 세대주
임대 확인	임대차 계약 사실 별도 확인. 질권 설정을 위해 배달 증명 우편 발송 및 권리 관계 별도 확인	질권 설정을 위해 배달 증명 우편 발송및 권리 관계 별도 확인	임대차 계약 사실 별도 확인
한도	임차 보증금의 80% 이내와 보증서 발급 금액 중 적은 금액(최고 200백만 원 이내)	전세가와 임차 보증금 중 적은 금액의 80% 범위 내에서 최고 3억 원까지 가능	임차 보증금의 70% 이내와 보증서 발급 금액중 적은 금액(최고 1억 원 이내)
기간	최장 10년 (2년 단위 연장)	최장 10년 (2년 단위 연장)	최장 10년 (2년 단위 연장)
금리	COFIX 금리물 금리의 변동과 은행 거래 실적 등으로 금리 인하 가능	COFIX 금리물 금리의 변동과 은행 거래 실적 등으로 금리 인하 가능, 기금 대출보다 높다	2.7% ~ 3.3% (정부 고시에 의거 변경될 수 있으며 별도 감면 금리 적용 가능)
소득	필요	필요	필요
비용	인지대 비용 질권 설정비 3만 원 보증료 (대출 금액에 따라 변동)	인지대 비용 질권 설정비 3만 원	인지대 비용 보증료 (대출 금액에 따라 변동)

3. 목돈 안드는 행복 전세 대출

박근혜 정부의 공약이기도 했던 '렌트 푸어'들을 지원하기 위해 가장 먼저 내놓은 상품이 바로 '목돈 안 드는 드림 전세 대출'이다. 이 상품은 크게 '버전 1'과 '버전 2'가 있다. 먼저 선보였던 목돈 안 드는 드림전세대출 버전 1은 전세금 인상에 대하여 집주인이 대출을 받고 세입자가 이자를 부담하는 방식의 집주인 담보 대출 방식이었다.

집주인에게 전세대출금에 대한 소득세를 비과세해주고 이자 납입액에 대한 소득공제(40%) 및 다양한 세제 인센티브를 주고 DTI, LTV 등을 완화해주는 등 미끼를 던졌지만 정말 특이한 경우가 아닌 한 세입자를 위해서 자신이 대출까지 받아서 전세를 줄 집주인은 없어서 대중들에게 외면당한 채 2013년 12월 말 폐지됐다. 이 상품의 대출 건수는 전국을 통틀어 2건에 불과했다.

새로 출시된 '목돈 안 드는 행복 전세 대출' 버전 2는 집주인 담보 대출 방식 외에 임차 보증금 반환 청구권 양도 방식이 새로 도입되었다. 하지만 이 역시 국민주택기금 대출에 비해 큰 메리트가 없고 은행과 임차인 모두에게 생소하여 판매 실적이 매우 저조하다고 한다. 아직도 취급하고 있긴 하지만 대중들이 거의 이용하지 않고 있어서 금융 업계에서는 앞으로 곧 폐지될 것으로 전망하고 있다.

4. 전세금 안심 대출

전세금 안심 대출은 2014년에 새로 만들어진 대출로 '목돈 안 드는 전세 자금 대출'을 보완하여 국가에서 렌트 푸어들을 위해 만든 전세 자금 지원 대출이다. 국민주택기금 수탁 은행인 우리은행에서 2014

년 1년 동안 독점적으로 시범 실시됐다.
전세금 안심 대출의 가장 큰 장점은 세입자가 융자가 있는 주택에 전세를 구하더라도 국가에서 전세 보증금을 지원해주기 때문에 사회적 취약 계층인 세입자가 안심하고 입주가 가능하다는 점이다. 만약 집주인이 대출금을 갚지 못해서 부도가 나서 전세집이 경매로 넘어가게 돼도 세입자는 안정적으로 전세금을 수령할 수 있다.

• '전세금 안심 대출' 구조 : 전세금 반환 보증과 은행 전세 대출을 연계

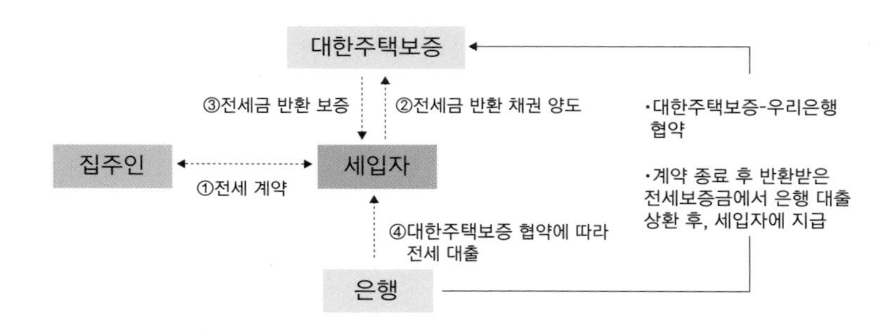

*출처 : 국토교통부

그림에서 볼 수 있듯 집주인, 세입자, 은행의 관계에서는 결국 가운데 낀 세입자가 가장 약자가 될 수밖에 없는 구조다. 여기에 대한주택보증이 추가로 가운데 끼게 되어 조정자 역할을 하게 된다.
은행은 세입자에게 대출을 해주고 세입자는 기존 전세 자금 대출처럼 자기 자금과 전세 대출금으로 전세 계약을 체결한다. 대한주택보증은 집주인과 전세금 반환에 대한 약정을 맺고 은행에는 대출 원금

을 직접 돌려주고 세입자가 만약 이자를 내지 못해 연체가 생겨도 대신 대납해준다.
전세 계약이 종료되면 대한주택보증은 집주인으로부터 전세 보증금을 전액 받아서 은행에 우선적으로 대출 금액만큼을 돌려주고 남은 금액을 세입자에게 반환하고 혹여나 연체 이자가 발생했다면 연체 이자만큼 제하고 남은 금액을 세입자에게 돌려주게 된다.
또한 집주인이 문제가 생겨 전세금을 대한주택보증에 돌려주지 못한다고 해도 대한주택보증에서는 은행과 세입자에게 금액을 보증해주기 때문에 모두가 '윈윈'할 수 있는 대출 상품이다.

5. 월세 보증 대출

집주인들이 전세보다 월세를 선호하는 경향이 생기면서 반전세(전세+월세)라는 특이한 구조의 임대차 계약이 기하급수적으로 늘어나기 시작했다. 금융기관의 전세자금대출도 이러한 세태를 반영하여 특이한 구조의 대출을 내놓게 되었는데 바로 월세 보증 대출이다. 현재 시중은행 중에서는 신한은행과 우리은행에서만 취급하고 있으며 서울보증보험과 협약을 맺어 보증서 담보 대출로 진행 중인 상품이다.
임차인은 서울보증보험의 보증서 담보에 대한 보증료를 납부한 후 대출을 받아 은행에 여유가 생길 때마다 마이너스 통장에 입금하여 월세를 납입하고 마이너스 통장에 찍힌 금액만큼만 이자를 부담하게 된다. 은행은 서울보증보험으로부터 보증서를 발급받아 대출을 취급하고 마이너스 통장 방식으로 월세의 24배수(2년치 월세)로 최고 5천만 원 이내에서 마이너스 통장을 개설해준다.

임차인은 월세 납부일 걱정 없이 자동적으로 월세가 마이너스 통장에서 임대인 계좌로 입금이 되고 입대인은 지정된 날짜에 안정적으로 월세를 입금 받아 월세 미납에 따른 불안감을 해소할 수 있다.
다른 전세 자금 대출과 달리 KB시세표에 나오는 아파트(주상 복합 아파트)만을 대상으로 하기 때문에 기타 주택은 해당 사항이 없고 보증부 월세 계약(반전세 계약)만 가능하다. 전액 전세로 계약하면 이 대출 취급이 불가능하다.
보증서 방식이기 때문에 신용 등급이 외부 신용 등급 1~8등급 이내로 비교적 좋아야 가능하고 마이너스 통장 방식만 가능하다.

6 인생 2막 위한 든든한 밑천, 퇴직연금

내 퇴직금은 어떻게 굴러가고 있을까?

직장 생활을 처음 시작한 신입사원들이라면 퇴직 연금을 너무나 당연하게 생각하고 있을 것이다. 하지만 불과 10년 전까지만 해도 국내에서는 퇴직 연금에 대한 개념조차 생소했으며 퇴직 연금 제도를 도입한 기업도 거의 없었다.

퇴직금은 1년 이상 근무한 사람들에게 법적으로 지급되는 돈이다. 퇴직 연금 제도가 도입되기 전까지는 대부분 퇴직할 때 일괄적으로 퇴직금을 주거나 중간 정산을 통해 1년에 한 번씩 퇴직금을 계산해서 주고 털어버리기도 했다. 아예 매달 지급하는 월급에 퇴직금을 포함해서 주는 기업도 있었다.

어느 정도 규모가 있는 기업에 다니는 사람들은 대부분 퇴직금을 퇴직할 때 일괄적으로 받았지만 중소기업에 다니는 사람들은 중간정산 방식을 통해 1년에 한 번씩 받아서 보너스 개념으로 사용하는 경우도 있었다.

퇴직금은 근로기준법에 의해서 법적으로 받을 수 있는 돈이고 반드시 받아야 할 돈이지만 기업마다 퇴직금 제도를 다르게 운영하다보니 퇴직금을 퇴직 후 써야할 돈이 아니라 중간에 급전이 필요하거나 생활비가 부족할 때 빼서 쓰는 돈이라고 생각하는 사람들도 많았다. 이런 퇴직자들 대부분이 퇴직 후 금전적 위험에 처하게 됐다.

또한 기존 퇴직금 제도에서는 회사가 퇴직금을 직접 맡아서 운용했기 때문에 퇴직금으로 모아 둔 자금을 사업 자금이나 투자에 마음대로 쓰는 일도 있었다. 그러다 회사가 부도 나면 결국 노동자들은 퇴직금을 받을 방법이 없었다.

이런 문제들을 해결하기 위해서 정부는 2005년 근로기준법 관련 법령의 개정을 통해 퇴직 연금 제도를 도입했고 금융 기관들의 적극적인 유치와 세무사들의 컨설팅으로 국내에도 이제 퇴직 연금 제도가 정착 단계에 접어들었다.

현재 퇴직 연금이 가능한 금융 기관은 시중 은행, 국내 메이저 증권사, 메이저 보험사 등이며 각 회사마다 운용 방식은 모두 다르다.

퇴직 연금

노후 설계는 퇴직금 설계부터 시작된다

그렇다면 퇴직 연금은 도대체 무엇이고 퇴직금과 퇴직 연금은 어떻게 다른 것일까?

퇴직 연금은 근로자가 퇴직할 때까지 본인의 퇴직금을 금융 기관에 적립, 운용하는 제도다. 기업은 직원들의 1년치 퇴직금을 금융 기관에 월납이나 일시납 형태로 납입한다. 금융 기관은 퇴직금을 대신 맡아서 안전하게 보관하고 여러 금융 상품으로 굴려 수익을 내기도 한다. 근로자들은 퇴직 시 자신의 퇴직금 원금뿐만 아니라 금융 기관이 자금을 굴려 수익률을 낸 이자까지 함께 받아간다. 기업과 금융 기관, 근로자 모두가 윈-윈-윈할 수 있는 제도라고 이해하면 된다.

퇴직 연금의 도입 효과는 명쾌하다. 우선 근로자 입장에서는 다음 네 가지 장점이 있다.

첫째, 퇴직금의 사외 적립을 통해 수급권을 보장받을 수 있다. 현재 법적으로 퇴직금을 금융 기관에 의무적으로 예치하도록 되어 있다. 퇴직금을 회사가 아닌 금융 기관이 보관해주기 때문에 회사가 망하더라도 안전하게 퇴직금을 받을 수 있다는 것이 근로자 입장에서는 가장 큰 장점이라고 할 수 있다.

둘째, 근로자 개인별 맞춤형 노후 설계가 가능하다. 과거에는 퇴직금을 일시금으로 받았지만 퇴직 연금이 도입되면서 연금 형태로도 수령할 수 있게 됐다. 이미 국민 연금, 연금 저축을 통해 소득 공제 혜택을 한도까지 다 받고 있다면 퇴직 연금 추가 납입을 통해 절세 효과까지 노릴 수 있다. 퇴직 연금은 단순한 정기 예금뿐만 아니라 펀드나 보험 등 다양한 상품으로 투자할 수도 있기 때문에 자신의 스타일에 맞게 퇴직 연금 플러스알파까지 노릴 수 있도록 운용 가능하다는 것이 장점이다.

셋째, 납입, 운용, 수령 단계에서 다양한 세제 혜택을 받을 수 있다. 연간 4백만 원 한도까지 소득 공제가 가능하며 가입 연수가 길기 때문에 비과세 효과 및 과세이연(세금 납부 시점을 연장해주는 것)을 통한 복리 효과도 누릴 수 있다. 또 직장을 옮길 때마다 받는 퇴직 급여를 계속 적립할 수 있기 때문에 마지막 회사에서 퇴직할 때 그동안 적립해두었던 퇴직금을 목돈으로 받을 수 있는 장점이 있다.

넷째, 퇴직금을 운용하는 금융 기관의 부가 서비스 혜택을 누릴 수 있다. 최근 금융 기관에서는 퇴직 연금을 서로 유치하기 위해 강력한 마케팅을 펼치면서 회사의 퇴직 연금이 가입되어 있는 금융 기관에서는 임직원들에게 주거래 은행보다도 더 다양한 서비스를 제공하고 있다.

퇴직 연금 제도에서는 중간 정산이 안되기 때문에 중도에 퇴직금을 받기 힘들어졌지만 최근 퇴직금 담보 대출 상품이 개발되어 법령에서 정한 사유 발생 시 퇴직금 담보 대출로 퇴직금 일정 부분을 사용할 수 있게 됐다. 근로자 입장은 물론 기업 측면에서도 세 가지 뚜렷한 장점을 가지고 있다.

첫째, 금융 기관에 의무적으로 예치하도록 함으로써 기업의 재무적 위험을 줄이고 재무 건전성을 확보할 수 있다. 근로자들이 집중적으로 퇴직하게 되면 회사에서는 예상치 못했던 돈이 퇴직금으로 갑작

스럽게 빠져나가게 되는데 이런 리스크를 없앨 수 있게 되었다.
실제로 은행에 퇴직 연금을 가입하기 위해 찾아오는 기업 대표들을 만나보면 퇴직금을 의무적으로 예치해야 한다는 법적인 규제보다 오히려 이러한 한꺼번에 퇴직금을 지급해야 할지도 모르는 리스크에서 벗어날 수 있다는 것에 대해서 더 의미를 두고 있는 것을 볼 수 있었다.
둘째, 사외 적립에 따른 법인세(사업소득세) 절감 효과를 기대할 수 있다. 사업자 입장에서는 퇴직 연금 부담금 납입액의 전액이 손금으로 회계 처리되기 때문이다.
셋째, 사기 진작 및 우수 인력 확보가 수월하다. 필자 주변의 친구나 고객들 중에도 중소기업에 다니는 사람들이 많은데 상담을 해 보면 중소기업을 지원할 때 가장 중요하게 보는 요소 중 하나가 퇴직 연금 가입 유무다.
대기업에 다니는 사람들이야 자동으로 퇴직 연금에 가입되기 때문에 별로 중요하게 생각하지 않는 요소이지만 중소기업의 경우는 다르다. 2012년 7월 26일 이전부터 존재했던 기업의 경우 퇴직 연금 가입이 필수는 아니기 때문이다.
필자의 친구도 전에 다니던 회사가 퇴직 연금을 월급에 포함해서 주거나 상여금 명목으로 주는 등 제대로 지급하지 않자 퇴직 연금이 제대로 가입된 다른 회사로 이직한 경우가 있었다. 이처럼 사업자들 입장에서 보면 퇴직 연금 도입이 직원들을 위한 복지 정책 차원에서뿐만 아니라 대외적으로 제대로 된 회사라는 것을 보여줌으로써 근로자의 사기 진작과 우수 인력 확보에도 큰 역할을 할 수 있다.

DB형 vs DC형, 안정이냐 수익이냐 그것이 문제다

퇴직연금에는 확정 급여형(DB, Defined Benefit)과 확정 기여형(DC, Defined Contribution) 크게 두 가지 종류가 있다.

DB형은 근로자가 받을 급여의 수준이 사전에 결정되어 있는 퇴직 연금이다. 즉, 회사는 금융 기관을 통해 근로자의 퇴직금을 운용하고 근로자는 정해진 퇴직 급여를 받는다.

DC형은 사용자가 부담해야 할 부담금 수준이 사전에 결정되어 있는 퇴직 연금이다. 즉, 회사는 정기적으로 정해진 금액(부담금)을 금융 기관에 입금하고 입금된 금액을 근로자가 직접 운용해서 부담금(원금) 및 그 운용 결과(손익)를 퇴직금으로 받는 형태다.

확정 급여형과 확정 기여형 퇴직 연금 비교

구분	확정 급여형(DB)제도	확정 기여형(DC)제도
회사가 쌓아주는 퇴직금	퇴직 시 30일분의 평균 임금 × 근속년수	매년 연간 임금 총액 × 1/12500원
운용 책임	회사	근로자
근로자가 받는 퇴직금	고정	변동
제도 특징	DC로 변경 가능	DB로 변경 불가능 개인 추가 자금 입금 가능

은행에서 퇴직 연금을 상담하다보면 은행 직원은 물론 기업의 대표자나 회계 담당자들이 가장 고민하는 것이 바로 DB형과 DC형 가운

데서 어느 쪽을 선택해야 하느냐는 것이다. 이런 경우 회사의 임금인상률과 DC형 퇴직 연금 운용 시 기대 운용 수익률을 비교하여 판단하는 것이 가장 일반적이다.

TIP 퇴직 연금 DB형 vs DC형 어느 쪽이 유리할까?

*임금인상률 > DC(기대) 운용 수익률일 때는 DB형이 적합

*임금인상률 < DB(기대) 운용 수익률일 때는 DC형이 적합

DC형과 DB형 퇴직 연금을 선택한다는 것은 결코 간단한 문제가 아니다. 개념을 이해한다는 것과는 또 다른 차원이다. 현실적으로 근로자들에게는 DC형과 DB형 퇴직연금에 대한 선택권이 거의 없다고 보면 된다.

신입직원이나 회계 담당 부서 근무자, 노동조합 집행부가 아니라면 더더욱 그렇다. 퇴직 연금이 이미 도입된 회사에 입사하는 신입직원의 경우 기존 구성원들의 합의로 이미 도입된 퇴직 연금 제도를 그대로 따라가야 하고 아직 도입되지 않은 회사의 경우 퇴직 연금제 종류는 기본적으로 회계 담당 부서와 노조가 합의하여 결정하기 때문이다.

그렇기 때문에 회사에 입사하게 되면 우선 자신이 받게 될 퇴직 연금이 DC형인지 DB형인지 여부부터 파악한다. 어차피 선택권이 없다면 정해진 틀 안에서 최선을 다하는 것이 정답이기 때문이다.

DB형이라면 근로자 개인이 퇴직금을 마음대로 운용할 수 있는 권한이 없다. 회사에서는 법에서 정해진 대로 직원들의 퇴직금을 금융 기

관에 예치한다. 이 예치된 퇴직금은 사전에 회사 대표자나 회계 담당자가 정해두었던 금융 상품에 자동으로 예치된다.
만약 투자 상품이나 보험 상품처럼 실적 배당형 상품에 퇴직금이 들어간 상태에서 이득이 발생한다면 모든 이익은 회사가 갖는다. 반대로 손해가 난다면 회사는 그만큼의 손해를 보충한 이후 당신에게 퇴직금을 줄 것이다.
근로자가 받는 퇴직금은 차이가 없다. 정해진 퇴직금을 받는다는 점에서 기존 퇴직금 제도와 똑같지만 회사가 망해도 퇴직금만큼은 안전하게 보장된다는 점이 다르다. 또 자신이 신경을 쓰지 않아도 된다는 것이 DB형의 가장 큰 장점이다.
반대로 당신의 회사가 DC형 퇴직 연금에 가입했다면 퇴직금을 자신의 마음대로 굴릴 수 있다. 회사는 정기적으로 정해진 금액만큼을 금융 기관에 입금한다. 이렇게 입금된 금액은 직원 개개인의 퇴직 연금 계정에 들어가는데 DC형 퇴직연금에 가입한 회사 직원들은 퇴직 연금 서류를 쓸 때 근로자 본인들이 직접 지정을 한다.
가령 자신이 신청서에 예금 전액 투자로 신청하면 회사에서 입금해준 자신의 퇴직금이 금융 기관의 예금 계정으로 들어가고 신청서에 전액 투자 상품으로 신청했다면 자신의 퇴직금이 모두 투자 상품으로 입금된다.
이 경우 퇴직금이 손실 난다면 손실된 퇴직금만큼 받게 되고 이득이 나면 이득 난 만큼 퇴직금에 플러스가 되어 받게 된다. 이처럼 회사가 DC형 퇴직 연금에 가입했다면 퇴직금이 줄어들 수도 늘어날 수도 있지만 본인 스스로 퇴직금을 굴리는 재미가 있다.

하지만 필자가 은행에서 수많은 고객들과 직접 퇴직연금에 대해 상담을 해 본 경험에 따르면 DC형 퇴직연금 가입자의 99% 이상이 예금 전액 투자를 선택했다.

수익률을 위해서 퇴직 연금을 예금보다는 실적 배당형 상품에 투자하라고 권하는 전문가들도 많지만 그것은 현실을 잘 모르는 뜬구름 잡는 이야기일 뿐이다. 직장 생활을 하는 근로자들이 언제 시간을 내서 자신의 퇴직금 수익률을 지켜보고 더 좋은 펀드를 찾아서 수시로 투자 비율을 변경할 수 있다는 말인가?

특히 각 상품별로 특징과 장단점이 있기 때문에 단순히 금리만 놓고 따져볼 것은 아니다. 어떤 경우에는 단점이 될 수도 있고 장점이 될 수도 있다. 특히 퇴직 연금의 경우는 더더욱 그렇다.

전문가들은 책상에 앉아서 숫자만 가지고 따지려고 들지만 실제 현장에서 뛰고 있는 필자의 생각은 좀 다르다. 돈이 아주 많은 자산가나 고액 연봉을 받는 임원들의 퇴직금이라면 모를까, 일반 서민들 입장에서는 퇴직 연금을 굴려서 수익을 낸다는 것이 그리 쉬운 일이 아니다.

퇴직 연금의 본래 취지는 퇴직금을 안전하게 받기 위한 것이다. 더 높은 수익을 올릴 수 있다는 달콤한 꼬드김보다는 자신의 철학과 원칙을 세워서 운용하는 것이 좋다.

TIP 우리 회사는 DC, DB가 아닌 기업형 IRP라는데?

퇴직 연금은 DC형과 DB형 두 가지 종류이지만 최근에 생긴 '기업형 IRP(개인형 퇴직 연금 제도, Individual Retirement Pension)'도 있다. 상시 근로자수 10인 미만 영세 사업장의 경우 대표자가 개별 근로자의 동의를 받거나 근로자의 요구에 따라 개인형 퇴직 연금 제도(IRP)를 설정하는 경우 퇴직 급여 제도를 설정한 것으로 간주하는 제도다. 노동청 규약 작성 등 법적 절차가 생략된 퇴직 연금 제도다. 근로자 전원 가입이 아닌 개별 동의한 근로자별로 가입이 가능하기 때문에 운용이 쉬운 것도 특징이다. 이름만 다를 뿐 사실상 DC형과 똑같기 때문에 기업형 IRP가 가입된 회사의 직원들은 자신들의 퇴직 연금이 DC형이라고 생각해도 무방하다.

실적 배당형 상품은 증권사가 가장 좋다?

실적 배당 상품 4.4%
원리금 보장 상품 93.1%
은행

실적 배당 상품 10.8%
원리금 보장 상품 86.6%
증권

*출처 : 고용노동부, 2012년 말 통계 자료

DC형은 개별 가입자의 투자 성향에 따라 상품 선택이 달라진다. 증권사를 선택하는 가입자는 은행권 가입자보다 상대적으로 공격적인 투자 성향을 가진다. 즉, 공격적 투자 성향의 가입자가 많으므로 전체적인 포트폴리오에서 실적 배당 상품이 차지하는 비중이 은행권보다 높다. 당연히 최근 주식 시장의 상승에 따른 수익률 향상이 다른 업권보다 높게 나올 수밖에 없는 상황이다. 반대로 하락장을 생각해보면 다른 업권보다 낮게 나올 것이다.
우수한 펀드는 특정한 사업자의 독점 없이 시장에서 오래 전부터 공유되고 있기 때문에 퇴직 연금 중 펀드 비중을 높이고 싶다면 현재 회사에서 거래 중인 퇴직 연금 선정 금융 기관에서 하는 것이 정답이다.

TIP 은행 vs 증권사 vs 보험사, 퇴직 연금 어디서 굴릴까?

현재 퇴직 연금의 금액과 가입자 수면에서 압도적으로 많은 곳은 역시 은행이다. 은행이 가장 안전하다고 믿고 있고 기업들은 여러 가지 면에서 은행과 밀접한 관계에 있기 때문에 이런 용이성으로 인해 대부분 은행에 가입을 한다. 은행을 통해 가입하는 퇴직 연금은 대부분 정기 예금이 많기 때문에 수익률은 그저 그런 편이다.
증권사의 경우는 퇴직금의 수익률을 낼 수 있는 면에서 유리하다. 업권 특성상 공격적인 투자를 하기 때문에 수익률이 은행이나 보험사에 비해 높은 편이다. 하지만 그만큼 이득이 크면 손실도 크게 날 수 있다는 점은 감안해야 하겠다.
보험사의 경우는 직원 개개인을 밀착 관리 해준다는 것이 가장 큰 장점이다. 보험 설계사가 직접 영업을 하면서 직원 개개인에게 심도 있는 서비스를 제공해 줄 수 있기 때문이다. 수익률은 은행보다 비슷하거나 높지만 증권사보다는 낮은 편이다. 보험사 담당 직원이 퇴사하면 관리가 소홀해질 우려가 있고 은행이나 증권사처럼 보험 외에는 금융적인 부분에서 부가적인 서비스 혜택을 받을 수 없다는 점이 단점이다.

퇴직금을 위한 전용 계좌, 개인형 IRP

자, 이제 이유야 어떻든 열심히 일하던 회사를 떠나게 되었다. 퇴직연금은 어떻게 받고 또 어떻게 운용해야 할까? 회사를 퇴직하면 금융 기관에서 잘 보관하고 있던 퇴직금을 바로 꺼내 쓸 수 있도록 입출금 통장에 넣어준다고 생각하는 사람들도 많다. 하지만 그것은 사실이 아니다.

퇴직을 하게 되면 근로자는 회사에 퇴직금을 청구한다. 퇴직금 청구를 받은 회사는 그동안 퇴직금을 맡아서 운용해온 금융 기관에 '이 사람이 퇴직했으니 그동안 납입하였던 퇴직금을 빼서 주시오' 하고 퇴직금 지급을 요청한다.

퇴직금 지급 요청을 받은 금융기관에서는 퇴사한 사람에게 퇴직금 지급을 해야 하지만 법적으로 퇴직금은 일반 입출금 통장에 바로 넣어줄 수 없도록 되어 있다. 그렇다면 퇴직금을 어떻게 받을 수 있을까?

이때 필요한 것이 '개인형 IRP' 계좌이다. 퇴직금을 수령하려면 무조건 이 IRP 계좌를 만들어서 받아야 하며 이 IRP 계좌에서 다시 한 번 더 지급 처리 해야만 일반 입출금 통장에 퇴직금이 들어온다. 즉, 회사로부터 받은 퇴직금을 퇴직자 스스로 한 번 더 운용할 수 있게끔 만들어 놓은 제도인 것이다.

퇴직금을 받기 위해 IRP 계좌를 개설하게 되면 금융 기관에서는 이 IRP 계좌를 어떤 상품으로 어떻게 운용할지 물어본다. IRP 계좌 내에도 예금, 펀드, 보험 등 다양한 상품들이 있기 때문에 퇴직금이 IRP 계좌로 들어오게 되면 이때 지정했던 상품에 퇴직금이 입금되어 다시 찾아갈 때까지 운용될 수 있도록 한 것이다.
하지만 금융기관 직원의 99.9%는 IRP 계좌 개설 시 어떤 상품으로 운용할지 묻지 않을 것이다. 시간도 없고 귀찮으니 따로 이야기 하지 않으면 알아서 가장 안전하고 무난한 그냥 1년 짜리 정기 예금에 100% 전액 투자로 만들어주기 때문이다. 안전하게 보관하고 있다가 나중에 필요에 따라서 뽑아서 쓰고 싶다면 100% 정기 예금으로 굴리는 것이 정답이다. 하지만 퇴직금으로 뭔가 높은 수익률을 기대한다거나 새로운 방식으로 운용해 보고 싶다면 금융기관 직원의 상담과 투자자 성향 분석을 통해 펀드나 보험 상품에 가입할 수 있다.
IRP 계좌를 개설한 후 회사 경리부에 통장 사본을 보내주면 된다. 통장 사본을 받은 회계 담당자가 관련 서류를 해당 금융 기관에 보내주면 금융 기관에서는 지급 요청을 받고 세금 등을 정산한 다음 비로소 IRP 계좌로 퇴직금을 입금해 준다. 통상 3~4일 정도 절차가 진행되고 나면 자신의 이름으로 된 IRP 계좌로 퇴직금이 들어오게 된다.
IRP 계좌에 퇴직금이 입금 되면 두 가지 선택을 할 수 있다. 첫 번째는 일시금으로 바로 찾아서 입출금 통장에 넣는 방법, 두 번째는 계속 보유하고 있다가 추후에 연금으로 받는 방법이다.
만약 일시금으로 바로 받고 싶다면 IRP 계좌를 만든 금융 기관에 다시 한 번 더 찾아가 해지 요청을 한다. 약 1~3일 정도의 시간이 소요된 후 자신의 입출금 통장으로 퇴직 소득세를 뗀 금액이 들어온다. 가장 많은 사람들이 속해 있는 연봉 1천2백만 원~4천6백만 원 사이의 퇴직 소득세가 15%이다.
만약 연금으로 받고 싶다면 55세가 될 때까지 기다려서 매달 연금형태로 쪼개서 받을 수 있다. 55세가 될 때까지 예금이나 실적 배당형 상품에 들어가 열심히 운용되다가 해지되기 때문에 실제 퇴직금보다 더 많은 금액을 받을 수 있고 퇴직 소득세(일반적으로 6%~38%)는 면제되고 대신 퇴직 소득세보다 적은 연금 소득세(3~5%)를 떼게 된다.
과연 두 가지 가운데 어떤 방법을 선택하는 것이 유리할까? 그것은 퇴직을 어떤 식으로 했느냐에 따라 달라질 수 있다.

퇴직 연금, 수익만이 능사 아니다

은행에서 퇴직 연금과 관련해서 상담하다 보면 퇴직하는 경우는 크게 세 가지로 나타난다.
첫째, 정년 퇴직 혹은 명예 퇴직. 둘째 사직이나 이직으로 본인이 스스로 떠나는 경우, 셋째, 도급 업체이거나 하청 업체의 사례처럼 하는 일은 똑같지만 회사가 바뀌는 경우가 그것이다. 이런 경우 모두 법적으로 퇴직금 정산을 해야 하며 각각의 상황에 따라서 퇴직금을 운용하는 방식이 다르다.
정년 퇴직의 경우에는 어차피 연금 수령이 가능한 55세에 근접한 사람들이 많으므로 새로운 사업을 시작한다면 IRP 계좌를 해지하여 일시금으로 받아서 운용하는 것이 유리하고 안전하게 연금으로 활용하겠다면 IRP 계좌에서 연금 지급을 선택하는 것이 맞다.
나이가 아직 젊은데 본인이 먼저 회사를 떠나는 경우에는 당분간 쉬기 위해서 사직하는 경우가 있고 바로 다른 회사로 이직하는 경우가 있다. 쉬려고 퇴직하는 경우에는 당분간 생활할 자금 마련이 어렵기 때문에 IRP 계좌를 해지하여 일시금으로 받는 것이 유리하고 이직하는 경우에는 퇴직 연금을 연속성 있게 이전 회사 것과 합쳐 받을 수 있기 때문에 IRP 계좌에 그대로 두는 것이 유리하다.

도급 업체나 하청 업체에서 일하는 근로자의 경우 퇴사한 것도 아닌데 자신이 소속된 직장의 법인이 바뀌어 1년에 한 번씩 자동으로 퇴직처리가 되는 사람들이 많다. 이런 경우에 IRP를 해지해 사용하는 것은 예전의 퇴직금 정산 제도와 같기 때문에 매년 충당되는 퇴직금을 IRP에 묶어두는 것을 추천한다.

재무 컨설턴트를 비롯해 금융 전문가라고 하는 사람들의 이야기를 들어보면 대부분 퇴직 연금은 미래를 대비할 수 있고 세금도 적게 떼고 금융 상품으로 운용도 할 수 있도록 연금형으로 선택하라고 권하는 모습을 볼 수 있다.

단순히 숫자상으로만 본다면 연금으로 받는 방법이 어떻게 보더라도 가장 높은 수익률을 기대할 수 있는 것이 맞다. 하지만 사람들의 삶이라는 것이 누구나 다 똑같지 않다. 또 컴퓨터 계산처럼 딱 맞아떨어지지도, 그렇게 살아지지도 않는다.

이율이 더 높은 상품이라고 해서 반드시 목돈 만들기에 유리한 것은 아니며 누구에게나 다 잘 맞는 것도 아니다. 사람의 삶이라는 것을 단순히 금융 기관의 이율만으로 쉽게 재단할 수는 없다.

적당히 소비도 해가면서 숨 돌릴 틈도 있어야 더 효율적인 생산 능력을 발휘할 수 있다는 점을 잊지 말자.

7 예측하기 힘든 미래를 '저축'하다

꼭 기억해야 할 두 가지 보험

17세기 영국 런던에서는 대 화재가 5일간이나 이어져 런던 면적의 80% 이상을 태워버렸다고 한다. 한 두 사람의 피해가 아니었기 때문에 당시 런던 시민들은 망연자실했고 이런 고심 끝에 만들어진 것이 보험이다.

이 화재 보험을 필두로 17세기 말 영국에서는 다양한 종류의 보험이 만들어지게 되었고 현재에 이르기까지 보험 상품은 세계 각국에서 다양한 형태로 존재하고 있다.

이처럼 원래 보험은 불의의 사고로 재산을 지키기 위해 만들어졌다. 요즘에는 변액 보험, 변액 유니버셜 보험, 골프 보험, 다이어트 보험 등 온갖 '변태(變態)'적인 보험들이 대거 등장하고 있지만 일반 대중들이 접할 수 있는 전통적인 보험의 형태는 다음 8가지 정도다.

① 자동차 보험 : 자동차와 관련한 사고 및 분쟁 발생 시 보험금 지급

② 정기 보험 : 일정 보험 기간 중 사망한 경우 유족들에게 보험금 지급

③ 종신 보험 : 평생을 보험 기간으로 잡고 사망한 경우 유족들에게 보험금 지급

④ 암 보험 : 암이 발병했을 경우 보험금 지급

⑤ 실손 의료 보험 : 병원, 약국 등에서 실제로 쓴 의료비를 최대 90%까지 보상하는 보험

⑥ 어린이 보험(태아보험/어린이 실손 보험): 어린이의 교육, 결혼 자금, 질병 등을 지원하는 보험

⑦ 저축 보험 : 보험사에서 판매하는 예·적금

⑧ 연금(연금 저축) 보험 : 일정 기간 혹은 죽을 때까지 매달 탈 수 있는 보험

이 8가지 상품이 일반 대중들이 가장 많이 가입하는 보험의 종류이다. 보험이란 무엇인가? 보험은 예측하기 힘든 미래의 위험을 최소화하거나 미리 예방하고자 걱정하는 사람들에게 미리 금전을 받아 사고를 당한 사람에게 도움을 주는 매우 합리적인 경제 제도다. 이런 보험 본연의 임무에 가장 충실한 상품이 위에서 언급한 8가지 보험들이다.

그런데 이 가운데서도 꼭 가입해야 하는 상품이 한 가지 있다. 이 상품에는 교통 상해 사고, 운전자 보험 같은 자동차 보험의 일부 기능과 암 보험, 어린이 보험, 정기 및 종신 보험의 기능까지 몽땅 다 넣을 수 있다. 이 때문에 '보험 상품의 왕중왕'이라고 불리기도 한다.

이 보험은 과연 어떤 보험일까? 정답은 실손 의료 보험이다. 실손 의료 보험은 줄여서 실손 보험이라고도 하고 실비 보험이라고도 한다. 실손 보험은 도대체 어떤 것인지 지금부터 함께 자세히 살펴보자.

실손 보험

하나면 끝난다, 보험 상품의 왕중왕

의료 실비 보험, 실비 보험, 민영 의료 보험, 실손 의료 보험…. 이름은 다르지만 공통점이 하나 있다. 모두 실손 보험들이다.

실손 보험은 실제 비용이 지출된 손해에 대한 금액을 일정부분 보상해주는 보험이다. 질병이나 상해로 아프거나 다쳐 병원이나 약국에서 지출된 의료비를 일정 부분 보상해 준다.

병원에서 치료를 받은 후 보험사에서 요구하는 증빙서류를 병원에 요구하면 병원에서는 실손 보험용 영수증과 서류를 그 자리에서 발급해 준다. 이 서류들을 보험사로 제출하면 보험사에서는 빠른 시일 내에 원하는 통장으로 실제 청구된 의료비의 일정 부분을 입금시켜 준다.

젊거나 건강한 사람들은 평소 병원에 자주 갈 일이 없지만 몸이 허약하거나 나이가 많은 사람들은 병원비로 지출되는 비용이 만만치 않기 때문에 반드시 가입해야 할 필수적인 보험이라고 할 수 있다.

현재 국내 실손보험 가입자는 약 3천만 명으로 가입할만한 사람들은 거의 가입했다고 볼 수 있는 '국민 보험'이기도 하다.

실손 보험은 연금과 더불어 국민의 노후 생활 중 국가에서 충당해 주지 못하는 나머지 부분들을 채워주는 역할을 한다. 의료비 내역서를 보면 급여 부분과 비급여 부분이 있는데 급여 부분은 국민건강공단에서 자기 부담금 외 지원해주는 부분을 뜻하고 비급여 부분은 국민건강공단에서 지원해주지 않는 부분이라고 생각하면 된다. 실손 보험은 이런 급여 부분의 자기 부담금과 국민건강보험으로 지원이 안

되는 비급여 부분까지 일정 부분 지원해 주는 보험이다.
모든 국민들이 의무적으로 국민연금에 가입하고 있다. 하지만 국민연금만으로는 퇴직 후 노후 생활이 어렵기 때문에 사적 연금을 가입하는 것이다. 이와 마찬가지로 소득이 있다면 의무적으로 건강 보험에 가입하게 된다. 하지만 건강 보험에서 보장해주는 금액이 한계가 있기 때문에 실손 보험을 추가로 가입하는 것이다.
정부에서도 이러한 점을 잘 알고 있기 때문에 연금 상품이나 실손 보험상품에 여러 가지 정책적인 지원을 하고 적극적으로 장려하고 있기도 하다.
시중에 나와 있는 실손 보험들의 성격은 이와 같지만 속을 파헤쳐보면 보험사마다, 그리고 각 상품마다 내용이 천차만별이다. 보험은 설계가 가장 중요하다. 예금이나 적금처럼 누구에게나 똑같은 획일적인 상품이 아니기 때문에 실손 보험은 본인의 상황과 소득에 맞는 설계가 중요하다.
다음은 실손 보험을 가입하면서 반드시 알아야 할 7대 핵심 항목이다. 이 내용을 참고하여 실손 보험 가입 시 자신에게 가장 알맞은 상품을 골라보자.

1. 실손 보험의 납입 기간과 만기는 언제까지인가?

실손 보험을 가입하는 사람들 거의 대부분이 보험의 납입 기간과 만기를 모르고 있다. 보험 상품은 은행의 적금처럼 구조가 그렇게 단순하지 않다. 실손 보험료를 만기까지만 납부하면 끝나는 것으로 알고 있었다면 지금 당장 다시 확인해보자.

실손 보험에는 갱신형 특약이 있고 비갱신형 특약이 있다. 갱신형 특약의 경우에는 1년 만기로 되어 있고 비갱신형 특약은 대부분 만기가 80세 혹은 1백세 이상으로 지정되어 있는 경우가 많다.
이 중 비갱신형 특약들은 만기까지만 납부하면 80세, 1백세까지 보장받을 수 있는 것이 맞지만 갱신형 특약의 경우에는 1년마다 한 번씩 보험료가 재산출 된다. 참고로 2013년 1월 이후 법령 개정으로 전 보험사 모두 1년 갱신형으로 변경됐지만 2013년 이전 가입한 갱신형 실손보험의 만기는 3년이다. 2013년 이전에 이미 가입한 독자들은 여기서 본인이 가입한 실비 보험의 갱신형 특약은 갱신되는 기간이 1년이 아닌 3년으로 보면 된다.
보험사마다 각각 다르지만 손해 보험사에서는 연령과 의료 수가, 그리고 가입자 수 대비 보험금 지급 횟수와 금액을 산정하여 매년 1년마다 보험료를 다시 측정하고 생명 보험사에서는 비슷한 '경험 생명표'를 이용하여 보험료를 재산출하게 된다. 보험사에서 계약 갱신 시 그 전의 손해율을 반영하기 때문이다.
이론상으로는 사람들이 보험금 지급 청구를 많이 안하게 되면 보험료가 내려갈 수도 있지만 그럴 확률은 거의 없다. 그나마 보험료가 동결되면 아주 좋은 일이고 그렇지 않은 경우 대부분 보험료가 1년마다 계속 올라가게 된다.
그렇기 때문에 자신이 가입하는 실손 보험의 보장 내용 중에 어떤 보장 내용이 갱신형이고 어떤 보장 내용이 비갱신형인지, 그리고 그 금액은 얼마나 되는지 정확하게 파악해 볼 필요가 있다. 갱신형 특약이 많을수록 보험료 납입 금액은 점점 많아질 여지가 크기 때문이다.

또한 비갱신형 상품도 80세 만기인지 1백세 만기인지 확인해 봐야 한다. 최근 발달된 의료 기술과 풍요로운 삶은 인간의 수명을 크게 연장시켰기 때문에 80세 만기를 선택하게 되면 80세 이후까지 살게 될때 정작 실손 보험의 혜택을 받지 못하게 되기 때문이다.

2. 보상을 자주 받으면 그만큼 내가 내는 보험료가 올라가나?

많은 사람들이 궁금해 하는 부분이다. 결론부터 말한다면 보험금을 아무리 많이 타먹어도 내가 내는 보험료는 올라가지 않는다. 위에서 언급했듯이 보험료는 1년마다 한 번씩 갱신이 된다. 이때 보험사에 보험금 청구를 기존보다 많은 사람들이 하게 되면 보험사 전체의 손해율이 높아지기 때문에 전체적인 보험료는 올라가게 된다.
하지만 이 보험을 가입한 모든 사람들이 부담하는 총금액에서 충당되는 것이기 때문에 1년 동안 보험금을 한 번도 타먹지 않은 사람이나 1년 내내 보험금을 타먹은 사람이나 보험료 인상률은 똑같다. 그렇기 때문에 정확히 말하면 반은 맞고 반은 틀린 이야기다.
이런 질문도 많이 한다. 실손 보험료는 한 번 지급받으면 끝나는 것인지 여부다. 이 또한 반은 맞고 반은 틀린 이야기이다.
골절, 가벼운 질병 등 일상 생활이나 생명에 큰 지장이 없는 항목들은 만기까지 몇 번이고 지속적으로 보장이 되지만 암이나 중요 신체 부위 훼손 등 일상 생활이나 생명에 큰 지장이 있는 항목들은 최초 1회에 한해서 보험금을 지급한 후 끝나게 된다.
보험 상품은 복잡하게 이루어져 있다. 특약 내용을 살펴보면 최초 1

회 보장이라고 씌어 있는 항목들이 있고 만기 시까지라고 씌어 있는 항목들이 있다. 이 항목들을 눈여겨보아야 나중에 불이익이 생기지 않는다.

3. 보험료가 싼 게 있고 비싼 것이 있는데 어떤 것을 선택할까?

보험 상품에는 불문의 진리가 있다. 싸고 보장이 많이 되는 상품은 없다는 것이다. '싼 게 비지떡'이란 말은 보험 상품에도 그대로 통한다. 보험료가 저렴하면 그만큼 보험 혜택이 적고 보험료가 비싸면 그만큼 보험 혜택이 많아진다.

2014년 금융위원회의 결정으로 단독형 실손 보험이 새로 탄생했다. 간단하게 소개하면 기존의 3년 갱신형 상품이던 실손 보험을 1년 갱신형 상품으로 가입할 수 있게 바꾸었고 기존 실손 보험에서 90%까지 보장해 주던 것을 단독형 실손 보험에서는 80%로 다소 축소시켜 놓은 상품이다. 대신 보험료가 최저 1~2만 원 선에 불과해 기존 실손 보험에 비해 엄청나게 저렴해진 편이다. 하지만 이 단독형 실손 보험은 보장의 범위가 극히 제한적이고 암보험 같은 특약을 넣기 어려워졌기 때문에 장단점이 있다. 또한 1백세 만기까지 유지하려면 1백세까지 지속적으로 평생 납입해야 한다는 치명적인 단점이 존재한다.

기존 일반 실손 보험도 마찬가지이다. 가격대가 싼 실손 보험은 실손 보험 계약을 유지하려면 본인이 사망할 때까지 보험료를 지속적으로 내야한다. 하지만 가격대가 비싼 실손 보험은 '대체 납입 제도'라는 것이 있어서 일정 기간 (보통 10년, 20년, 30년) 보험료를 납부한 이후에는 그 적립금으로 갱신료를 대체하기 때문에 보험의 만기까지 보험금을 내지 않아도 될 수 있도록 설계가 가능하다. 물론 이 제도는 2013년 이전 가입자만 가능하고 각 보험사의 환급률 책정이나 적립금 충당 비율의 차이로 보험 갱신료가 기하급수적으로 늘어난다면 다시 내야할 확률도 있으니 참고하자.

보험의 주목적은 젊고 소득이 많을 때 소득이 없는 노후를 대비하여 미리 준비하는 것에 의의가 있다. 나중에 나이가 어느 정도 들고 가입을 하거나 병력이 있는 상태에서 가입을 하게 되면 가입 자체도 어려울 뿐더러 보험료도 많이 비싸지게 된다.

수입이 없는 상태에서 보험료를 납입하기 상당히 어려운 일이기 때문에 보험 상품에 있어서는 이런 부분을 미리 준비하는 자세를 갖는 것이 중요하다.

4. 실손 보험은 어디서 가입해야 할까?

보험 상품을 가입하는 방법은 크게 세 가지다. 첫째는 보험 설계사, 둘째는 은행 창구, 셋째는 인터넷이다. 선택은 자유지만 실손 보험만큼은 보험 설계사 채널을 통해 가입하라고 권하고 싶다.

설계사를 통해 보험에 가입하게 되면 비용 면에서는 은행이나 인터넷보다 보험료가 다소 비싸다는 단점이 있다. 하지만 실손보험은 다른 보험 상품과는 달리 일상 생활에서 생각보다 자주 이용하게 된다. 설계사 없이 병원이나 약국에서 의료비 영수증을 받아 보험사에 직접 보험 청구를 하게 되면 지급 절차도 복잡하고 시간도 오래 걸린다. 실손 보험을 청구할 때마다 매번 보험 약관을 일일이 읽어봐야 하고 질병 코드와 증빙 자료를 제출하는 것이 생각보다 쉬운 일은 아니다. 이럴 때 담당 설계사를 통하면 간단하게 팩스로 영수증과 관련 서류만 보내주면 알아서 간편하게 처리해준다.
한 병원에서 큰 수술이나 질병 관련 상담도 보험 설계사를 통해서 하게 되면 보상 내역 등을 미리 알 수 있기 때문에 재정적인 부분에서도 유리한 점이 있다.
은행에서 가능한 실손 보험은 특약이나 보장 면에서 제한이 되어 있고 인터넷 실손 보험은 보험료가 가장 저렴하지만 보험료 지급이나 상담 부분에 있어 애로 사항이 있다.
설계사 채널은 나중에 담당 설계사가 바뀌게 되더라도 후임 설계사가 이어받아 그만큼의 서비스를 해 주기 때문에 실손 보험만큼은 설계사 채널을 추천한다.

5. 특약만 잘 골라도 보험 2~3개 가입하는 효과를 낸다

기존 실손 보험 가입자들은 실손 보험 외에도 암 보험, 운전자 보험, 레저 활동 보험 등 보험을 3개, 4개씩 가입하는 경우가 부지기수이다. 보험을 여러 가지로 나누어 가입하면 보험료 자체도 일단 비싸질뿐더러 일일이 관리하기에도 애로 사항이 많다. 매달 다른 날에 보험료가 제각각 빠져나가고 보상을 받으려면 그때마다 가입된 보험사를 찾아보고 일일이 전화해서 요청을 하는 등 번거로운 것이 이만저만이 아니다. 하지만 실손 보험을 가입하면서 이런 보험들을 특약사항으로 넣게 되면 일단 보험료 자체도 따로 가입하는 것보다 현저하게 저렴하게 가입 가능하며 보상받을 일이 생겨도 실손 보험이 가입된 회사로 간편하게 지급 접수가 가능하다. 최근의 실손 보험은 특약을 통해 수없이 많은 보험들을 한데 어우를 수 있다는 장점을 가지고 있다.

암 보험 등은 따로 가입할 필요 없이 실손 보험에 함께 특약 추가하는 것이 유리하며 최근에는 운전자 보험이나 레저 활동 보상도 저렴한 보험료로 특약 추가가 가능해 실손 보험은 거의 모든 부분의 보상이 가능한 만능 보험이라고 봐도 무방할 정도이다.

앞에서 실손 보험이 보험 상품의 왕중의 왕이라고 한 이유가 여기에 있다. 다만 주의해야 할 점은, 괜히 쓸데없는 항목들을 특약 사항으로 이것저것 집어넣는 경우가 많은데 이런 경우에 보험료만 올라가고 실제 보장받지 못할 확률이 높다는 점이다. 실손 보험 가입 전에는 특약 사항을 반드시 꼼꼼히 살펴보고 꼭 필요한 것만 넣을 수 있도록 하자.

6. 손보사가 유리할까, 생보사가 유리할까?

실손 보험을 가입하기로 결정한 후 막상 가입을 하려고 보면 너무나 많은 보험사들이 존재한다는 것을 알 수 있다. 인터넷에 실손 보험에 대해서 아무리 검색해 봐도 모두 광고 글 아니면 보험 설계사들의 영업용 글들뿐이어서 객관적으로 비교하기 어려워진다.

손해 보험사와 생명 보험사는 각각 장단점이 있다. 손해 보험사는 말 그대로 실제 손해가 난 부분을 보장해주는 보험사이다. 생명 보험사는 사람의 생명을 담보로 약정 금액을 지불해 주는 보험사이다. 이 두 보험사는 태생부터가 다르고 적용되는 보험법에서부터 다르기 때문에 어떤 것이 좋다고 말하기 힘들다.
손보사의 실손 보험의 경우에는 일반적으로 의료비가 청구되었을 때 보상하는 금액이 생보사보다 더 많은 반면 보험 계약자가 사망하고 난 뒤에 나오는 사망 보험금은 생보사보다 더 적다.
반면 생보사의 실손 보험의 경우에는 일반적으로 의료비가 청구되었을 때 보상하는 금액이 손보사보다 더 작은 반면 보험계약자가 사망하고 난 뒤에 나오는 사망 보험금은 손보사보다 더 많다.
이런 점을 염두에 두고 생존 기간 동안 받는 의료비의 범위와 비중을 더 중요시하는 사람이라면 손보사 상품이 유리하고 본인 사망 뒤에 가족들의 생계를 더 중요하게 생각하는 사람이라면 생보사의 상품을 가입하면 된다.

7. 보험사 선택 시 이것만은 확인하자

1) RBC 비율을 확인하라!

RBC(위험 기준 자기 자본, Risk Based Capital) 비율은 보험사의 지급 여력 비율이다. 즉, 한꺼번에 보험 청구가 들어왔을 때 얼마만큼 지급할 여력이 있는지 판단하는 지표다. RBC 비율이 높은 회사일수록 튼튼하고 내실 있는 회사이고 RBC 비율이 낮은 회사일수록 부실하고 장기적으로 파산할 위험이 큰 회사이다. 장기적으로 망할 회사인지 아닌지 판단하는 중요한 기준이 된다.
RBC 비율은 매 분기마다 발표되며 각 보험사와 생명보험협회, 손해보험협회에서 확인할 수 있다. RBC 비율은 다른 보험보다도 특히 실손 보험에서 중요하다. 그 이유는 실손 보험의 경우 자신이 사는 거의 평생 동안 이용하는 보험 상품이기 때문이다. 기껏 보험에 들었다가 보험 회사가 파산해 버리면 아까운 돈만 날리고 제대로 보장도 받지 못할 확률이 크기 때문이다.

기본적으로 금융 당국의 권고 사항인 1백50%를 웃돌면 위험한 회사라고 보면 된다. 가끔 보험료 대비 타사보다 많은 보장과 혜택을 주는 보험 회사들이 있는데 이런 보험사들의 RBC 비율은 대부분 좋지 않다는 것을 알 수 있다.

RBC 비율이 높은 회사일수록 건전성이 높기 때문에 더 많은 혜택이나 보장으로 손님들을 유치하지 않기 때문이다. 이 RBC 비율은 보험사를 선택할 때 굉장히 중요하므로 항상 염두에 두도록 하자.

2) 얼마나 많은 사람들이 가입했는가?

사실 많은 사람들이 가입한 상품일수록 검증되고 안정성 있는 상품일 확률이 크다. 그만큼 보험에 모인 자금도 크기 때문에 부실 날 확률도 적기 때문이다. 만약 이렇게 많은 사람들이 가입한 보험 상품의 경우에는 만약 파산하더라도 다른 보험사에서 인수하거나 국가 차원에서 방지할 확률이 크기 때문에 가입자 수도 생각 외로 중요하다고 할 수 있다.

3) 갱신율이 낮은 회사인가?

실손 보험에서 가장 첫 번째로 이야기했던 것은 보험 갱신률이다. 실손보험에 있어서 보험 갱신률은 회사마다 다르다. 실손 보험은 거의 평생을 내야 하는데 처음에는 보험료가 싸더라도 보험 갱신율이 매년마다 기하급수적으로 커지는 회사는 나중에 보험료 부담으로 나에게 그대로 돌아올 수밖에 없다. 이처럼 갱신율도 고려해야 할 요소 중 하나다.

젊을 때 가입할수록 유리하다

모든 보험의 공통 사항은 젊을 때 가입할수록 보험료가 싸다는 것이다. 젊을 때는 남은 인생도 길며 신체 건강하고 소득도 가장 많은 시기이다. 보험은 미리미리 준비할수록 나중에 부담하는 금액도 적어지기 때문에 만약 직장 생활을 시작한다면 실손 보험의 경우에는 직장에 입사하면서부터 함께 시작하는 것이 가장 이상적이다.

실손 보험은 대한민국 국민이라면 반드시 가입해야 할 1순위 보험 상품임에 틀림없다. 실손 보험 가입 시 이 7가지 원칙만 잘 새긴다면 본인의 상황과 소득에 맞는 현명한 선택을 할 수 있을 것이라고 생각한다.

TIP '실비'는 실손 의료비의 준말

'실비' 라는 상품 이름은 실손 의료비의 준말이며 실손 의료비 특약은 정확히 6개다. 질병 입원 의료비, 상해 입원 의료비, 질병 통원 의료비(외래), 상해 통원 의료비(외래), 질병 통원 의료비(처방조제), 상해 통원 의료비(처방조제) 이것만 실비 보험이라고 할 수 있고 나머지는 건강 보험 특약이라고 하는 것이 맞다.

건강 보험 특약 안에 암과 입원 일당, 각종 수술비 등을 특약이라고 하는 것이 사실은 옳은 표현이다.

하지만 대부분의 사람들은 실비를 포함한 건강 보험 자체를 실비 보험이라고 인식하기 때문에 이 책에서도 독자들의 이해를 쉽게 하기 위해 같은 맥락으로 설명했다.

실손 의료비 특약은 현재 모든 보험사 공통 특약으로 보장 내용은 다 똑같다. 단지 보험사 내규에 따라 보험료만 조금씩 다르다는 점을 참고하자.

사망 보험

역사 가장 오래 된 가장 전통적인 보험 상품

사망 보험은 보험 상품 중에서 가장 역사가 오래된 전통적인 상품이자 한동안 보험의 대명사로 불리는 상품이다. 사망 보험의 구조는 간단하다. 일정 기간 동안 보험료를 내고 사망하면 보험금을 받는다. 사망 보험 중에서도 그 기간을 정해서 일정 기간 내에 사망할 경우 보험금을 지급하는 것을 '정기 보험', 보험 기간과 상관없이 평생 보장을 해주는 것을 '종신 보험'이라고 한다.

사망 보험은 가입자 자신은 직접적인 혜택을 받지 못하는 대신 남은 가족들이 혜택을 받을 수 있다는 것이 특징이다. 가입자가 죽으면 부모나 배우자, 자녀 등 남은 가족들의 생계가 막막해지기 때문에 경제적으로 유가족들의 자립을 위해 보험에 가입하는 경우가 많다.

예전에는 남자들이 대부분 소득 활동을 하고 여자들은 주로 가사 일을 했기 때문에 가장인 남자가 사망하면 가족들의 생계가 막막했다. 이 때문에 70~80년대만 해도 보험에 가입한다고 하면 대부분 사망 보험이었다.

하지만 최근 들어 보험 트렌드도 많이 바뀌었다. 요즘 젊은이들은 자신이 죽고 난 뒤 남은 가족들을 위한 생계보다 현재 자신의 안위가 더 중요하다고 생각하기 때문에 자신이 죽은 뒤 가족들에게 돌아가는 사망 보험 가입 건수도 현저히 줄어든 상태다.

특히 맞벌이 부부가 크게 늘어난 사회 현상도 사망 보험 가입자를 감소시키는 데 일조하고 있다. 부부 중 한 쪽이 사망하더라도 남은 한

쪽이 일정 부분 경제 활동을 영위할 수 있게 됐기 때문이다.
하지만 가장이라면 남은 가족들을 위해서 사망 보험은 반드시 가입해야 한다고 생각한다. 은행에서 사망자의 금융 거래 상속 업무를 처리해 주면서 매번 느끼는 것이지만 가장이 한창 경제 활동이 활발할 때 갑자기 사망하게 되는 경우에 남은 가족들이 재정적으로 겪는 어려움은 말로 표현할 수 없이 크다.
사망 보험에 가입하고자 한다면 다음 세 가지는 반드시 고려하는 것이 좋다.

1. 사망 보험은 누가 가입해야 하는가?

사망 보험은 소득 활동이 있는 가장이 가입하는 것이 가장 현명하다. 사망 보험의 취지를 생각해보면 금방 알 수 있다. 소득 활동이 없는 가족 구성원이 가입하는 것은 요행을 바라는 것이라고 밖에 할 수 없다. 은행에서 고객들과 상담할 때도 소득 활동이 없는 주부들은 정기보험이나 종신 보험에 가입할 필요가 없다고 이야기해주고 있다.

2. 정기 보험과 종신 보험 중 어떤 것을 선택할까?

정기 보험은 일정 기간 동안만 보장 가능하며 보험료가 비교적 저렴한 금액으로 산출되고 종신 보험은 일생을 사는 동안 평생 보장 가능하며 보험료를 지속적으로 납입해야 하기 때문에 보험료 부담이 비교적 큰 편이다.
만약 직장을 계속 다니는 급여 소득자라면 종신 보험이 좀 더 유리하고 소득이 일정치 않은 사업자나 이미 부양해 할 가족이 독립을 얼마 앞두지 않았다면 정기 보험을 가입하는 것이 유리하다. 본인의 소득 수준과 부양 가족의 상황을 고려해서 선택하는 것이 좋다.

3. 실손 보험 특약으로도 가능하다?

사망 보험은 실손 보험 특약으로도 가능하다. 실손 보험과 사망 보험을 따로 가입하기 번거롭고 보험료 부담이 많이 된다면 실손 보험에 특약으로 사망 보험금 설계를 해도 된다. 단, 실손 보험에 특약으로 사망보험을 추가할 경우 갱신 보험률이 늘어날 수 있고 보장되는 금액도 순수 사망 보험보다 낮을 수 있으니 이 부분에 대해서 꼭 비교해보자.

수많은 보험 상품들이 있지만 실손 보험과 사망 보험 두 가지만 잘 알면 보험에 관해서는 충분하다고 생각한다. 정부가 규제 완화를 통해 금융 산업을 활성화시킨다는 취지로 산업 간 칸막이를 없애면서 금융업계도 전통적인 영역과 경계를 뛰어넘는 치열한 경쟁이 펼쳐지고 있다.

그러다보니 다른 분야의 상품을 취급하게 된 금융 기관 직원들의 전문성도 떨어지고 이로 인해 불완전 판매가 지속되고 있다. 결국 손해를 보는 것은 금융 소비자들이다. 금융 기관들의 횡포 속에서 '호갱'으로 전락하지 않으려면 결국 소비자들 스스로가 똑똑해지는 수밖에 없다.

보험사 직원 라인 업

보험 회사 입사하려면 반드시 자격증 필요!

보험 회사에 입사하기 위해서는 반드시 보험 자격증이 필요하다. 손해 보험, 생명 보험, 제3보험, 나아가 변액 보험 자격증까지 필수로 취득해야 하는데 이 자격증이 없으면 상담조차 불법이기 때문이다. 따라서 채용에 합격했다 하더라도 연수 기간 동안 자격증 취득에 실패하면 채용 취소가 되는 경우도 종종 있다.

1. FC
Financial Consultant의 준말이다. 일반 사원/대리와 비슷한 직급으로 일반적인 보험 계약은 이 FC들이 거의 다 하고 있다.

2. FM
Financial Manager의 준말이다. 일반 회사의 과장/차장 등의 책임자 직급으로 평소에는 FC들의 영업관리를 하고 굵직굵직한 계약에 참여하여 영업 활동을 하고 있다.

3. 부지점장
영업 활동보다는 능력 있는 FC 발굴을 주 업무로 한다. FC를 많이 모집해야만 보험 계약도 더 많아지기 때문에 FC 모집에 총력을 기울인다.

4. 지점장
보험사 지점장은 철저한 성과제, 능력제이기 때문에 나이가 어려도 얼마든지 할 수 있다. 일단 지점장이 되면 지점 직원들의 영업 관리를 중점으로 한다.

8 13월의 보너스에서 세금 폭탄으로? 연말정산

똑똑하게 준비해서 확실하게 돌려받자

'따박따박' 월급이 들어오는 직장인라면 매년 연말정산을 하게 될 것이다. '13월의 보너스'라고도 불리는 이 연말정산을 똑똑하게 잘 챙기는 사람은 한 달 치 월급에 버금가는 금액만큼 돌려받을 수 있지만 이것을 제대로 못 챙기는 사람은 오히려 국세청으로부터 추징을 당하기도 한다.

2015년 소득세법의 변경으로 13월의 보너스였던 연말정산은 어떤 사람들에게는 13월의 저주로 바뀌게 되면서 급여 소득자들에게는 연말정산을 얼마나 똑똑하게 하느냐가 더욱 중요하게 됐다.

2015년 1월 거래처 직원들에게 수없이 많은 전화가 걸려오고 직접 찾아와 질의가 빗발친 것이 바로 이 연말정산이다. 심지어 긴밀한 관계에 있는 한 거래처는 아예 필자가 하루 날을 잡고 업체에 직접 방문하여 직원들의 연말정산을 직접 입력하고 도와주기도 했다.

작년까지는 그래도 얼마간이라도 돌려받았던 직원들 대부분이 올해는 전부 추징당하게 되어 개인적으로는 참 안타까웠다.

은행에서 고객들과 상담을 하다보면 20~30대 젊은 직장인들의 경우 연말정산으로 환급받는 금액이 10~20만 원 정도밖에 되지 않는 경우를 많이 보아 왔다.

그들을 볼 때마다 환급받을 수 있는 금액이 더 있음에도 불구하고 잘 몰라서 놓치고 있는 부분도 많을 거라는 생각에 아쉬움도 많았다.

매년 1월, 2월이 되면 은행에서도 연말정산과 관련된 업무들이 많다. 어떻게 하면 연말정산을 통해 더 낸 세금을 환급받을 수 있는지, 혹시 몰라서 공제를 받지 못하는 것은 아닌지 자세히 알아보도록 하자.

연말정산

스스로를 증명하라

연말정산은 이미 낸 세금 가운데 증빙 자료를 통해 일부를 환급받는 제도다. 불필요하게 많이 낸 세금이라면 당연히 많이 돌려받는 것이 좋다.

세금을 많이 돌려받기 위해서 어떻게 해야 할까? 자신이 낸 세금이 실제로 번 돈에 비해 높다는 것을 세무 당국에 증명하면 된다. 즉, 세액 공제 혜택을 많이 받아야 많이 돌려받을 수 있다.

세액 공제는 이미 납부한 세금 징수 부분에 대해서 세무 당국에서 다시 일정 금액을 돌려주는 것을 말한다. 연말정산을 매년 해왔으면서도 '세액 공제'라는 용어가 낯설게 느껴질 것이다. 지금까지는 연말정산을 할 때 '세액 공제'라는 용어 대신 '소득 공제'라는 용어를 써왔기 때문이다.

2013년도까지는 연말정산 시 본인의 소득별로 공제율이 달라지는 방식의 '소득 공제'를 적용했으나 2014년부터 그 방식이 '세액 공제'로 바뀌었다.

연말정산, 소득 공제에서 세액 공제로

2014년부터 세법이 크게 바뀌면서 연말정산 시 소득 공제에서 세액 공제로 바뀌게 되었다. 계산법도 복잡하고 산출하기 어려워 보이지만 이론은 간단하다.

소득 공제가 개개인별로 소득 구간에 따라 해당 항목을 공제해준 것이라면 세액 공제는 소득에 관계없이 세금 산출법에 의해서 일괄적으로 똑같이 공제해주는 것이다.
소득 공제는 소득이 많을수록 소득 공제 받는 금액이 훨씬 많고 유리했지만 이제는 소득이 많거나 적거나 연말정산에 해당하는 항목이 있다면 똑같이 공제된다는 것이다.
예를 들어 연말정산 항목 중 개인 연금을 월 33만 원씩 납입한다고 가정했을 때 소득 공제 시절에는 소득 구간에 따라 연봉이 1천2백만 원인 사람의 경우 26만4천 원을 돌려받을 수 있었지만 연봉이 1천2백만 원 이상 4천6백만 원 이하 사람의 경우에는 똑같이 33만 원씩 납입해도 66만 원을 돌려받을 수 있었다. 물론 소득이 더 높은 사람의 경우에는 같은 33만 원을 내도 최고 1백67만2천 원까지도 돌려받을 수 있는 구조였다.
하지만 세액 공제로 바뀐 지금은 연봉이 많든 적든 33만 원을 내면 모두 똑같이 48만 원을 돌려받을 수 있는 구조로 바뀌었다.
세액 공제로 바뀌면서 유리해진 사람들보다는 불리해진 사람들이 훨씬 많아졌다. 이 때문에 소득 공제되던 시절보다 세액 공제로 바뀐 현재 연말정산을 통해 환급받는 금액도 줄어들었다.
연말정산 방식이 바뀐 이유는 정부에서 부족한 세수를 채우기 위한 목적과 한편으로는 고액 연봉자들에게 세금을 더 많이 걷기 위한 목적도 있다.
소득 공제가 세액 공제로 바뀌었지만 연말정산 항목은 비슷하다. 독자들의 이해를 쉽게 하기 위해서 실질적으로 가장 많이 이용하는 연말정산 간소화서비스(www.yesone.go.kr) 항목을 중심으로 알아보도록 하자. 사이트에 접속 후 공인인증서 로그인을 하면 관련 내용들을 살펴볼 수 있다.

'연말정산 간소화 서비스' 항목별 체크

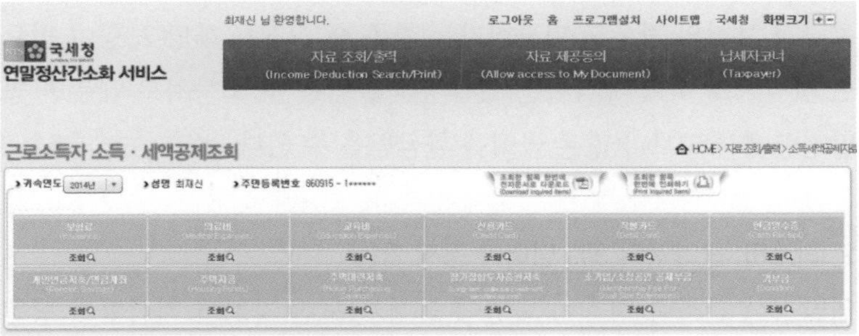

1. 보험료, 저축성 보험은 NO, 보장성 보험은 YES!

한 해 동안 납부한 보험료에 대해서 연말정산 공제가 가능하다. 하지만 보험 중에서도 저축성 보험은 해당되지 않고 일반 보장성 보험과 국민 건강 보험, 노인 장기 요양 보험, 장애인 전용 보장성 보험 등이 해당된다.

평범한 직장인이라면 아마 일반 보장성 보험이 주로 해당될 것이다. 여기에는 자동차 보험, 실손 보험, 암 보험 등이 포함된다.

뻔해 보이는 일반 보장성 보험이지만 가입이나 운용 요령에 따라 연말정산을 통해 환급받을 수 있는 금액이 달라진다. 가족 중에서 자동차 보험이나 실손 보험, 암 보험 등에 개별적으로 가입할 상황이 생길 경우 개별 가족의 이름으로 가입하는 것보다 주 소득자의 이름으로 가입하는 것이 연말정산에서 좀 더 유리하다. 주 소득자의 연말정산 항목에 자동으로 입력이 되어 환급을 받을 수 있기 때문이다.
일반 보장성 보험의 경우 납입 보험료에서 최대 1백만 원 한도 내에서 공제를 받을 수 있다.
보장성 보험의 경우도 피보험자는 가족 중 실제로 해당 보험이 필요한 사람으로 하고 계약자는 연말정산을 받는 주 소득자로 해두면 연말정산에서도 보다 많은 금액을 환급받을 수 있다.

2. 의료비, 급여액의 3% 넘어야 공제 가능

연말정산 간소화 시스템 화면에 들어가 보면 자신이 지금까지 병원이나 약국에서 의료비로 지출한 모든 항목이 자동으로 입력이 되어 있다. 이런 모습을 볼 때마다 국세청에서 세금을 꼼꼼하게 걷기 위해서 얼마나 촘촘하게 시스템을 구축해놓았는지 새삼 감탄하게 된다.
병원을 제집 드나들 듯 자주 가는 사람이나 의료비로 큰 금액을 지출하지 않은 사람들은 공제를 기대하기 어렵다. 본인 총 급여액의 3% 넘게 사용한 의료비에 대해서만 의료비 공제 대상으로 인정되기 때문이다.
예를 들어 연봉 5천만 원인 사람의 경우 의료비로 1백50만 원 이상을 지출해야 공제 대상이 된다. 게다가 실손보험으로 이미 보험사에서 보상받은 금액은 공제 대상에 포함되지 않는다.
본인 및 부양가족의 실제 의료비로 3% 이상 지출했다면 의료비 영수증을 잘 모아두었다가 공제받을 수 있도록 하자. 본인의 의료비 카드 계산 분은 자동으로 입력되지만 현금으로 계산한 금액과 부양가족의 의료비는 영수증을 모아서 별도로 제출해야 한다.
의료비 중에서도 공제가 되는 의료비가 있고 공제가 되지 않는 의료비도 있는데 다음과 같다.

*공제 가능한 의료비 : 인공 수정 비용, 제왕 절개 비용, 라식 • 라섹 수술 비용, 스케일링, 틀니, 치과 보철료 비용, 건강 진단 비용, 안경/콘택트 렌즈 구입비(시력 보정용이어야 하며 연간 50만 원 이내에서 가능)

*공제 불가능한 의료비 : 실손 보험 보상비, 외국 소재 병원비, 간병비, 진단서 발급비, 성형 수술비

3. 교육비는 물론 교복 구입비까지

본인 및 자녀 그리고 부양 직계 가족의 교육비도 공제가 가능하다. 교육비 또한 카드로 결제하게 되면 연말정산 항목에 자동으로 입력된다. 교육비 공제의 가장 간단한 방법은 연말정산을 받을 주 소득자 명의의 카드로 자녀 및 부양가족의 교육비를 결제하는 것이다. 국세청에서 알아서 자동으로 계산해 주기 때문에 편리하다. 단, 교육비에 관해서는 공제 최대 한도액이 대상마다 다르므로 아래 표를 참고하자.

구분	공제 한도액
근로자 본인	한도 없음
취학 전 아동	연 3백만 원
초/중/고등학생	연 3백만 원
대학생	연 9백만 원
장애인 특수 교육비	한도 없음

교복 구입비도 연 50만 원 한도 내에서 가능하기 때문에 중·고등학생 자녀를 둔 가정은 교복 구입 시에도 영수증을 꼭 보관하도록 하자.

4. 카드 사용액(신용카드·직불카드), 신용카드보다 직불카드

한때는 신용카드를 많이 써야 소득공제가 된다고 신용카드의 사용을 적극 권장하던 시대가 있었다. 전 국민의 소득신고를 투명하게 하기 위해서였다.

하지만 가계 부채가 늘어나고 신용카드의 오남용으로 인한 부작용이 나타나면서 정부 차원에서 신용카드의 혜택을 줄이고 직불카드(체크카드)의 사용을 장려하고 있다. 신용카드의 경우 20%였던 공제 한도를 15%로 줄여 이제 연말정산에서도 직불카드나 현금영수증에 비해 딱히 유리하다고 할 수 있는 부분이 없어진 상태다.

이미 직불카드(체크카드)의 공제비율은 무려 30%이다. 신용카드 공제액의 딱 2배이니 연말정산에 있어서는 혜택이 어마어마하다. 현금영수증도 마찬가지로 공제율이 30%이다

연말정산에서 조금 더 많은 세금 환급을 받고 싶다면 신용카드보다

체크카드나 현금영수증 사용을 적극 권장한다. 사실 연말정산을 잘 받기 위한 방법은 모든 결제를 현금영수증이나 체크카드로 하는 것이다.

카드 사용 금액에 따른 세액 공제는 물론 연말정산 간소화 서비스 시스템에 모든 것이 자동 등록되니 간편하고 편리하기 때문이다. 단, 카드로 결제한 항목 중 보험료(보장성 보험), 교육비(수업료, 입학금) 등은 중복 혜택으로 카드 공제액에는 포함되지 않는다.

TIP 현금 영수증도 카드로?

아무리 카드 사용이 활발해졌다고 하지만, 여전히 현금으로 결제할 일이 많다. 현금으로 계산하고 나면 현금 영수증을 발급받아야 하는 데 그 과정에서 불편할 때가 한두 번이 아니다.

보통은 국세청 홈페이지에 등록된 휴대전화 번호를 불러주거나 주민번호를 불러주면서 현금 영수증을 신청하는데 이 과정에서 개인정보 누출의 위험도 있어서 상당히 불편하다.

현금 영수증 발급 시 아주 간편한 방법이 있다. 바로 현금 영수증카드를 이용하는 것이다. 국세청 홈페이지(www.taxsave.go.kr)에 들어가면 현금 영수증카드를 발급하는 메뉴가 있는데 여기서 몇 가지 정보만 입력하면 카드를 무료로 발급받을 수 있으며 신청 후 2주 정도면 현금 영수증카드를 받아 볼 수 있다. 또 국세청 홈페이지를 통해서 카드 사용 내역처럼 현금 영수증을 발급받은 내역을 한눈에 볼 수 있어서 편리하다. 현금으로 계산할 때 현금 영수증카드와 함께 제시하면 개인 정보를 불러주지 않아도 체크카드나 신용카드처럼 편리하게 현금 영수증을 발급받을 수 있다.

5. 연금 저축·퇴직 연금, 세액 공제에 노후 대비까지 두 마리 토끼 잡기

연금 저축은 2014년 이전 과세 표준에 따라 소득 공제를 받을 당시만 해도 고소득자들을 위한 최고의 소득 공제 상품이었다. 연금 저축에 똑같은 금액을 납입해도 소득이 많은 사람일수록 세금을 더 많이 돌려받았기 때문이다. 하지만 2014년부터 연말정산이 세액 공제로 바뀌면서 소득에 관계없이 일괄적으로 납입금액의 12%를 공제해주고 있다. 과거 소득 공제 시절 4백만 원 최대 한도를 납입할 경우 소득에 따라서 26만4천 원부터 1백54만 원까지 공제를 받을 수 있었으나 세액 공제로 바뀌면서는 소득에 관계없이 모두 48만 원을 공제받을 수 있게 됐다.

소득이 낮은 사람 입장에서는 혜택이 약 2배 정도 높아진 셈이고 소득이 높은 사람의 경우는 혜택이 1/3로 줄어든 셈이다.

하지만 연금 저축은 세액 공제는 물론 노후 준비까지 두 마리 토끼를 잡을 수 있어 여전히 연말정산을 위한 최고의 상품임에 틀림없다.

퇴직 연금 역시 자세한 내용은 앞에서 설명했지만 확정 기여형(DC) 퇴직 연금에 가입한 경우 회사에서 넣어주는 금액 외에 개인이 추가로 납입한 금액에 대해서는 공제가 가능하다. 이 내용에 대해서는 금융회사에서 국세청으로 자동 통보해준다.

연금 저축과 퇴직 연금을 합산해서 최대 7백만 원까지 공제가 가능하다. 원래 4백만 원까지였으나 2015년부터 개인 연금 4백만 원+퇴직연금 3백만 원=총 7백만 원까지 세액 공제로 바뀌었으나 퇴직연금은 7백만 원 넣어도 전액 세액 공제 가능하지만 개인 연금은 7백만 원 넣으면 4백만 원까지만 세액 공제가 가능하다.

개인적으로는 연금 저축은 소득이 있는 경우만 공제가 가능하기 때문에 직장 생활을 계속하는 남성이나 계속 맞벌이 할 생각이 있는 여성들에게는 권하지만 소득이 없는 주부나 곧 직장을 그만 둘 사람들에게는 필요가 없다고 생각하기 때문에 굳이 권하고 싶지 않다.
하지만 직장 생활을 하면서 연말정산을 매년 받아야 하는 사람들이나 은퇴 준비를 할 사람들에게 연금 저축은 선택이 아닌 필수다. 연금 저축과 퇴직 연금은 소득 공제 효과는 물론 노후 대책까지 마련할 수 있는 '효자' 상품이다.

6. 소기업·소상공인 공제 부금, 개인 사업자 위한 특별 공제

앞서 설명했던 노란우산공제 상품을 말한다. 공제 한도는 연 3백만 원 한도까지이고 개인 사업자나 소기업 대표자만 가입할 수 있는 상품이다.

7. 주택 마련 저축, 매달 20만 원 납입하면 최대 소득 공제

주택 마련 저축은 앞서 알아보았던 주택 청약 종합 저축을 말하는데 여기서는 연말 정산을 위한 주택 청약 종합 저축의 혜택만 짚고 넘어가자.
주택 청약 종합 저축에 가입하면 연간 납입금액의 40%, 연간 2백40만 원 범위 내에서 최대 96만 원까지 소득 공제를 받을 수 있다. 즉, 매달 20만 원씩 불입하면 이 항목에서 최대로 소득 공제를 받을 수 있다. 연봉 5천만 원 기준으로 기존보다 최대 16만 원 더 환급받을 수 있다. 단, 가입하기만 한다고 해서 무조건 공제를 받는 것은 아니다. 해당 과세연도에 주택을 소유하지 않은 무주택자여야 하고 한 세대의 세대주만 가능하다. 집이 있는 사람이거나 세대주가 아닌 세대원이 연말정산 등록을 한다면 다음 연도에 세금을 추징당할 수 있다. 매년 1월 은행에 가장 많은 문의가 쏟아지는 것이 바로 청약통장 소득 공제에 관한 것이다. 연말정산할 때가 되어 헐레벌떡 준비하기보다는 주택 청약을 가입할 때 미리 주민등록 등본을 발급해 은행에 제출하면 가입과 동시에 연말정산 공제 등록이 가능하다.

8. 장기 주식형 저축, '소장 펀드' 새롭게 가세

장기 주식형 저축은 2008년에서 2009년 사이에 한시적으로 출시됐던 상품이다. 이때 가입했던 사람들만 대상이었던 이 항목은 2014년 '소득 공제 장기 펀드'가 새롭게 생기면서 공제 대상이 추가됐다.
앞 장에서 언급했던 것처럼 소득 공제 장기 펀드는 2015년 12월 말까지 한시적으로 가능한 펀드로 연봉 5천만 원 이하 근로자이면서 국내 주식형 펀드에 가입할 예정이라면 일반 펀드를 가입하는 것 보다 이 '소장 펀드'를 가입하는 것이 무조건 유리하다. 물론 5년 이상 보유할 경우에 해당된다.
'소장 펀드'의 연말정산 공제가 부활하면서 이 상품은 재형 저축과 마찬가지로 서민, 중산층의 자산 형성을 돕는데 큰 역할을 하게 될 것으로 보인다.

9. 주택 자금·목돈 안 드는 전세 이자 상환액, 주택 관련 세 가지 공제

은행에서 상담을 하다보면 주택을 사면서 담보 대출을 받거나 전세,

월세를 내는 부분에 대해서도 연말정산이 가능하다는 사실을 알고 있는 사람들이 의외로 드물다. 주택 관련해서는 다음과 같이 모두 세 가지 공제가 가능하다.

-임차 차입금 원리금 상환 공제(상환액의 40%)
-월세액 소득 공제(월세 금액의 50%)
-장기 주택 저당 차입금 이자 상환액 공제(이자 상환액)

임차 차입금 원리금 상환 공제는 금융 기관에서 전세 자금 대출을 받았을 때 공제가 가능하다는 것이다. 단 원리금 상환을 해야 하는데 실제로 전세대출을 받고 원리금 상환을 하는 경우가 드물기 때문에 많이 이용하는 항목은 아니다. 전세금은 어차피 전세를 나올 때 다시 금융기관에 그대로 돌려주기 때문에 굳이 원리금 상환을 하지 않기 때문이다.
월세액 소득 공제의 경우에는 현재 자신이 살고 있는 집이 월세일 때 그 월세금액에 대한 공제를 받는 것이다. 하지만 이 공제 역시 신청하는 사람들이 많지 않다. 월세액 소득 공제는 자신의 당연한 권리이지만 만약 세입자가 월세액 공제로 연말정산을 신청하면 그 금액만큼 고스란히 집주인에게 연말정산 비용이 전가가 되기 때문이다.
심지어 엄연한 불법임에도 불구하고 임대차 계약서에 월세 공제를 신청하지 않을 것을 특약으로 작성하기도 하는 경우도 있다고 한다. 집주인에 비해 '을'의 입장인 임차인 입장에서는 집주인의 눈치를 볼 수밖에 없기 때문에 쉽게 공제를 신청하지 못하는 상황이 벌어진다는 것이다.

주택 자금에서 가장 쉽고 또 많이 신청하는 항목은 장기 주택 저당 차입금 이자 상환액 공제인데 쉽게 풀어쓰면 금융 기관으로부터 받은 장기 담보 대출에 대한 이자 상환액을 의미한다. 단, 공제를 받으려면 몇 가지 조건을 충족해야 한다.

*대상 주택

-전용면적 85m²의 국민 주택 규모여야 함

-취득 당시 기준 시가 3억 원 이하

*대상 대출의 요건

-대출 상환 기간이 최소 15년 이상인 상품

-등기부 등본상 집을 산 지 3개월 이내 받은 대출일 것

-대출 신청인과 해당 주택 소유자가 일치할 것

*대상자

-근로 소득자인 세대주(혹은 세대원) : 개인 사업자는 해당 사항 없음

-1가구 1주택인 경우에만 가능(여러 채 보유 시 불가능)

이 가운데 하나라도 조건을 충족시키지 못하면 연말정산을 신청할 수조차 없기 때문에 생각보다 공제를 받기 까다로운 편이다.
공제가 가능한 경우 고정 금리나 비거치식 방식(분할 상환) 담보 대출은 최대 1천5백만 원 한도 내에서 공제가 가능하며 변동 금리나 거치식 담보 대출의 경우 최대 5백만 원 한도 내에서 공제가 가능하다.
창구에서 직접 상담을 할 때도 조건이 충족되지 않아 결국 공제를 받

지 못하는 고객이 10명 가운데 8~9명은 될 정도로 까다로운 공제인 것만은 분명하다. 목돈 안 드는 전세 이자 상환액도 연말정산 공제 대상 항목이지만 이 경우도 임대인의 수락이 필요하기 때문에 대상자가 극히 한정되어 있다.

10. 기부금, 좋은 일 하고 공제도 받고!

연말정산 간소화 서비스 항목에서 신청할 수 있는 마지막 항목은 바로 기부금이다. 기부금은 간단하면서 공제 혜택이 상대적으로 크기 때문에 반드시 놓치지 말아야 할 항목이기도 하다. 기부금은 정부 차원에서 기부 문화의 확대를 위해 소득 공제 혜택을 부과한 제도이다. 기부금은 법정 기부금과 지정 기부금으로 분류된다.

법정 기부금은 국가와 지방 자치 단체, 일부 사회 복지 시설, 사회복지공동모금회, 사립 학교 등 기관과 국방헌금, 천재지변으로 인한 이재민 구호금품 등에 지출하는 기부금을 말한다.

지정 기부금은 사회 복지 법인, 문화 예술 단체, 환경 보호 운동 단체, 종교 단체 등 사회복지, 문화, 예술, 종교 등 공익성을 감안하여 지정한 단체에 기부한 것을 말한다.

법정 기부금은 소득 금액을 한도로 기부금액 전액이 공제되며 지정 기부금은 소득 금액의 10~30% 한도로 기부 금액 전액이 공제된다. 지난해 발생한 세월호 참사 관련 기부금은 물론 종교단체 기부금, 봉사 단체 기부금에 대해서 모두 소득 공제가 가능하다.

특히 정치자금 기부금은 가장 혜택이 큰 연말정산 항목 중 하나다. 정치 자금 모금 창구에 가보면 '10만 원 기부하면 10만 원 돌려드립니다.'라는 문구가 있다.

정치 자금 기부금의 경우 10만 원까지는 기부 금액의 110분의 100에 해당하는 금액에 대해서 세액 공제를 해주고 10만 원을 초과하는 금액에 대해서는 따로 소득 공제까지 해주고 있기 때문에 고소득자나 부자들이 절세 방법으로 애용하는 항목 중 하나이다.

기부금 소득 공제를 위해서는 영수증이나 증빙 자료를 첨부해야 하기 때문에 잘 보관했다가 연말정산 때 잊지 말고 제출하도록 하자.

기부금 및 표준 공제 요건

<table>
<tr><th colspan="2">구분</th><th>공제금액</th><th>요건</th></tr>
<tr><td rowspan="5">기부금</td><td>정치 자금
기부금</td><td rowspan="2">근로 소득 금액
한도 내에서 공제</td><td>정치자금법에 의한 정당(후원회 및
선거관리위원회)에 기부한 정치 자금
(근로자 본인이 기부한 경우에만 공제 가능)
-10만 원까지: 정치 자금 세액 공제
-10만 원 초과 금액: 법정 기부금 공제</td></tr>
<tr><td>법정 기부금</td><td>국가 등에 지출한 기부금</td></tr>
<tr><td>우리사주 조합
기부금</td><td>공제 한도는
근로 소득 금액의 30%</td><td>우리사주 조합원이 아닌 근로자가
우리사주 조합원에 지출한 기부금</td></tr>
<tr><td>지정 기부금
(종교단체 제외)</td><td>공제 한도는
근로 소득 금액의 30%
(단 종교 단체 지정 기부금이 같이 있는 경우 20%)</td><td>사회 복지 문화 등 공익성을 고려한
지정 기부금 단체 중 비종교 단체에 지출한 기부금</td></tr>
<tr><td>지정 기부금
(종교단체)</td><td>공제 한도는
근로 소득 금액의 10%</td><td>종교의 보급, 그 밖의 교회를 목적으로
민법 제 32조에 따라 문화체육부장관
또는 지방 자치 단체의 장의 허가를 받아 설립한
비영리 법인(그 소속단체를 포함)에 기부한 기부금</td></tr>
<tr><td colspan="2">표준 공제</td><td>연 100만 원</td><td>특별 공제가 100만 원에 미달하는 경우
특별 공제를 적용하지 않고 표준 공제 적용</td></tr>
</table>

인적 공제, 연말정산 최고의 '무기'

독자들의 이해를 쉽게 하기 위해 실제 연말정산을 할 때 입력하는 상품과 항목 중심으로 설명했지만 원래 연말정산은 인적 공제, 연금보험료 공제, 주택연금이자 공제, 특별 공제, 기타 공제로 나뉘어지는데 대부분은 연말정산 간소화 시스템에 포함되어 있는 항목들이고 인적 공제는 따로 등록을 해줘야한다. 그밖에 몇몇 특수한 연말정산 공제의 형태도 있지만 많이 쓰이지 않기 때문에 이 책에서는 별도로 다루지 않겠다.

인적 공제는 연말정산 중 가장 강력한 공제로 활용할 수 있는 '무기'다. 하지만 잘못 입력할 경우 국세청으로부터 추가 세액에 가산세까지 추징당할 수 있으므로 조심해서 입력해야 한다. 인적 공제는 크게 기본 공제, 추가 공제, 다자녀 공제 세 가지가 있다.

1. 기본 공제, 부양 가족만 잘 챙겨도 연말 정산 성공!

기본 공제는 본인 공제와 배우자 공제 그리고 부양 가족 공제로 나뉜다. 기본적으로 모두에게 해당되는 본인 공제에서 기본 1백50만 원이 공제되고 배우자도 1백50만 원, 그리고 부양 가족(할아버지, 할머니, 장인장모, 자녀, 손자손녀, 형제자매) 모두 1인당 1백50만 원씩 공제가 가능하다. 물론 실제로 부양하고 있어야 하고 모두 연 소득 금액이 1백만 원 이하여야 한다.

부양 가족 등록만 다 해도 연말정산 금액이 어마어마하게 늘어나게 된다. 단, 실수나 고의로 잘못 입력하게 되면 국세청으로부터 바로 추징당하게 되는데 주요 사례를 살펴보자.

실제로 부모님을 부양하지 않고 따로 사는데 부양가족 등록한 경우(입증 서류가 있으면 가능)
자녀나 배우자가 연소득 1백만 원 이하로 생각하고 등록했는데 연소득 1백만 원 이상일 경우
형제 자매가 각각 본인들이 모두 부모님을 모신다고 부양 가족으로 등록했을 경우
실제 사실혼 관계이지만 법적으로 혼인신고가 안 돼 있을 경우

대표적으로 많이 발생하는 위의 사례들만 조심한다면 인적 공제 기본 공제 항목에서 누릴 수 있는 혜택이 워낙 많기 때문에 잊지 말고 반드시 등록하도록 하자.

2. 추가 공제, 조금은 특별한 여섯 가지 항목들

추가 공제에 해당되는 사람은 많지 않다. 추가 공제에는 총 여섯 가지 항목이 있는데 경로우대자 공제, 장애인 공제, 부녀자 공제, 자녀 양육비 공제, 출산 입양 공제, 한 부모 공제 등이 여기에 포함된다. 용어 그대로 이 항목에 포함되는 세대원이 있을 경우 공제받을 수 있는 것들이다. 추가 공제는 지면상 모두 설명이 어렵기 때문에 본인이 추가 공제 대상에 포함된다면 국세청 홈페이지에서 반드시 확인해서 공제받을 수 있도록 하자.

3. 다자녀 공제, 자녀 셋이면 3백만 원까지 가능

다자녀 공제는 자녀의 수가 많을 때 공제받는 것으로 산식도 단순하다. 아이가 두 명이면 1백만 원까지 공제가 가능하고 3명 이상이면 3명부터 기본 1백만 원 + 2명 초과 자녀 1인당 2백만 원까지 공제를

해주는 어마어마한 공제 항목이다. 출산율을 높이기 위해 정부에서 고육지책으로 내놓은 공제 항목이라고 볼 수 있다.

다자녀 공제에서 자주 실수하는 부분은 부모 가운데 한 명만 등록해야 하는데 두 명 다 등록하거나 자녀 중 연 소득금액이 1백만 원 이상인 경우 제외시켜야 하는데 등록하는 경우이다. 이 경우 국세청으로부터 추징을 당할 수 있으니 부부 간 상의해서 소득이 조금 더 많은 쪽으로 몰아주는 것이 유리하다.

연말정산은 까다로운 세법으로 이루어져 있기 때문에 생각보다 어렵게 느낄 수 있다. 하지만 연말정산 간소화 시스템상의 항목과 인적공제만 잘 이해해도 한 달 치 월급에 가까운 연말정산 금액으로 진정한 13월의 보너스로 만들 수 있을 것이다.

이와 함께 내년 연말정산을 대비해서 이 세 가지 습관을 항상 몸에 익히도록 하자.

① 신용카드나 체크카드 사용을 습관화한다. 현금을 주로 거래하는 사람이라면 현금 영수증카드 발급을 받는다. 연말정산 가능한 영수증은 항상 잘 보관해 둔다.

② 인적 공제 등록은 가장 강력한 연말정산 항목이다. 사전에 배우자와 부모님, 형제 자매와 잘 상의하여 적절히 등록할 수 있도록 한다.

③ 이왕 저축을 할 목적이면 두 마리 토끼를 잡을 수 있는 세액 공제 상품도 항상 염두에 두고 상품 가입을 한다. 항상 나중으로 미루다 보면 돌려받는 이익은 점점 적어진다.

자, 내년 당신의 13월의 보너스는 과연 얼마나 늘어날 수 있을까?

9 스마트한 당신을 위한 비대면 채널

Bank without Bank, 은행이 사라진다

은행 업무를 보기 위해 번호표를 뽑고 하염없이 기다리던 것도 이제 옛말이 되어 버렸다. 컴퓨터와 스마트폰 만 있으면 은행에 가지 않아도 집이나 차 안에서 웬만한 일들을 모두 처리할 수 있다.

"그래도 적금이나 펀드, 대출은 꼭 은행에 가서 해야 하는 것 아닌가?"

이렇게 생각한다면 당신은 인터넷 시대의 '원시인'이라고 놀림을 받게 될지도 모른다.

인터넷 뱅킹이나 스마트 뱅킹은 사용하기 편리할 뿐 아니라 비용면에서도 경제적이다. 은행 창구에서 업무 처리를 하다보면 의외로 돈이 많이 든다. 통장 재발급하는데 2천 원, 타행 송금하는데 3천 원……. 자동화 기기를 통해서 처리하면 아무리 비싸 봤자 1천 원 이내에서 끝낼 수 있는 일들을 2~3천 원씩 줘야 한다. 이 때문에 창구에서 수수료를 면제해달라는 손님과 실랑이를 벌이기도 한다. 이런 업무 역시 인터넷 뱅킹으로 하면 수수료를 면제받거나 최저 금액으로 이용할 수 있어 경제적이다. 은행 직원을 통해서 업무를 처리하게 되면 인건비가 발생한다. 이 때문에 창구에서는 은행 직원들의 서비스와 업무 처리 시간에 대한 것을 수수료로 지불하는 것이다. 반면 자동화 기기나 인터넷을 이용하면 인건비가 발생하지 않는다. 이 때문에 인터넷 뱅킹을 통해 은행 업무를 처리할 경우 수수료를 면제해주거나 최저 금액만 받는 것이다.

증권사도 마찬가지다. 대부분의 개미투자자들은 HTS(Home Trading System) 시스템을 이용해 주식거래를 한다. HTS는 인터넷을 통해 집에서도 컴퓨터로 쉽고 간단하게 주식거래를 할 수 있는 시스템을 말한다. 이미 오래 전부터 활성화된 시스템이며 키움증권처럼 아예 증권사 지점이 없는 증권사도 존재한다.

보험사에서도 최근 인터넷을 통해서 가입할 수 있는 다이렉트 보험이 인기를 끌고 있다. 요즘은 고객들도 똑똑해져서 보험 설계사를 통해 보험 가입 시 발생하는 각종 수수료나 사업비 체계를 잘 알고 있다. 이 때문에 각종 사업비나 수수료가 쏙 빠진 인터넷 보험에서 자신이 원하는 보험 혜택만 쏙쏙 골라가는 '체리피커'가 되어 가고 있다.

보험 설계사를 통한 보험 가입보다 가입비가 훨씬 싸고 본인이 원하는 항목들만 골라 넣을 수 있는 장점 때문에 보험사에서도 적극적으로 인터넷 보험 시장을 확대해 가고 있는 추세다.

신용카드사의 경우 얼굴을 직접 보지 않고 거래하는 비대면 채널이 초창기부터 활성화되어 있어 지점 자체도 거의 없을 뿐더러 지점을 가지 않더라도 인터넷과 전화상으로 원하는 모든 업무를 처리할 수 있다.

자, 그렇다면 지금부터 각 금융 기관별로 어떤 비대면 채널이 있는지 종류와 혜택에 대해서 함께 살펴보자.

금융 기관의 속사정

금융 회사 직원 어떻게 뽑나?

은행에 호감형 직원들이 많은 이유?

<은행>

과거에는 유명 상업고등학교출신을 많이 뽑았고 주산 자격증은 필수였다. 지금의 은행 차장 이상의 직급에서 많이 볼 수 있는데 정말 똑똑하고 손이 빠르다. 현재는 서울 수도권 대학 혹은 지방 거점대의 경상계열 출신을 선호하는 편이지만 국가 정책과 인재 풀의 다양화를 위해 다른 전공자도 많이 뽑는 추세다.

금융 전산의 고도화로 공대 출신은 따로 채용하여 전산팀에 배치하기도 하지만 은행의 특성상 순환 근무를 통해 지점에서도 일을 할 기회가 온다. 금융 자격증이 필수는 아니지만 은행 특성상 입행해서도 수십 가지의 자격증을 필수로 취득해야 하기 때문에 그 전에 금융 3종 세트 정도의 자격증은 따서 오는 것이 좋다고 본다(2015년부터는 현직 근무자만 금융 자격증 취득이 가능). 금융 3종 세트는 보통 증권 투자 상담사, 펀드 투자 상담사, 파생 상품 투자 상담사 자격증을 말한다.

은행은 아무래도 돈을 직접 만지는 곳이기 때문에 최근에는 재무 상태를 고려해 빚이 지나치게 많거나(학자금 대출 제외) 신용 상태가 불량하면 불합격 되는 경우도 있다. 대부분의 시간을 고객과 함께 하기 때문에 흔히 이야기 하는 '4가지'를 매우 중요하게 본다. 다양한 인적성 검사로 1차적으로 추리고 면접에서도 예의 범절을 중시한다. 손님과 대화 시간이 많기 때문에 말을 조리 있게 하는지 여부는 면접에서 가장 중요한 요소다. 또한 서비스업이기도 한 은행은 아무래도 인물도 고려를 하는 것 같다. 본인이 은행에 다니면서 남녀를 막론하고 호감형이 아닌 직원은 거의 보지 못했다. 하지만 또 너무 잘생기거나 너무 예쁜 사람은 없는 것이 특징이다.

<증권사>

증권사는 급격하게 젊은 직원들 위주로 재편성되는 금융사 중 하나다. 지점장도 능력에 따라 30대에도 가능한 구조이기 때문이다. 데이터 분석 능력과 주식 시장을 꿰뚫고 있는 능력이 필요하기 때문에 증권사는 똑똑하고 능력 있는 직원을 선호한다. 서류 전형에서 부터 흔히 말하는 고 스펙자들을 선호하고 면접에서도 시황 설명 등의 말을 조리 있게 하는지 여부를 검토한다. 고객과의 술자리가 많을 수밖에 없기 때문에 술도 잘 마셔야 한다는 속설이 있다.

〈보험사〉

보험사만큼 인력 구성이 다양한 곳은 정말 드물다. 보험사는 각계 각층의 사람들을 채용하고 있는 곳이다. 요즘에는 대학생들을 대상으로 채용을 하고 있는데 대학생 때부터 보험 설계사를 할 수 있게 해주면서 영업 활동이나 다른 보험 모집인을 모집하는 채용 설명회를 하는 등 활발한 확장 활동을 진행하고 있다.

또한 선후배 관계와 인맥 형성이 되어 있는 ROTC나 장교, 부사관 출신들을 선호하여 제대할 때쯤 되어 채용을 하기도 한다. 최근에는 퇴직 연금의 도입으로 기업에서 정년 퇴임한 사람들도 퇴직 연금 섭외를 위해 본격적으로 채용하고 있는 추세다.

보험사는 사회에서 각계 각층이 다양한 일을 하던 사람들도 자유롭게 채용하고 특별한 학벌, 스펙 등을 따지고 있진 않다. 이유는 우리나라의 보험 영업이 철저한 인맥 중심으로 펼쳐지기 때문이다. 보험왕이 되는 사람은 그 전에 사회에서 얼마나 많은 사람들을 알고 있었느냐에 여부가 달렸다는 말이 과언은 아니다.

스마트폰 뱅킹

이용자 수 4천만 명 돌파, 국민 5명 중 4명이 이용

시중 은행의 스마트폰 뱅킹 이용자 수가 4천만 명을 넘어섰다. 대한민국 국민 5명 중 4명, 즉 노인과 미성년자를 뺀 대부분의 성인이 사용하고 있다는 말이다.

이 책을 읽는 독자들의 스마트폰에도 분명 주거래 은행의 어플리케이션이 설치되어 있을 것이다. 그렇다면 과연 사람들은 스마트폰 뱅킹을 통해 얼마나 많은 거래를 하고 있을까?

예금 잔액 조회나 기껏해야 타행 이체 정도의 거래만 하고 있지는 않을까? 스마트폰 뱅킹으로 할 수 있는 일은 생각보다 많다. 이번 기회에 주거래 은행의 어플리케이션을 자세히 살펴보자.

스마트 뱅킹 앱, 평생 은행 갈 일 없다?

"고객님~. 앞으로는 수수료도 면제되고 굳이 지점까지 오지 않으셔도 다양한 업무가 가능한 스마트폰 뱅킹을 깔아드릴게요. 스마트폰 주시면 제가 도와 드릴게요~."

한동안 고객과 상담하면서 많이 했던 말이다. 최근 몇 년 동안 은행 창구에서 직원이 손님의 스마트폰을 만지작거리면서 상담하는 모습을 많이 볼 수 있었다.

실제로 스마트폰 뱅킹은 인터넷 뱅킹에서 한 단계 진화한 시스템으로 인터넷 뱅킹의 거의 모든 서비스를 쉽고 간단하게 어플리케이션 하나에 녹여놓았다는 장점을 가지고 있다.
인터넷 뱅킹 거래만 해도 약간이나마 수수료가 발생하지만 스마트폰 뱅킹 거래 시에는 대부분의 은행이 수수료 면제 혜택을 주고 있다. 게다가 간단한 조회, 이체뿐만 아니라 예금 및 적금 등 상품 가입과 해지도 가능하며 각종 부가 서비스 혜택이 있다.

- 상품 가입 및 관리 : 예·적금, 펀드, 방카슈랑스 가입·해지 및 관리 가능
- 대출 : 대출 조회 및 예·적금 담보 대출, 상환 등의 업무 가능
- 외환·골드 : 환율 조회, 골드 계좌 관련 조회, 인터넷 환전 신청(공항에서 수령) 등의 부수 업무 가능
- 카드 관련 업무 : 카드 거래 내역, 결제일 입금 내역 조회, 교통카드 이용 내역서, 포인트 조회, 현금 서비스 등
- 퇴직 연금 : 퇴직 연금 적립금 조회 및 수익률 관리, 가입자 추가 불입 업무, 입금 내역 등 관리 가능
- 지로·지방세 : 각종 공과금 및 지로 납부 내역 조회 및 납부 가능
- 기타 부수 업무 : 자산 관리 서비스, 가계부, 주요 지수 및 금융 관련 뉴스 속보, 실시간 금리 조회 등

이처럼 스마트폰 뱅킹으로 은행의 거의 모든 업무를 할 수 있게 됐기 때문에 앞으로 대부분의 사람들은 평생 은행을 방문할 필요가 없어졌다.

스마트 예금, 스마트폰으로 가입하면 금리도 우대

모든 은행들은 KPI(Key Performance Indicator) 지표를 매년 수립해, 1년간의 은행 영업의 기준으로 삼고 이 지표를 달성하고자 노력하고 있다. KPI 지표는 우리말로 '핵심 성과 지표'라고 하는데 시대 상황과 미래의 흐름을 반영하여 향후의 대응책을 세우고 실천하는 것이다.

매년 새해가 시작되면 은행마다 '캠페인'이라는 명목으로 KPI 지표를 끌어올리기 위한 세부 방안을 각 지점 영업점에 목표로 내려 보낸다.

예를 들어 비대면 채널 활성화가 올해 KPI 지표 목표라면 은행 본점에서는 영업점에서 가입하는 예·적금보다 스마트폰 뱅킹으로 가입하는 예·적금의 금리를 더 높게 설계하고 영업점에는 캠페인 실적으로 목표를 주어 내점하는 고객들을 대상으로 영업점 예·적금보다 스마트폰뱅킹 예·적금을 가입하도록 유도한다.

최근 모든 시중 은행에서 비대면 채널 늘리기에 혈안이 되면서 영업점에서 가입하는 예·적금보다 오히려 스마트폰 뱅킹이나 인터넷 뱅킹으로 가입하는 예·적금 금리가 더 높은 경우가 태반이다.

스마트 예금은 맞춤식으로 최고 금리 설계가 가능하며 은행 별로 금리 우대 쿠폰 등을 발급받아 시중 금리보다 더 높은 혜택을 받을 수 있는 것이 특징이다. 또한 스마트폰으로 가입한 상품은 스마트폰에서 해지도 가능하다. 예금에 가입할 일이 생긴다면 창구를 찾기 전에 주거래 은행의 스마트폰 뱅킹으로 금리를 확인하여, 예·적금도 스마트하게 가입해보도록 하자.

스마트 펀드, 투자 스타일 분석으로 맞춤형 투자 가능

대부분의 시중 은행들은 증권사처럼 펀드도 스마트폰으로 가입과 해지, 관리가 가능하도록 시스템을 구축해 놓았다. 펀드 조회 및 정보 변경, 신규, 해지까지 모두 가능하다. 굳이 은행 창구에서 직원들과 상담을 하지 않아도 콜 센터를 통해 펀드 전문가와 상담할 수 있으며 수익률을 쉽게 비교할 수 있는 시스템과 설문을 통한 투자 스타일 분석으로 개인별 맞춤형 펀드 상품까지 가입할 수 있다.

스마트 론, 스마트폰으로 대출도 '한 방'에

최근에는 스마트폰이나 인터넷 뱅킹 등의 비대면 채널로도 심지어 대출까지 가능해졌다. 물론 대부 업체의 전화 한 통으로 끝나는 단박 대출과는 다른 시중 은행의 대출을 말한다. 간단한 예금, 적금 담보 대출은 물론 대기업의 경우에는 회사와 은행이 협약이 되어 있는 경우 워크사이트뱅크 신용 대출도 가능하다. 기본적인 정보를 입력하고 은행 지점에 방문하여 간단한 서류만 쓰고 승인을 받을 수도 있다. 단, 대출은 은행에서 돈을 빌려주는 행위이기 때문에 아무래도 여러 가지 심사 및 서류가 필요하고 비대면 채널로는 대출의 취급에 한계가 있어 아직은 은행 지점으로 직접 방문하는 면이 더 전문적이라고 할 수 있다.

스마트 외환, 이제 환율 우대 쿠폰은 안녕!

외환도 비대면 채널로 관리할 수 있다. 특히 비대면 채널을 이용하면 은행별로 최고 90%까지 환율 우대를 받을 수 있다. 환전을 미리 해 놓고 원하는 지점에서 수령하겠다고 지정한 뒤 신분증만 지참하여 찾아가면 바로 외환을 받아갈 수 있는 서비스도 가능하다. 예전처럼 환율 우대 쿠폰을 복사해서 직접 은행을 찾아가거나 은행 직원과 환율우대 관련된 내용으로 옥신각신할 필요가 없어졌다.

뿐만 아니라 외화 송금 시 송금 수수료 우대가 가능하고 비대면 채널로 유학 이주 센터도 운영하고 있어 유학 및 이주에 관한 다양한 정보와 전문 서비스도 제공 받을 수 있다.

기업 뱅킹 및 기타 서비스,
회계 담당자들 은행 발길을 끊다!

불과 얼마 전까지만 해도 어느 정도 규모가 있는 기업의 회계 담당자라면 매일 은행에 가는 것이 일상이었다. 하지만 인터넷 뱅킹과 스마트폰 뱅킹이 업그레이드되면서 최근 기업의 회계 담당자들이 은행을 직접 찾는 빈도가 현저히 줄어들었다.

기업은 개인보다 훨씬 많은 건수의 이체를 하기 때문에 지불해야 하는 수수료가 엄청나다. 하지만 기업 뱅킹을 이용하면 각종 수수료가 면제되거나 할인받을 수 있고 그밖에 자동 이체 서비스, 입금인 관리 서비스, 자금 이체 서비스, 자금 집금 서비스 등의 펌뱅킹과 가상 계좌 서비스, 금융결제원 CMS 등을 한 번에 손쉽게 이용할 수 있기 때문에 기업 입장에서는 자금과 인력을 효율적으로 운영하는 데 도움이 된다.

증권사 HTS

투자에서 분석까지 '원 클릭'

인터넷 뱅킹이 도입됐다고 하지만 은행의 경우 여전히 지점을 직접 방문해 직원과 상담을 통해서 업무를 처리하는 경우가 많다. 하지만 증권사는 다르다. 증권사의 경우 고객 대부분이 지점 객장을 찾기보다 집에서 HTS라고 불리는 온라인 트레이딩 시스템을 이용해 거래를 하는 고객들이 많다.

증권사의 HTS는 2000년에 들어 IT붐과 함께 발전하기 시작했다. 초기만 해도 단순 매수·매도와 간단한 주문 정도밖에 되지 않았지만 현재는 선물, 옵션, 파생 상품 등의 거래까지 가능하다. 더 나아가 실제 증권사 직원들이 영업점에서 사용하는 화면과 거의 비슷한 수준으로 구현되면서 다양한 고급 업무들까지 원 클릭으로 가능한 시대가 됐다.

증권사를 이용하는 거의 대부분의 고객들이 증권사 지점을 단 한 번도 방문하지 않고 모든 업무를 HTS로만 처리하고 있는 상황이다.

증권사 영업점에서 직원을 통해 주문을 하게 되면 온라인보다 비싼 수수료까지 내야 한다. 주식 투자의 경우 증권사 직원의 권유보다는 투자자 자신의 판단에 의지하는 경우가 많기 때문에 굳이 증권사 지점을 찾을 이유는 없다. 현재는 증권사 지점을 직접 방문하는 사람들은 아주 큰 자산가이거나 온라인 트레이딩을 어려워하는 어르신과 주부들 외에는 거의 없다.

새로 설치한 HTS, 모의 투자로 점검하라

우리나라 증권사의 HTS 수준은 해외 전문투자자들도 극찬할 정도로 높은 수준이다. 그렇다면 HTS는 어떻게 사용 가능할까?
HTS를 이용하기 위해서는 우선 증권 계좌를 개설해야 한다. 해당 증권사 지점을 직접 방문하여 계좌를 개설하거나 주거래 은행에서 증권 계좌 연동 개설도 가능하니 편한 쪽으로 선택하면 된다.
증권 계좌 개설을 완료했으면 두 번째 단계로 HTS를 사용할 컴퓨터나 스마트폰으로 해당 증권사 홈페이지에 접속하여 회원 가입을 하고 공인인증서를 등록한다.
추후 주식을 매입 매도하고 자금을 이체할 때 은행 계좌도 필요하기 때문에 증권 계좌를 만들기 전 연동할 은행 계좌도 함께 입력해줘야 편리하다.
세 번째 단계로는 해당 증권사의 HTS 프로그램을 다운로드하여 해당 컴퓨터에 설치한다. 이때 각자 취향에 맞게 옵션 등을 조정하여 환경 설정을 잘 해주는 것이 중요하다.
마지막 단계로는 모의 투자다. 처음부터 바로 거래를 해도 상관없지만 아무래도 처음 해보는 사람이나 다른 HTS를 사용하다가 넘어온 사람들은 화면이 익숙하지 않아서 실수하거나 타이밍을 놓칠 확률이 높다.
모의 투자를 통해 HTS 구성 화면을 자신에게 맞게 꾸밀 수도 있고 종목 선정 세팅을 해놓을 수 있기 때문에 모의 투자 선행을 반드시 권하는 편이다.
이 책은 은행 중심의 금융 거래 설명이고 재테크 초보자들을 위한 전반적인 내용만 담고 있기 때문에 HTS와 주식 주문에 대한 자세한 내용까지는 다루지 않는다. 관련 내용들은 증권투자 전문 서적을 참고하도록 하자.
HTS 시스템은 현재 증권사별로 발전에 발전을 거듭하여 거의 비슷한 수준에 도달해 있기 때문에 특별히 어느 회사의 시스템이 좋다고 딱 집어서 말하기 어렵다.
수수료도 큰 차이가 없고 구축되어 있는 환경도 거의 비슷할 뿐더러 거액 투자자들이나 수시로 잦은 매매를 반복하는 투자자의 경우에도 호불호가 갈리기 때문이다.
HTS 사용자들에게 가장 중요한 것은 HTS상에서 자신이 보기 편한 화면이다. 각 증권사별로 HTS를 통한 모의 투자가 가능하기 때문에 몇 군데를 정해 모의 투자를 해보고 자신에게 가장 편리한 증권사의 HTS 시스템을 이용하는 것이 최선의 방법이다.

보험사 다이렉트 보험

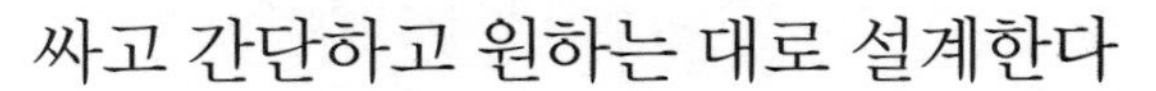

싸고 간단하고 원하는 대로 설계한다

보험사의 인터넷 다이렉트 보험 중에서 가장 먼저 활성화 된 상품은 자동차 보험이다. 자동차를 가진 모든 사람이 가입하는 대중적인 상품인데다 상품 내용도 소비자들이 이해하기 쉽고 명료하기 때문에 인터넷을 통한 구매가 가능했다.
자동차 보험의 경우 보험 설계사가 중간에 개입하지 않아 각종 수수료나 판매 수당이 포함되지 않기 때문에 설계사를 통한 상품에 비해 보험료가 훨씬 싼 편이다.
현재는 자동차 보험뿐만 아니라 다른 보험 상품까지도 인터넷으로 가입할 수 있게 됐다. 보험사마다 약간씩 차이는 있지만 현재 일반적으로 인터넷으로 가입 가능한 다이렉트 상품들은 다음과 같다.

1. 암 보험
2. 정기 보험 / 종신 보험
3. 실손 보험 / 어린이보험
4. 저축 보험 및 연금 / 연금 저축 보험
5. 자동차 보험

인터넷 다이렉트 보험 상품에는 몇 가지 특징이 있다.
첫째, 상품 구조가 간단하다. 보험에 가입해 본 사람이라면 가입 서류와 함께 건네받는 약관을 기억할 것이다. 하지만 너무 두꺼운 데다 상품 구조가 너무 복잡하고 어렵다보니 봐도 무슨 말인지 이해하기 어려운 것이 현실이다. 특히 변액 보험이나 변액 유니버셜 보험의 경우 직접 판매하는 보험 설계사들조차 상품에 대해서 제대로 이해하지 못하는 경우가 많다.

하지만 위에서 언급한 다섯 가지 보험들은 전통적인 상품인 데다 비교적 이해하기 쉬운 구조를 가지고 있다. 이것을 인터넷 다이렉트 보험 상품으로 만들면서 쉬운 구조를 더욱 단순하게 만들고 보장 내용도 보기 쉽게 만들었기 때문에 상품에 대해서 이해하기 쉬운 것이 장점이다.

둘째, 가격이 싸다. 인터넷 다이렉트 보험은 중간에 보험 설계사가 개입하지 않고 보험사와 소비자 간 직접적인 보험 체결이기 때문에 중간 마진이 없어 보험료가 저렴할 수밖에 없다.

셋째, 자신이 원하는 보장들만 골라 담을 수 있다. 자신이 원하지 않는데도 설계사의 추천을 받거나 혹은 자세한 내용을 모르는 상태에서 설계사가 설계해준 내용 그대로 가입해서 별로 쓸모도 없는 보장까지 포함돼 터무니없이 비싼 보험료를 내야만 하는 금융 소비자들이 많다. 인터넷 다이렉트 보험은 자신이 보험 설계사 대신 인터넷을 통하여 필요한 보장들만 직접 설계 가능하기 때문에 꼭 필요한 보장들만 추가할 수 있다는 점이 장점이다.

은행 없는 은행 시대가 온다

지금까지 각 금융사별로 비대면 채널에 대해 알아보았다. 컴퓨터 소프트웨어로 세계 최대 갑부가 된 빌 게이츠는 한 강연회에서 "Bank without Bank"라는 말을 했다. 은행이 없는 은행이란 뜻이다.

인터넷 기술의 발달로 은행과 증권사 지점들이 점점 줄어드는 추세다. 머지않은 미래에 금융 기관의 영업 지점 자체가 아예 없어질 날이 올 것이다.

각 금융 기관에서는 비대면 채널 접촉 고객 수를 늘리기 위해서 이런 비대면 채널을 끊임없이 업그레이드하면서 수수료 및 여러 가지 혜택을 주고 있기 때문에 이런 추세에 발맞추어 비대면 채널을 이용하는 것이 유리하다.

최근에는 고객들이 인터넷이나 뉴스를 통해 금융 관련 지식들을 많이 접하다보니 금융사 직원의 판단보다는 자신의 판단에 의해 의사결정을 하는 사람들이 많아졌다.

이런 각 금융 기관의 대세인 비대면 채널을 잘 이용한다면 급변하는 금융 환경과 정세 속에서도 흔들리지 않는 현명한 금융 소비자가 되리라고 감히 확신한다.

공인인증서

금융기관 비대면 채널 이용 위한 '출입증'

"공인인증서 받으러 왔어요."

은행을 찾는 고객들이 가장 많이 문의하는 내용 중 하나가 바로 공인인증서에 대한 것이다. 금융기관의 비대면 채널을 이용하려면 공인인증서가 반드시 필요하기 때문이다.

최근 인터넷에서 개인 정보 노출을 피하기 위해 주민등록번호 대신 공인인증서를 요구하는 사이트들이 크게 늘어났다. 옥션이나 G마켓 등 인터넷 상거래 사이트에서 결제를 하거나 예비군 훈련 및 군입소 절차를 위한 국방부 홈페이지 이용, 세무 신고를 위한 국세청 홈페이지 조회 등에도 공인인증서가 사용되고 있다. 그러다보니 은행으로 공인인증서를 발급 받으러 찾아오는 고객들이 늘어나게 됐다.

하지만 은행 지점에서는 공인인증서를 발급해주지 않는다. 은행 창구에서 인터넷 뱅킹 가입 신청을 하고 보안카드나 OPT 카드 등 보안매체를 발급받고 난 후 고객이 직접 사용하는 컴퓨터를 통해 해당 은행 홈페이지에서 공인인증서를 발급받아야 한다. 이 공인인증서까지 발급을 마치면 본격적인 인터넷 뱅킹이 가능하게 된다.

공인인증서 수수료는 얼마나?

개인 고객의 경우 해당 은행 홈페이지를 통해 공인인증서를 발급받으면 수수료가 무료다. 하지만 은행용(혹은 신용카드/보험용) 공인인증서는 증권 거래나 일부 거래에서 기능이 제한되기 때문에 별도로 전자 거래 범용 공인인증서를 발급받아야 할 때도 있다.
금융 거래용 공인인증서는 인터넷 뱅킹 등 은행에서 제공하는 서비스와 금융 결제원 및 전자정부에서 제공하는 서비스를 이용할 수 있는 공인인증서이지만 전자 입출용으로는 사용할 수 없다.
반면 전자거래 범용 공인인증서는 금융 거래용 공인인증서의 용도를 포함하여 전자 입찰, 상호 연동 서비스 등 모든 전자 거래를 이용할 수 있는 공인인증서이다.
일반적인 경우는 은행용 공인인증서로 대부분의 업무를 처리할 수 있어서 특별히 범용 인증서까지 쓸 일은 많지 않지만 만약 전자 거래 범용 공인인증서를 발급받으려면 4천4백 원의 수수료(부가세 포함)를 내야한다.
기업 고객의 경우 은행/신용카드/보험용 공인인증서는 4천4백 원의 수수료가 따로 붙으며 전자 거래 범용 공인인증서는 11만 원의 수수료가 발생한다.
공인인증서를 새로 발급받거나 갱신할 경우 수수료를 납부하게 된다. 개인 고객의 경우 은행에서 발급받는 금융거래용 공인인증서를 이용하면 신규 발급 및 갱신 모두 무료다.

타행 공인인증서가 존재한다고?

인터넷 뱅킹에 가입해서 공인인증서를 발급받다보면 타행 공인인증서가 존재한다는 메시지를 접하게 되는 경우가 있다. 공인인증서와 관련해서 은행에 가장 문의가 많이 올 정도로 흔한 케이스 중 하나다. 주거래 은행을 변경한 사람들에게 이런 경우가 많이 발생하는데 금융 거래용 공인인증서는 전 금융권 포함 단 1개의 공인인증서만 발급 가능하기 때문에 만약 예전에 최초 공인인증서를 현재 거래은행이 아닌 다른 은행에서 발급받은 경우 현재 거래 은행에서 인터넷뱅킹을 가입해도 공인인증서 발급을 할 수 없다. 발급받고자 하는 경우 '○○은행에 이미 발급 받은 공인인증서가 존재합니다'라고 뜨기 때문이다. 이런 경우에는 세 가지 방법이 있는데 다음과 같다.

① 최초 발급받은 은행에 가서 공인인증서 해지를 요청한다.

② 최초 발급받은 은행의 공인인증서로 모든 은행의 인터넷 뱅킹이 가능하기 때문에 현재 사용 중인 은행의 인터넷 뱅킹 사용 시 '타 공인인증서 등록'을 하여 함께 사용한다.

③ 최초 발급받은 은행에 가기 어려운 경우 전화로도 공인인증서 폐기가 가능하다.

118번 전화(긴급 공식 전화번호-인터넷진흥원 보호나라)→4번(인증서 분실 신고)→1번(정보 이용 동의)→주민번호# 전화번호#→등록 완료, 02-1577-5500 전화 수신→기계음에 따라 이름, 인증서 발급 기관, 발급 당시 등록했던 구를 또박또박 말함

공인인증서의 유효 기간은 대부분 1년이다. 발급받은 지 1년이 다 돼 가면 공인인증서 이용 시 팝업창을 통해 유효기간이 얼마 남지 않았다는 안내가 나온다. 이런 경우 해당은행 홈페이지 '공인인증센터' 메뉴나 해당 은행 스마트폰 앱의 '공인인증센터'에서 연장할 수 있다. 단, 인증서 만료일이 1개월 이내인 경우만 갱신 연장이 가능하다.

금융 기관의 속사정

금융 기관의 보수 체계
은행원들에게 연봉을 많이 주는 이유는?

본격적인 은행 업무는 영업을 마친 오후 4시부터다. 영업시간 중 신청 받은 대출의 심사, 연체 관리, 지점 업무 관리 등으로 매일같이 야근을 한다. 급여 수준은 일반 대기업보다 조금 높은 수준이다. 업무 강도가 높을 뿐더러 은행에서는 실제 금고에서 현금이 왔다갔다하고 대부계에 있는 직원들 또한 회사들의 연봉을 뻔히 알 수밖에 없기 때문에 은행원의 부정 행위를 방지하기 위해서 그런 면도 있다.

상품을 많이 팔수록 연봉을 더 많이 받는다고 생각하는 사람들도 있지만 전혀 그렇지 않다. 물론 지점 실적이 좋으면 안 좋은 지점보다 연말 보너스가 조금 더 높지만 그 차이가 크지 않다. 대부분의 은행은 일반 지점만을 놓고 보면 행원(주임 혹은 계장)-대리-과장-차장 그리고 부지점장-지점장의 순으로 승진 체계가 성립되어 있는데 차장까지는 노조 조합원으로 노조의 비호를 받을 수 있지만 부지점장, 지점장들은 계약직으로 다시 바뀌기 때문에 다시 무한 경쟁으로 돌입하게 된다.

일반 직원들의 경우 적금이나 펀드를 1백 개 하든, 보험을 1천 개 팔든, 대출을 몇 십억 원 하든 받는 월급에는 단돈 1원도 차이가 없다.
상품을 많이 팔면 승진에 유리할 수도 있겠지만 은행 본연의 업무가 상품 판매는 아니기 때문에 큰 영향은 없다. 승진 또한 일반적인 호봉을 따라가기 때문에 상품판매와는 무관하다고 할 수 있다. 그런데도 은행에서 카드나 상품들의 권유가 끊이지 않는 것은 부지점장이나 지점장의 영향이다. 이 분들은 계약직으로 전환이 되었기 때문에 정말 실적이 좋지 않으면 '명퇴'를 당할 위험이 커진다. 이 때문에 지점 직원들에게 한 달에 몇좌 씩 실적 배당을 하거나 압박을 주어 직원들이 눈치껏 손님들에게 권유하게 되는 것이다.

몇 년 전 제일은행이 전신인 SC은행(스탠다드 차타드)은 주인이 외국계 은행으로 바뀌게 되면서 성과급제를 도입한다고 하다가 대규모 파업 등의 반대로 흐지부지된 일이 있다.
상식적으로 성과급제를 도입하는 것이 맞다고 보지만 은행이 성과급제로 바뀐다면 직원들이 손님들을 돈으로 보기 시작하기 때문에 국가적으로도 대혼란이 올 것은 불보 듯 뻔한 이야기이다.

본인의 월급을 위해서 오는 손님마다 붙잡고 상품 가입을 시키려고만 하고 본인에게 이득이 되는 손님이면 잘해주고 이득이 안 되는 손님은 대충하고 보내려는 상황이 올 수밖에 없다.

은행은 국가기관은 아니지만 공과금 등의 국가 대행 업무와 국민의 돈과 관련된 일을 하기 때문에 우리는 '금융 기관'이라고 부른다. 물론 그전에 금융 회사이기 때문에 주주와 임직원의 이익을 최우선으로 하는 것도 맞지만, 금융 기관으로서의 책임과 도리를 하기 위해 지금과 같은 체제를 유지하고 있다고 보면 된다.

〈증권사〉

증권사는 회사마다 다르긴 하지만 보수 체계를 본인이 선택할 수 있게 되어 있다. 대부분이 기본급 + a 라는 보수 체계를 따르고 있는데 기본급에 본인의 실적이 합쳐져서 산출되는 방식이다. 증권사는 기본급 자체는 높지 않지만 개인의 능력에 따라 기본급의 몇 배가 넘는 성과급을 받을 수 있다. 펀드나 ELS는 수수료가 낮은 반면 주식의 직접 매입·매도 수수료는 센 편이다. 그래서 매입 매도하는 규모가 커질수록 성과급이 기하급수적으로 커지게 된다. 겉으로 보이는 외형을 늘리려고 증권사 직원들은 자신의 자금까지 투입해서 주식을 사고 판다. 일종의 꼼수인데 이 때문에 대출을 최대한으로 받고 차명으로 본인 실적에 포함하여 주식거래를 하는 사람들도 꽤 있다.

철저하게 능력에 따라 돈을 벌어갈 수 있는 구조다. 능력이 출중하면 다른 증권사로 스카우트되는 것이 일반적인 관행이기 때문에 한 곳에 오래 머물러 있는 직원은 드물다. 증권사 직원들은 아무래도 보이는 면이 중요하기 때문에 대부분 좋은 차, 좋은 시계, 좋은 옷을 보유하고 있는 경우가 많으며 업무 시간은 자유로워서 지점 문이 열릴 때부터 닫힐 때까지만 근무하면 그 이외의 시간은 영업이나 접대 등의 활동을 하게 된다.

〈보험사〉

예전에는 활동비 명목으로 기본급을 지급했다고도 하나 지금은 보험 영업을 하는 FC들의 경우 거의 100% 성과급제로 운영되고 있다. 보험 상품을 하나도 팔지 못하면 월급을 받지 못한다는 이야기다. 은행이나 증권사와 달리 보험사 FC의 경우 보험 판매인으로 개인 사업자를 내고 보험 모집인으로 위촉된다. 대신 활동 시간은 자유로워서 설계를 하거나 마케팅 활동을 할 때는 지점에서 일을 하고, 영업을 하거나 접대 등을 할 때에는 전국 어디로든 돌아다닐 수 있게 된다.

보험 영업은 잘 못하면 한 푼도 못 벌 수 있지만 잘만 하면 경력이 짧아도 억대의 연봉을 받을 수 있는 구조이기 때문에 영업의 꽃이라고 할 수 있다.

맺음말

고객들을 위한 작은 아이디어 하나가 한 권의 책으로

책을 완성하기까지 약 2년의 시간이 걸렸습니다. 직장 생활을 하면서 틈틈이 집필했지만 돌이켜 생각해보면 정말 쉽지 않은 일이었습니다. 시간을 쪼개 다른 은행 동향을 알아보러 다니기도 하고 글을 쓰느라 주말을 통째로 반납해야 하는 날들도 많았습니다. 은행에 입행했을 때 수많은 금융 상품들을 스스로 공부하고 또 고객들에게 설명해주기 위해 아이디어를 하나 냈습니다. 바로 은행의 상품 안내장들을 한데 모아 저의 코멘트를 추가해 만든 '은행 재테크 가이드 북'이라는 한 권의 포트폴리오 책이었습니다.

안내장 모음집인 '은행 재테크 가이드 북'은 예상 외로 대내외적으로 좋은 반응을 얻었습니다. 이 모음집으로 설명을 하니 고객들도 상품을 쉽게 이해하고 설명하는 시간도 단축되며 심지어 금융 공부를 하시겠다며 이 모음집을 달라고 하는 고객들도 계셨습니다. 인기를 얻게 되자 다른 직원들도 이 안내장 모음집을 모방하여 쓰게 되었고 결국 이것이 이 책을 만들게 된 시발점이 되었습니다.

이 책은 저의 치열한 과정을 거쳐 알게 된 지식들과 실전에서 일반 손님들과의 수많은 상담을 통해 얻은 노하우를 집대성한 결과물입니다.

아무쪼록 이 책이 일반 생활 금융의 궁금증에 목말라하던 독자들이나 금융권 취업을 준비하는 취업 준비생들에게 한 줄기 단비 같은 존재가 되었으면 좋겠습니다. 책을 읽고 이해가 가지 않거나 추가적으로 더 궁금한 사항이 있으신 분들은 Jshin@shinhan.com으로 메일을 보내주시면 정성껏 대답해 드리겠습니다.

[감수 및 도움을 주신 분들]

권순범(현대종합금속 사원)
권오철(신한은행 노동조합 본부장)
고운정(경희대학교)
김민경(한국프랜지 사원)
김희승(신한은행 업무지원센터 센터장)
김재환(신한은행 PB)
김형택(신한은행 차장)
김범준(기아자동차 사원)
김동민(KCC 사원)
김수범(신한은행 차장)
김재윤(신한은행 대리)
김지욱(P&G 영업 대표)
김진희(신한은행 주임)
김연정(신한은행 주임)
김인선(신한은행 주임)
김지선(바리스타)
김기영(신한은행 주임)
김미선(신한은행 주임)
김희연(신한은행 주임)
박한기(신한은행 차장)
박화영(신한은행 행원)
박대정(신한은행 과장)
박영진(신한은행 대리)
박준우(망고식스 명동점 대표)
박민주(신한은행 대리)
박민정(신한은행 주임)
백재호(신한은행 반장)
서현철(신한은행 부지점장)
서종원(작가)
송상윤(신한은행 지점장)
신상균(신한은행 차장)
송근명(변호사)
소선아(삼성생명 매니저)
이한원(신한은행 지점장)
이경숙(신한은행 부지점장)
이현우(신한은행 부부장)
이지영(신한은행 차장)
이옥분(신한은행 차장)
이영진
이희수(신세계그룹 사원)
이석근(마이다스아이티 사원)
이승규(모기지파트너스 팀장)
이민우(신한은행 대리)
이은정(신한은행 행원)
이재윤(신한은행 행원)
임창수(농협중앙회 계장)
안현호(신한은행 차장)
안형진(신한은행 과장)
윤범석(신한은행 차장)
임재왕(신한은행 부부장)
임상혁(신한은행 대리)
장인식(신한은행 대리)
장애경(신한은행 차장)
장보람(광주과학기술원 사원)
정문영(법무사 사무장)
지상목(신한은행 대리)
정숙현(신한은행 대리)
전정환(BMW코오롱모터스 사원)
조정민(연구개발특구진흥재단 사원)
조해민(삼성전자판매(주) 사원)
차동현(웅진씽크빅 대리)
최정미(시공미디어 대리)
한수미(신한은행 차장)
한시환(신한은행 차장)
황유리(메리츠화재 FC)
신한은행 신사회
신한은행 강대밥
경희대 젠틀맨리그

무엇보다도 이 책을 쓰면서 가장 큰 힘이 되어준 부모님, 동생 재천이 그리고 유진이에게 바칩니다.

부록 1 : 세대별로 알아보는 맞춤형 포트폴리오

20대 대학생

대학생의 가장 중요한 재무 목표는 등록금(유학 자금 포함) 및 본인의 용돈 관리다. 월 평균 20~50만 원의 용돈 관리와 재테크 습관은 향후 사회 진출 시까지 이어질 수 있다는 점을 명심하고 소액이라도 지속적으로 은행과 거래하면서 저축하는 습관을 기를 필요가 있다.

- 입출금 통장(보유 비중 30%) : 20대에게 혜택이 집중되어 있는 대학생 캠퍼스 통장 혹은 20대 통장
- 단기 자금(보유 비중 60%) : 비교적 적은 금액으로 오래 할 수 있는 청약 통장, 1년제 소액 적금, 펀드의 구조를 이해할 수 있는 소액 적립식 펀드 등
- 중장기 자금(보유 비중 10%) : 조금이라도 어릴 때 저렴한 비용에 가입할 수 있는 실손 보험, 결혼 자금 마련을 위한 저축 보험 등

직장인 초년생

사회 생활을 시작하는 시기로 백지상태인 재무 설계에 밑그림을 그리는 것이 중요하다. 소비와 저축의 규모를 정하되 50% 이상은 저축하고, 위험 관리로 보험 설계가 필수적이다. 20~30대는 노후 준비를 미루는 경향이 있으나 최소한 금액 내에서 노후 준비를 시작하는 것이 중요하다.

- 입출금 통장 : 직장인이라면 급여 통장, 사업자라면 가맹점 통장
- 단기 자금(보유 비중 20%) : 1년~3년제 적금
- 중기 자금(보유 비중 70%) : 적립식 펀드와 재형 저축
- 중장기 자금(보유 비중 10%) : 실손 보험, 연금 상품, 저축 보험

3040

가족 형성과 부를 축적하는 시기로 인생의 앞날을 좌우하는 가장 중요한 시기다. 자녀 교육 자금은 대학 시기에 집중되므로 중장기 상품으로 꾸준히 투자하되 자녀 교육에 모든 것을 쏟아 부을 경우 본인 은퇴 후 자녀에게 부담이 될 수 있으므로 소득의 20~30%는 반드시 본인 노후를 위해 준비해야 한다.

- 입출금 통장 : 직장인이라면 급여 통장, 사업자라면 가맹점 통장
- 단기 자금(보유 비중 10%) : 1년~3년제 적금
- 중기 자금(보유 비중 70%) : 적립식 펀드와 재형 저축, 정기 예금, ELS 등
- 장기 자금(보유 비중 20%) : 연금 상품, 저축 보험

4050

자녀가 성장하여 결혼, 취업, 독립하는 시기로 목적 자금 마련을 위하여 사전에 구체적인 재무 설계에 의한 준비가 필요하다. 또한 안정적인 노후 생활을 위하여 늦었다고 생각하지 말고 소액이라도 지금 투자를 하는 것이 중요하다.

- 입출금 통장 : 직장인이라면 급여 통장, 사업자라면 가맹점 통장
- 단기 자금(보유 비중 10%) : 1년~3년제 적금
- 중기 자금(보유 비중 70%) : 거치식 펀드와 정기 예금, ELS, 골드 상품 등
- 장기 자금(보유 비중 20%) : 저축 보험

5060

은퇴 후 편안한 노후를 살아가는 시기로 노후 자금 점검과 안정적 자산 관리가 필요하다. 예금과 채권 등 안전한 자산에 분산 투자하여 생활 자금으로 현금을 확보하고, 의료 서비스 보장을 확인하여 증가하는 의료비와 간병비에 대비하며 특히 상속 재산 배분에 대한 사전 준비를 해야 한다.

- 입출금 통장 : 어르신용 미래 설계 입출금 통장
- 단기 자금(보유 비중 40%) : 1년~3년제 적금
- 중기 자금(보유 비중 40%) : 즉시 연금, 정기 예금, ELS 등

- 이 맞춤형 포트폴리오 자료는 신한은행의 Life Color 재무설계 시스템을 기반으로 작성한 것임을 알려드립니다.

부록 2 : 등기부등본 보는 법

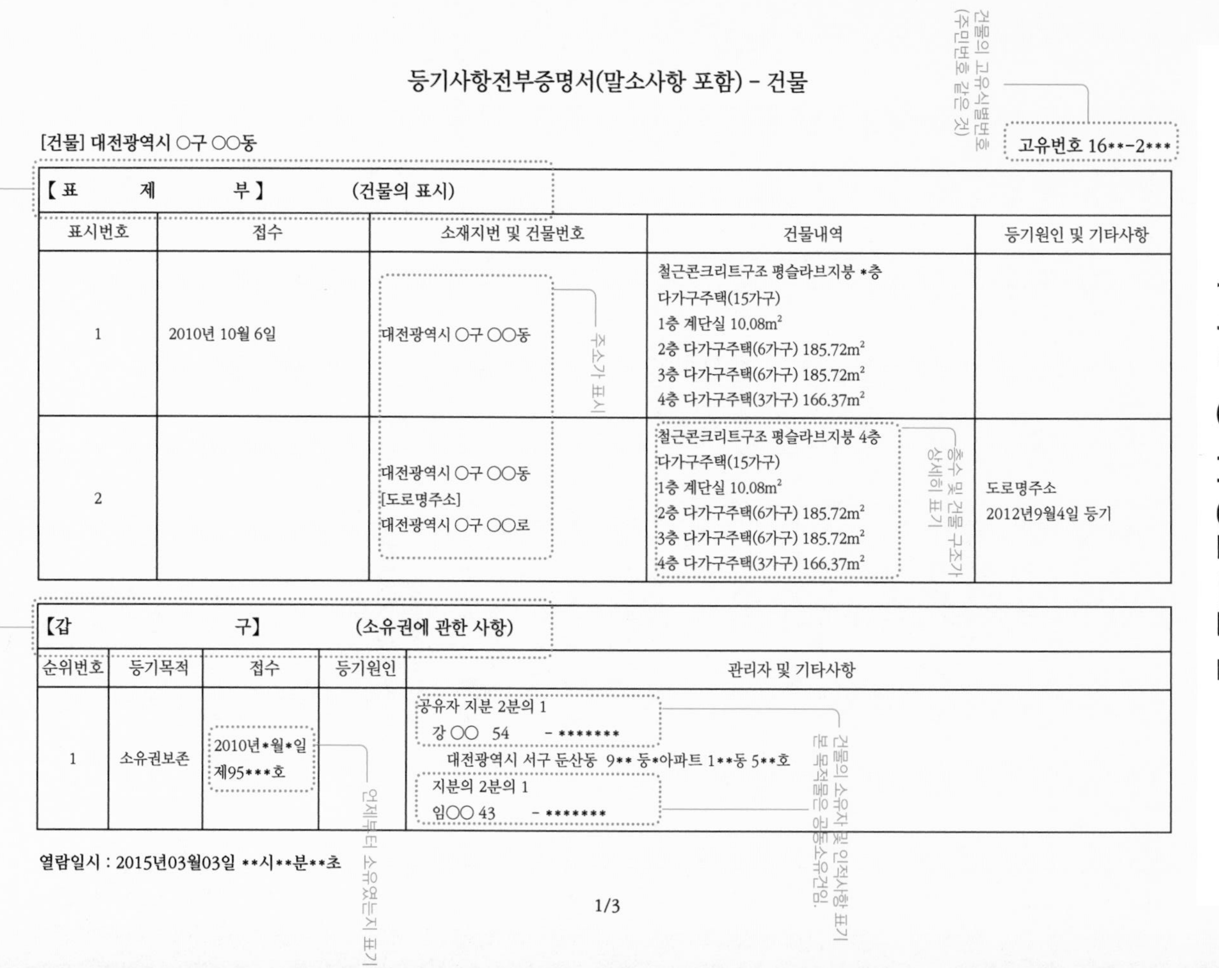

등기사항전부증명서(말소사항 포함) - 건물

고유번호 16**-2***

[건물] 대전광역시 ○구 ○○동

【표 제 부】 (건물의 표시)

표시번호	접수	소재지번 및 건물번호	건물내역	등기원인 및 기타사항
1	2010년 10월 6일	대전광역시 ○구 ○○동	철근콘크리트구조 평슬라브지붕 *층 다가구주택(15가구) 1층 계단실 10.08m² 2층 다가구주택(6가구) 185.72m² 3층 다가구주택(6가구) 185.72m² 4층 다가구주택(3가구) 166.37m²	
2		대전광역시 ○구 ○○동 [도로명주소] 대전광역시 ○구 ○○로	철근콘크리트구조 평슬라브지붕 4층 다가구주택(15가구) 1층 계단실 10.08m² 2층 다가구주택(6가구) 185.72m² 3층 다가구주택(6가구) 185.72m² 4층 다가구주택(3가구) 166.37m²	도로명주소 2012년9월4일 등기

【갑 구】 (소유권에 관한 사항)

순위번호	등기목적	접수	등기원인	관리자 및 기타사항
1	소유권보존	2010년*월*일 제95***호		공유자 지분 2분의 1 강○○ 54 - ******* 대전광역시 서구 둔산동 9** 등*아파트 1**동 5**호 지분의 2분의 1 임○○ 43 - *******

열람일시 : 2015년03월03일 **시**분**초

1/3

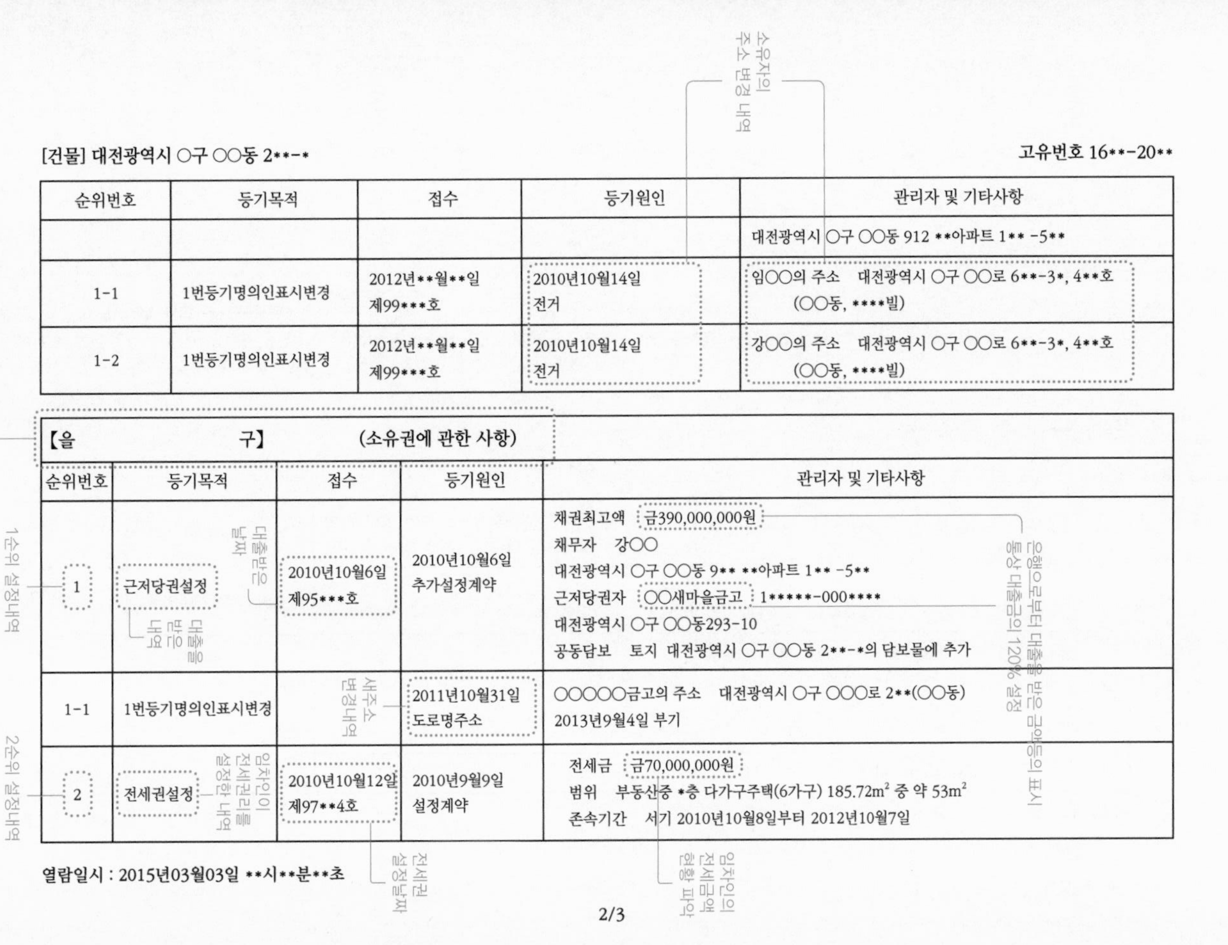

[건물] 대전광역시 ○구 ○○동 2**-*

고유번호 16**-20**

순위번호	등기목적	접수	등기원인	관리자 및 기타사항
				대전광역시 ○구 ○○동 912 **아파트 1** -5**
1-1	1번등기명의인표시변경	2012년**월**일 제99***호	2010년10월14일 전거	임○○의 주소 대전광역시 ○구 ○○로 6**-3*, 4**호 (○○동, ****빌)
1-2	1번등기명의인표시변경	2012년**월**일 제99***호	2010년10월14일 전거	강○○의 주소 대전광역시 ○구 ○○로 6**-3*, 4**호 (○○동, ****빌)

【을 구】 (소유권에 관한 사항)

순위번호	등기목적	접수	등기원인	관리자 및 기타사항
1	근저당권설정	2010년10월6일 제95***호	2010년10월6일 추가설정계약	채권최고액 금390,000,000원 채무자 강○○ 대전광역시 ○구 ○○동 9** **아파트 1** -5** 근저당권자 ○○새마을금고 1*****-000**** 대전광역시 ○구 ○○동293-10 공동담보 토지 대전광역시 ○구 ○○동 2**-*의 담보물에 추가
1-1	1번등기명의인표시변경		2011년10월31일 도로명주소	○○○○○금고의 주소 대전광역시 ○구 ○○○로 2**(○○동) 2013년9월4일 부기
2	전세권설정	2010년10월12일 제97**4호	2010년9월9일 설정계약	전세금 금70,000,000원 범위 부동산중 *층 다가구주택(6가구) 185.72m² 중 약 53m² 존속기간 서기 2010년10월8일부터 2012년10월7일

열람일시 : 2015년03월03일 **시**분**초

2/3

[건물] 대전광역시 ○구 ○○동 2**-*　　고유번호 16**-20**-0067**

순위번호	등기목적	접수	등기원인	관리자 및 기타사항
				까지 전세권자 장○○ 490410 - ******* 경상북도 ○○시 ○구 **동 8**-** 전산도면번호 10-1***-000****
2-1	2번등기명의인표시변경	2012년10월11일 제99214호	2010년10월8일 전거	장○○의 주소 대전광역시 ○구 **로 6**-3*, 3**호 (**동)
2-2	2번등기명의인표시변경	2012년10월11일 제99215호	2012년9월13일 변경계약	존속기간 2012년 10월 8일 부터 2014년 10월 7일 까지

임차인이 전세를 연장하면서
전세권 내역을 변경한 것

--이하 여백--

관할등기소 대전지방법원 등기과

*본 등기사항증명서는 열람용이므로 출력하신 등기사항증명서는 법적인 효력이 없습니다.
*실선으로 그어진 부분은 말소사항을 표시함. *등기기록에 기록된 사항이 없는 갑구 또는 을구는 생략함. *증명서는 컬러 또는 흑백으로 출력 가능함.
열람일시 : 2015년03월03일 **시**분**초

3/3